KB265054

TOPIK
Test Of Proficiency In Korean

만점에 도전하라!

천성옥 · 김윤진 · 차은영

천성옥

이화여자대학교 국제대학원 한국학과 한국어교육 석사
현) 한국국제교류재단 문화센터 한국어교실 팀장
현) 인덕대학교 국제교육센터 한국어 강사
『열린한국어』(2011, 공저), 『셰프 한국어』(2010)
『한 번에 패스하기』TOPIK 대비서(2010, 공저)
『TOPIK 만점에 도전하라』, 『TOPIK 어휘로 잡아라』 중급(2012, 공저)
『거침없이 한국어』(2013, 공저)

김윤진

한양대학교 교육대학원 외국인을 위한 한국어교육 석사
현) 한양대학교 국제어학원 한국어 강사
현) 한국국제교류재단 문화센터 한국어교실 교사
『열린한국어』(2011, 공저)

차은영

한국외국어대학교 국어국문학과 외국어로서의 한국어교육 석사 수료
현) 인덕대학교 국제교육센터 한국어 강사
현) 한국국제교류재단 문화센터 한국어교실 교사

TOPIK 만점에 도전하라! 고급

초판발행 2013년 8월 8일
1판 2쇄 2014년 9월 11일

지은이 천성옥 · 김윤진 · 차은영
펴낸이 박민우
기획팀 송인성, 김선명, 박민하
편집팀 박우진, 박영숙, 김영주, 김정아, 최미라
관리팀 임선희, 정철호, 김성언, 라영일
펴낸곳 (주)도서출판 하우

주소 서울시 중랑구 망우로68길 48
전화 (02)922-7090
팩스 (02)922-7092
홈페이지 http://www.hawoo.co.kr
e-mail hawoo@hawoo.co.kr
등록번호 제306-2004-22호

값 22,000원(MP3 CD 포함)
ISBN 978-89-7699-925-2 18710

　최근 몇 년 사이 한국어를 배우려는 외국인 학습자가 급속도로 증가하고 있다. 국내 및 해외의 한국어 교육 현장 어디에서나 한국어능력시험을 준비하는 학습자가 늘고 있다. 이러한 추세를 반영하기라도 하듯이 효과적인 수험 준비를 위한 다양하고 기발한 수험 대비서가 속속 개발되고 있는 것은 고무적인 현상이라고 하겠다.

　이 책은 한국어능력시험의 새로운 출제 경향에 따른 최신의 기출 회차(24~28회) 문제를 중심으로 고급 단계의 수험생들에게 가장 필요한 핵심 전략을 한눈에 파악하기 쉽도록 단계적으로 제시하였다. 각 표현이나 문장 간의 관계를 이용하여 전체 내용 이해하기, 핵심어를 중심으로 내용 파악하기, 접속사 활용하기 등과 같은 차별화된 전략 기술을 세우고자 하였다.

　이러한 풀이 전략을 통해 학습자 스스로 문제 해결 능력을 키울 수 있도록 하여 기존의 수험서에서 한발 더 진화하였다고 할 수 있다. 여기에 유형별로 자주 출제되는 문법과 표현, 기능어 등을 정리한 ‘알아두기’를 적절하게 수록하였다. 책의 말미에는 실제 시험과 동일한 모의고사를 2회 수록하여 실전에 대비할 수 있게 하였다.

　특히 함께 출간되는 어휘집은 최근의 기출 문제를 총 분석하여 추출한 필수 단어 1200개와 풍부한 어휘 연습 문제를 담고 있어 한국어능력시험을 준비하는 수험생에게 가장 필요한 수험 대비 학습서가 될 것으로 기대된다. 수험서는 넘쳐 나지만 정작 학습자의 시각에서, 특히 고급 단계의 시험에 필요한 대비서가 부족한 상황에서 효율적인 교재의 선택은 쉽지 않다. 그러한 면에서 이 책이 한국어능력시험 합격으로 조금 더 수월하게 다가갈 수 있는 친절한 학습서가 될 수 있기를 바란다.

　마지막으로 한국어 교육에 대한 열정으로 이 책의 출간을 위해 애써 주신 (주)도서출판 하우의 박영호 대표님과 편집팀 그리고 모든 관계자 여러분께 깊은 감사의 말씀을 전하는 바다.

2013년 7월
저자 일동

교재의 구성과 특징

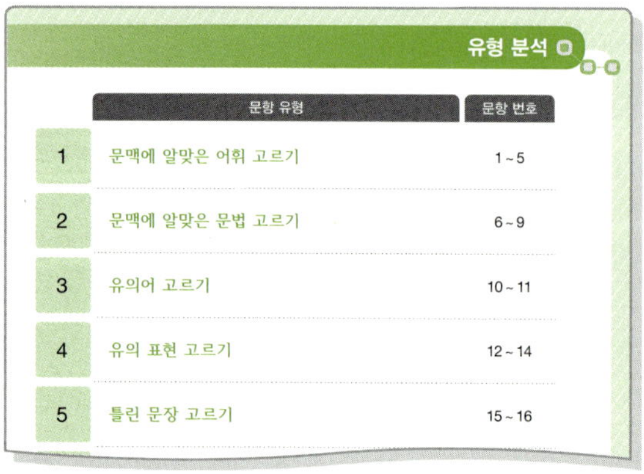

유형 분석

한국어능력시험의 각 영역별 기출문제를 유형별로
분류하였습니다.

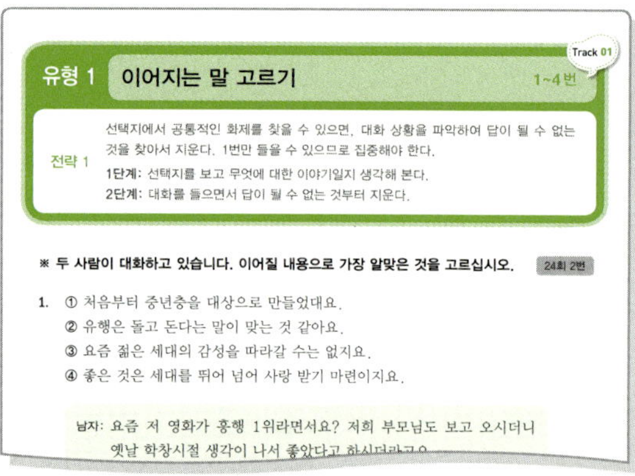

문제 유형별 전략

유형별 접근 방식과 풀이 전략을 단계적으로
제시하였습니다. 표현이나 문장 간의 관계를
이용하여 전체 내용 이해하기, 핵심어를 중심으로
내용 파악하기와 같은 전략을 풍부하게
제공하고자 하였습니다.

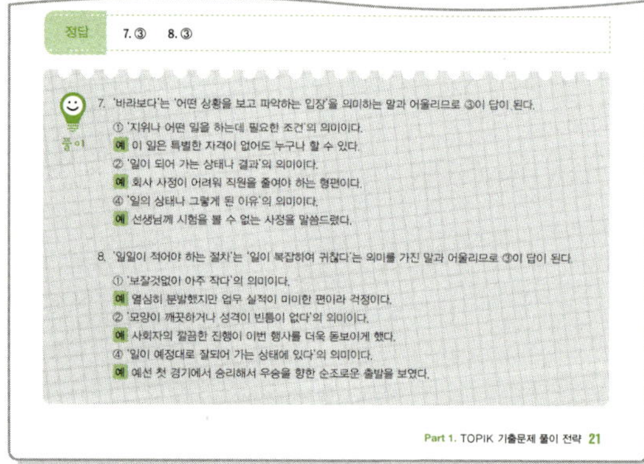

풀이

앞서 제시한 전략을 활용하여 문제를 해결하는
방법을 제시하였습니다. 문제마다 답이 되는
이유와 될 수 없는 이유를 구체적으로
분석하였습니다. 어휘·문법에 대한 풍부한 예문을
수록하여 학습자의 이해를 돕고자 하였습니다.

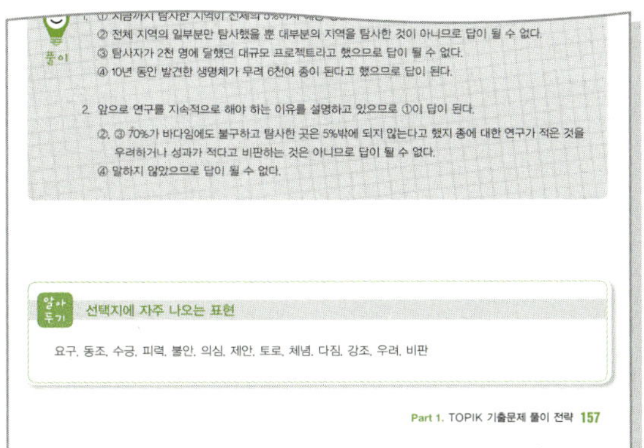

알아두기

유형별로 자주 출제되는 문법, 표현, 기능어 등을
보기 쉽게 별도로 정리하였습니다. 알아두기의
내용을 미리 익혀 해당 유형의 문제를 어려움 없이
풀 수 있도록 하였습니다.

실전 모의고사 2회

최근 새롭게 바뀐 토픽 기출문제에 준하여 실제
시험문제와 동일한 모의고사를 총 2회 수록하여
실전에 대비할 수 있게 하였습니다.

차례

Part 1. TOPIK 기출문제 풀이 전략
Analysis of Tested TOPIK Questions & Strategy for TOPIK

Part 2. 모의고사 실전문제
Mock Tests

부록 Appendix

▶ 시험의 개요

1. 시험의 목적
- 한국어를 모국어로 하지 않는 재외동포·외국인의 한국어 학습 방향 제시 및 한국어 보급 확대
- 한국어 사용 능력을 측정·평가하여 그 결과를 국내 대학 유학 및 취업 등에 활용

2. 응시대상 : 한국어를 모국어로 하지 않는 재외동포 및 외국인으로서
- 한국어 학습자 및 국내 대학 유학 희망자
- 국내·외 한국 기업체 및 공공기관 취업 희망자
- 외국 학교에 재학 중이거나 졸업한 재외국민

3. 주관기관 : 국립국제교육원 (National Institute for International Education)
- 대한민국 교육과학기술부 직속 책임 운영 기관
- 재외동포 교육, 국제교육교류·협력, 유학생 파견·유치, 영어 공교육 지원
- 한국어능력시험 시행 주관

4. 시행시기 : 연간 총 4회 실시

시기		시행 지역	미주·유럽·아프리카	아시아·오세아니아	한국
상반기	1월경	국내	–	–	일요일
	4월경	국내·외	토요일	일요일	일요일
하반기	7월경	국내	–	–	일요일
	9월경	국내·외	토요일	일요일	일요일

상기 시험 일정은 주관 기관 및 현지 사정 등에 의하여 변경될 수 있음(시차로 인하여 지역별 시행 날짜 상이)

5. 한국어능력시험의 활용처(S-TOPIK)

활용처	관련 기관	요구 수준	비고
재외동포 및 외국인의 한국어 학습 성과 측정			
정부초청 외국인 유학생 선발 및 학사관리	국립국제교육원	3급 이상	5급 이상자 장학금 지급
외국인 및 12년 외국 교육과정이수 재외동포의 국내 대학 및 대학원 입학	교육과학기술부	3급 이상	졸업시 4급 취득 장려
한국 기업체 취업 희망자의 취업비자 획득 및 선발, 인사 기준	S전자, S중공업, L전자		기업 및 조건별 요구수준 상이함
외국인 의사자격자의 국내 면허인정	한국보건의료인 국가시험원	5급 이상	
한국어교원자격 2급 및 3급 취득	국립국어원	6급 이상	

▶ 시험의 내용

1. 시험의 종류

- 일반한국어능력시험(S-TOPIK : Standard TOPIK)
- 종래의 B-TOPIK(Business TOPIK)은 2011년도부터 폐지

2. 시험의 수준 및 등급

- 시험 수준 : 초급, 중급, 고급
- 시험 등급 : 6개 등급 (1급~6급)

시험 수준	초급		중급		고급	
시험 등급	1급	2급	3급	4급	5급	6급
등급 결정	시험 성적에 따라 응시한 시험 내에서 평가 등급 결정					

3. 평가 영역 및 배점

- 평가 영역 : 4개 영역(어휘·문법, 쓰기, 듣기, 읽기)
- 배점 : 각 영역별 100점씩 총 400점 만점

4. 문항 구성

■ 영역별 구성

교시	제1교시			제2교시		계
영역	어휘·문법	쓰기		듣기	읽기	4영역
유형	선택형	서답형	선택형	선택형	선택형	선택형 / 서답형
문항수	30	4~6	10	30	30	104~106
배점	100	60	40	100	100	400

■ 문제 유형
- 선택형 문항(4지 택 1형)
- 서답형 문항(쓰기 영역)
  - 문장/문단 완성하기, 문장/문단 쓰기 : 3~5문항
  - 작문(초급 150~300자, 중급 400~600자, 고급 700~800자) : 1문항

■ 문제지 종류 : 2종 (A·B형)
- A·B형 문제지는 답란의 배열을 50% 이상 상이하게 출제

종류	A형	B형
시행 지역	미주·유럽·아프리카	한국·오세아니아·아시아
시행 요일	토요일	일요일

■ 출제 기본방침
- 현대 한국어 구사 능력을 측정할 수 있는 내용의 문항 구성
- 각 평가 영역과 내용 간의 균형 있는 출제
- 한국 문화와 사회 전반에 대한 이해를 높일 수 있는 문항 출제
- 국내외 한국어교육기관의 교육과정을 광범위하게 참조하여 출제
- 특정 언어권에 심하게 불리하거나 유리한 문항 출제 지양

■ 등급별 평가 기준

등급		평가 기준
초급	1급	• '자기 소개하기, 물건 사기, 음식 주문하기' 등 생존에 필요한 기초적인 언어 기능을 수행할 수 있으며 '자기 자신, 가족, 취미, 날씨' 등 매우 사적이고 친숙한 화제에 관련된 내용을 이해하고 표현할 수 있다. • 약 800개의 기초 어휘와 기본 문법에 대한 이해를 바탕으로 간단한 문장을 생성할 수 있다. • 간단한 생활문과 실용문을 이해하고, 구성할 수 있다.
	2급	• '전화하기, 부탁하기' 등의 일상생활에 필요한 기능과 '우체국, 은행' 등의 공공시설 이용에 필요한 기능을 수행할 수 있다. • 약 1,500~2,000개의 어휘를 이용하여 사적이고 친숙한 화제에 관해 문단 단위로 이해하고 사용할 수 있다. • 공식적 상황과 비공식적 상황에서의 언어를 구분해 사용할 수 있다.
중급	3급	• 일상생활을 영위하는데 별 어려움을 느끼지 않으며, 다양한 공공시설의 이용과 사회적 관계 유지에 필요한 기초적 언어 기능을 수행할 수 있다. • 친숙하고 구체적인 소재는 물론, 자신에게 친숙한 사회적 소재를 문단 단위로 표현하거나 이해할 수 있다. • 문어와 구어의 기본적인 특성을 구분해서 이해하고 사용할 수 있다.
	4급	• 공공시설 이용과 사회적 관계 유지에 필요한 언어 기능을 수행할 수 있으며, 일반적인 업무 수행에 필요한 기능을 어느 정도 수행할 수 있다. • 또한 '뉴스, 신문 기사' 중 평이한 내용을 이해할 수 있다. 일반적인 사회적·추상적 소재를 비교적 정확하고 유창하게 이해하고, 사용할 수 있다. • 자주 사용되는 관용적 표현과 대표적인 한국 문화에 대한 이해를 바탕으로 사회·문화적인 내용을 이해하고 사용할 수 있다.
고급	5급	• 전문 분야에서의 연구나 업무 수행에 필요한 언어 기능을 어느 정도 수행할 수 있다. • '정치, 경제, 사회, 문화' 전반에 걸쳐 친숙하지 않은 소재에 관해서도 이해하고 사용할 수 있다. • 공식적, 비공식적 맥락과 구어적, 문어적 맥락에 따라 언어를 적절히 구분해 사용할 수 있다.
	6급	• 전문 분야에서의 연구나 업무 수행에 필요한 언어 기능을 비교적 정확하고 유창하게 수행할 수 있다. • '정치, 경제, 사회, 문화' 전반에 걸쳐 친숙하지 않은 주제에 관해서도 이용하고 사용할 수 있다. • 원어민 화자의 수준에는 이르지 못하나 기능 수행이나 의미 표현에는 어려움을 겪지 않는다.

■ 쓰기 영역 작문 문항의 평가 범주

평가 범주		평가 내용
내용 및 과제 수행		요구된 내용을 적절하게 포괄하며, 과제를 잘 수행하였는가를 평가
글의 전개 구조		적절한 문단 구조를 이용하고 담화 장치를 효과적으로 사용하여 응집성 있게 구성하였는가를 평가
언어 사용	어휘	어휘를 적절하고 정확하며 유창하게 사용하였는가를 평가
	문법	문법을 적절하고 정확하며 유창하게 사용하였는가를 평가
	맞춤법	맞춤법에 맞게 표기하였는가를 평가
사회언어학적 격식		작문의 장르적 특성 등에 맞추어 격식(register)의 사용이 적절한가를 평가

▶ 채점 및 결과 발표

1. 채점 방법

- 한국어전공교수, 교육평가전문가, 전산전문가 등으로 채점위원회를 구성하여 공정하고 정확하게 채점
- 공란, 복수표기 등 재확인이 필요한 답안지는 채점위원회에서 정한 원칙 및 기준에 따라 처리
- 채점위원에 의한 서답형 문항(쓰기 영역) 채점 완료 후 OMR 판독기를 사용하여 채점
- 채점 전 과정을 전산화하고, 2회의 확인 채점을 통하여 채점 오류의 발생 가능성을 최소화

2. 합격 판정

- 전 영역(어휘·문법, 쓰기, 듣기, 읽기) 평균 점수가 급별 합격 점수에 도달하고, 평가 영역별 과락 점수가 없어야 함

3. 급별 합격 기준표

급수	시험 등급	합격 점수	과락 점수
초급	1급	50점 이상	40점 미만
	2급	70점 초과	50점 미만
중급	3급	50점 이상	40점 미만
	4급	70점 초과	50점 미만
고급	5급	50점 이상	40점 미만
	6급	70점 초과	50점 미만

초급에 응시하여 **"어휘·문법 82점, 쓰기 48점, 듣기 76점, 읽기 80점"**의 성적을 받은 응시자의 합격 등급은?

- 전 영역 평균성적 : 71.5점(총점 286점÷4개 영역)
- 과락 점수(1급 40점 미만, 2급 50점 미만)÷쓰기 48점
- 합격 등급 : 1급

  전 영역 평균성적은 71.5점으로 2급 합격점수 이상을 얻었으나, 쓰기 영역의 과락 점수 기준이 50점 미만,
  40점 이상이므로 1급 합격으로 판정

4. 시험 결과 발표

- 발표 시기 : 응시원서 접수 시 안내, TOPIK 홈페이지 공지
- 발표 방법 : 토픽 홈페이지(www.topik.go.kr) 게재 및 개인별 성적통지표 발송
- 홈페이지에 접속하여 자기 성적을 확인할 경우 회차, 수험번호, 생년월일이 필요함

5. 성적통지표 발급 : 성적통지표는 합격·불합격 여부에 관계없이 응시자 전원에게 발급

- 응시수준, 평가영역별 점수, 총점, 평균점수 및 합격 여부 표기

■ 성적통지표 발송

발송 대상		시험 응시자 전원
발송 지역	한국	개인별 우편 발송
	해외	해외 시행기관에 일괄 송부 후 시행기관별 배부

국외 응시자도 인터넷(www.topik.go.kr)을 통해 자기 성적 확인 가능

■ 성적증명서 출력
  - 대학, 기업 등 외부 기관에 제출하기 위한 성적증명서를 홈페이지 성적증명서 발급란을 통해 직접
    출력 가능
  - 한국과 인터넷 환경이 호환 가능하고, 온라인 결제가 가능하여야 함

Part 1.
TOPIK 기출문제 풀이 전략

1교시
표현 영역
- ☐ 어휘·문법 Vocabulary·Grammar
- ☐ 쓰기 Writing

2교시
이해 영역
- ☐ 듣기 Listening
- ☐ 읽기 Reading

어휘·문법

유형 분석

문항 유형	문항 번호
1 문맥에 알맞은 어휘 고르기	1 ~ 5
2 문맥에 알맞은 문법 고르기	6 ~ 9
3 유의어 고르기	10 ~ 11
4 유의 표현 고르기	12 ~ 14
5 틀린 문장 고르기	15 ~ 16
6 다의어 고르기	17 ~ 18
7 문맥에 알맞은 어휘/문법/표현 고르기	19 ~ 20
8 문맥에 알맞은 어휘/문법 고르기 ❶	21 ~ 22
9 문맥에 알맞은 어휘/문법 고르기 ❷	23 ~ 24
10 문맥에 알맞은 어휘/문법/표현 고르기 ❶	25 ~ 27
11 문맥에 알맞은 어휘/문법/표현 고르기 ❷	28 ~ 30

전략　문장 안에서 중요한 어휘를 먼저 파악하고 전체 문맥을 살펴보며 적절한 어휘를 골라야 한다. 특히 앞뒤의 단어들과 잘 어울리는지를 확인해야 한다.

※ [1~2] 다음 (　　　)에 알맞은 것을 고르십시오.

1. 인적이 드문 산길에서는 갑자기 뛰어든 야생 동물을 (　　　) 발견하지 〔24회 2번〕
못해 사고가 발생하는 경우가 종종 있다.

① 미처　　　　　② 한창　　　　　③ 도리어　　　　　④ 모처럼

2. 토론이 (　　　) 진행되기 위해서는 토론자 모두가 상대방을 존중하는 〔24회 4번〕
자세를 가져야 한다.

① 유리하게　　　② 원만하게　　　③ 소박하게　　　④ 초조하게

정답　　1. ①　　2. ②

1. 부사를 찾는 문제이다. '아직 거기까지는 못하다, 않다, 없다, 모르다' 등의 의미로 쓰이는 ①이 답이 된다. ②의 '한창'과 ④의 '모처럼'은 '–지 못하다'와는 어울리지 않으므로 답이 될 수 없다. ③은 '생각했던 것이나 기준과는 반대 또는 다르게'를 나타내는 말이므로 답이 될 수 없다.

② '가장 왕성하고 활기 있게'라는 의미이다.
〔예〕 지금 한창 바쁠 때니까 조금 후에 전화 주세요.
③ '생각, 짐작, 기대한 것과 전혀 다르거나 반대로'라는 의미이다.
〔예〕 여름에는 살이 빠진다고 하는데 나는 도리어 살이 더 쪘다.
④ '일부러 마음을 먹고'의 의미이다.
〔예〕 모처럼 새 옷도 샀는데 이번 주말에는 외출이라도 해야겠어요.

2. '토론'과 '진행되다'에 함께 쓸 수 있는 말은 ①과 ②인데 '상대방을 존중하는 자세를 가지다'는 '원만하게'와 어울리므로 ②가 답이 된다.

① '이익이 있다'는 의미이다.
〔예〕 자신에게만 유리하게 생각하면 안 된다.
③ '거짓이 없고 화려하지 않다'는 의미이다.
〔예〕 퇴직 후에 시골에서 농사를 지으며 소박하게 사는 것이 꿈이다.
④ '걱정이 되어 애가 타다'는 의미이다.
〔예〕 초조하게 생각하면 실수하기 쉬우니까 조심하세요.

※ [3~4] 다음 (　　　)에 알맞은 것을 고르십시오.

3. 그는 어려워진 집안 형편 때문에 학교를 그만두고 어머니의 가게 일을
（　　　）. `25회 3번`

① 지나쳤다　　　② 갖추었다　　　③ 떠올렸다　　　④ 거들었다

4. 아침부터 （　　　） 내리던 비는 저녁이 되어서 그쳤지만 밤하늘의 별을
볼 수 없었다. `25회 5번`

① 아슬아슬　　　② 알록달록　　　③ 살금살금　　　④ 오락가락

정답　　3. ④　　4. ④

3. '어머니의 가게 일'과 어울리는 말은 ③과 ④이다. 학교를 그만두고 어머니를 도왔다는 의미가 되므로 ④가 답이 된다.

　① '들르거나 머무르지 않고 그냥 지나가다'의 의미이다.
　예 전화 통화를 하느라고 약속 장소를 지나쳤다.
　② '필요한 시설, 제도 등을 모두 지니다'의 의미이다.
　예 대학교 입학에 필요한 서류를 모두 갖추었다.
　③ '생각을 해 내거나 되살리다'의 의미이다.
　예 여행을 가서 친구들과 즐겁게 보냈던 추억을 떠올렸다.

4. 의태어를 찾는 문제이다. '비'와 함께 쓸 수 있는 말로 '이리저리 왔다갔다 하는 모양'의 의미를 가진 ④가 답이 된다.

　① '두렵거나 위험하다는 느낌이 계속 드는 모양'의 의미이다.
　예 바위 위에 아슬아슬 서 있는 모습이 위험해 보인다.
　② '여러 가지 색깔의 얼룩이나 무늬를 이룬 모양'의 의미이다.
　예 가을이 되니 산에 단풍이 알록달록 들었다.
　③ '눈치를 보며 남들이 모르게 조용히 하는 모양'의 의미이다.
　예 어머니가 잠에서 깨실까 봐 살금살금 집에 들어갔다.

※ [5~6] 다음 (   )에 알맞은 것을 고르십시오.

5. 박 대리는 어려운 일도 잘 해결하는 유능한 사람이지만 (   ) `26회 2번`
   어이없는 실수를 하기도 한다.

   ① 간혹   ② 결코   ③ 장차   ④ 힘껏

6. 여기저기 널려 있는 옷들을 개어서 옷장 속에 (   ) 넣었다. `26회 5번`

   ① 갈팡질팡   ② 또박또박   ③ 오순도순   ④ 차곡차곡

5. 빈칸의 앞뒤가 반대되는 내용이므로 ①이나 ②가 어울리지만 '결코'는 부정 표현과 같이 쓰이므로 사용할
   수 없다. 따라서 '어쩌다가 한 번씩'의 의미를 가진 ①이 답이 된다.

   ② '어떤 경우에도 절대로'의 의미이다.
   예 어려운 상황이지만 결코 포기하지 않을 것이다.
   ③ '앞으로'의 의미이다.
   예 장차 과학자가 되어 우주를 연구하고 싶습니다.
   ④ '있는 힘을 모두 사용하여'의 의미이다.
   예 사람들이 힘껏 밀자 자동차가 조금씩 움직이기 시작했다.

6. 의태어를 찾는 문제이다. '옷을 개어서 넣다'와 함께 쓸 수 있는 말로 '물건의 줄을 맞추어 잘 쌓는 모양'의
   의미를 가진 ④가 답이 된다.

   ① '방향을 잡지 못하고 이쪽저쪽 헤매는 모양'의 의미이다.
   예 산에서 길을 잃어 갈팡질팡하다가 겨우 내려왔다.
   ② '말이나 글씨가 정확하고 분명한 모양'의 의미이다.
   예 면접관의 질문에 당황하지 않고 또박또박 대답했다.
   ③ '사이좋게 지내거나 이야기하는 모양'의 의미이다.
   예 우리 가족은 부자는 아니지만 오순도순 잘 살고 있다.

※ **[7~8] 다음 (   )에 알맞은 것을 고르십시오.**

7. 창의적인 사람은 남과 다른 (   )으로 사물이나 현상을 바라본다.　　`27회 1번`

　① 자격　　　　　② 형편　　　　　③ 시각　　　　　④ 사정

8. 그 업체는 회원 가입 시 인적 사항을 일일이 적어야 하는 (   )　　`25회 5번`
절차를 간소화하기로 했다.

　① 미미한　　　　② 깔끔한　　　　③ 번거로운　　　　④ 순조로운

정답　　7. ③　　8. ③

7. '바라보다'는 '어떤 상황을 보고 파악하는 입장'을 의미하는 말과 어울리므로 ③이 답이 된다.

① '지위나 어떤 일을 하는데 필요한 조건'의 의미이다.
예 이 일은 특별한 자격이 없어도 누구나 할 수 있다.
② '일이 되어 가는 상태나 결과'의 의미이다.
예 회사 사정이 어려워 직원을 줄여야 하는 형편이다.
④ '일의 상태나 그렇게 된 이유'의 의미이다.
예 선생님께 시험을 볼 수 없는 사정을 말씀드렸다.

8. '일일이 적어야 하는 절차'는 '일이 복잡하여 귀찮다'는 의미를 가진 말과 어울리므로 ③이 답이 된다.

① '보잘것없이 아주 작다'의 의미이다.
예 열심히 분발했지만 업무 실적이 미미한 편이라 걱정이다.
② '모양이 깨끗하거나 성격이 빈틈이 없다'의 의미이다.
예 사회자의 깔끔한 진행이 이번 행사를 더욱 돋보이게 했다.
④ '일이 예정대로 잘되어 가는 상태에 있다'의 의미이다.
예 예선 첫 경기에서 승리해서 우승을 향한 순조로운 출발을 보였다.

9.　대학과 기업이 서로 협력하여 사회에서 요구하는 우수한 (　　　)를
　　길러야 한다.　　　　　　　　　　　　　　　　　　　　　　`28회 1번`

　　① 가치　　　　　　② 사고　　　　　　③ 의지　　　　　　④ 인재

10.　요즘 젊은 부부들은 경제적 부담으로 인해 둘째 아이의 출산을　　`28회 4번`
　　(　　　) 경향이 있다.

　　① 건드리는　　　② 일으키는　　　③ 망설이는　　　④ 저지르는

정답　　　**9.** ④　　　**10.** ③

9. '여럿 가운데 뛰어나다'는 의미의 '우수하다'와 어울리는 명사는 ①과 ④이다. 그러나 '기르다'와 어울리는 말은 '인재'이므로 ④가 답이 된다.

① '사물이나 일이 가지고 있는 쓸모'라는 의미이다.
　예 그 작품은 예술적으로 상당히 높은 가치를 가졌다고 평가되었다.
② '생각하고 판단함'의 의미이다.
　예 기자들은 보통 논리적인 사고로 사건을 바라보는 경향이 있다.
③ '어떤 일을 이루고자 하는 마음'의 의미이다.
　예 팀원들의 굳은 의지로 최종 목표를 달성했다.

10. 아이를 키우는 데에 대한 경제적 부담이 크다고 했으므로 '생각만 하고 태도를 결정하지 못하다'는 의미를 가진 ③이 답이 된다.

① '만지거나 자극하다'의 의미이다.
　예 의자에서 일어나면서 꽃병을 건드리는 바람에 깨지고 말았다.
② '무엇을 시작하거나 잘되게 만들다'의 의미이다.
　예 선생님은 문제를 일으키는 학생들을 감싸주셨다.
④ '잘못이 생겨나게 행동하다'의 의미이다.
　예 자신이 무슨 죄를 저지르는지도 모르는 청소년들이 간혹 있다.

유형 2 문맥에 알맞은 문법 고르기　6~9번

전략　대화문이나 제시된 문장을 잘 읽고 전체 내용을 이해한 다음, 빈칸에 적절한 문법을 찾아야 한다. 선택한 답을 빈칸에 넣은 후 문장이 자연스럽게 이어지는지 확인한다.

※ [1~2] 다음 (　　　)에 알맞은 것을 고르십시오.

1. 최근 해외여행 수요가 늘어나면서 주말 항공편은 거의 (　　　).　24회 6번

① 매진될까 싶었다　　　　　② 매진되려면 멀었다

③ 매진되다시피 했다　　　　④ 매진되게끔 만들었다

2. 감독은 (　　　) 한 사람도 빠짐없이 동계 훈련에 참여하도록 지시했다.　25회 6번

① 선수인 듯　　　　　　　　② 선수이다 보니

③ 선수들로 인해　　　　　　④ 선수들로 하여금

정답　1. ③　2. ④

1. '거의'와 자연스럽게 어울리는 말은 '앞의 상황과 가깝게 되다'는 의미를 나타내는 '–다시피'이다. 따라서 ③이 답이 된다.

① '–을까 싶다'는 어떤 행동을 할 의도를 의미하므로 답이 될 수 없다.
예 날씨도 좋은데 식사 후에 공원에 가서 산책이나 할까 싶다.
② '–으려면 멀다'는 앞의 상황이 되려면 아직 멀었다는 의미이므로 답이 될 수 없다.
예 아직 한국 사람처럼 말하려면 멀었다.
④ '–게끔 만들다'는 앞의 상황이나 일의 목적이 되도록 한다는 의미이므로 답이 될 수 없다.
예 내 친구는 재미있는 얘기를 잘 해서 항상 주변 사람들을 웃게끔 만들었다.

2. 감독이 동계 훈련에 참여하도록 지시했으므로 대상은 선수 또는 선수들이 된다. '으로 하여금'은 앞에 오는 명사가 뒤의 행동을 하는 주체임을 말하므로 ④가 답이 된다.

① '인 듯'은 추측의 뜻을 나타내므로 답이 될 수 없다.
예 꽃이 피는 걸 보니 이제 정말 봄인 듯하다.
② '이다 보니'는 앞말이 나타내는 상황으로 인해 뒤의 사실을 발견하게 됨을 의미하므로 답이 될 수 없다.
예 직업이 교사이다 보니 아무래도 말이나 행동을 조심하게 된다.
③ '로 인해'는 앞의 내용이 뒤의 상황으로 바뀌게 된 이유나 원인임을 의미하므로 답이 될 수 없다.
예 높은 파도로 인해 배가 출항하지 못하고 있다.

3. 내일까지 서류를 가지고 오겠다고 약속만 해 (   ) 이번 일은 더 이상   `25회 8번`
   문제 삼지 않겠다.

   ① 준다면   ② 주던 차에
   ③ 주려니 해도   ④ 주는 것은 고사하고

4. 공사 때문에 좀 불편하겠지만 도로가 뚫리고 나면 주민들에게도 이익이   `26회 9번`
   될 테니 주민들이 도로 건설을 (   ).

   ① 반대할 성싶다   ② 반대할 게 뻔하다
   ③ 반대할 법도 하다   ④ 반대할 리 만무하다

정답	3. ① 4. ④

3. 이번 일을 문제 삼지 않기 위해서 약속이 필요하다는 말이다. 따라서 앞 문장이 뒤 문장의 조건임을 의미하는 ①이 답이 된다.

   ② '-던 차에'는 어떤 일을 하려던 기회를 의미하므로 답이 될 수 없다.
   예 집을 나가려던 차에 전화벨이 울렸다.
   ③ '-으려니 해도'는 어떤 상황을 가정하는 의미이므로 답이 될 수 없다.
   예 교통사고의 기억을 이제는 잊을 수 있으려니 해도 생각처럼 쉽지 않다.
   ④ '-는 것은 고사하고'는 앞뒤를 비교하여 앞의 것이 어렵다는 의미이므로 답이 될 수 없다.
   예 일이 너무 많아서 퇴근하는 것은 고사하고 밥 먹을 시간도 없어요.

4. 도로 건설이 이익이 되기 때문에 주민들이 반대하지 않는다는 내용이어야 한다. 따라서 '그럴 가능성이 절대로 없다'는 의미의 ④가 답이 된다.

   ① '-을 성싶다'는 앞말이 뜻하는 상태를 어느 정도 느끼고 있거나 짐작함을 의미하므로 답이 될 수 없다.
   예 하늘을 보니 곧 비가 올 성싶다.
   ② '-을 게 뻔하다'는 어떤 일의 결과나 상태가 보이는 것처럼 분명함을 의미하므로 답이 될 수 없다.
   예 시간이 너무 늦어서 지금 가면 기차를 놓칠 게 뻔하다.
   ③ '-을 법도 하다'는 앞말이 뜻하는 상태일 것 같음을 의미하므로 답이 될 수 없다.
   예 그동안 하루도 쉬지 않고 연습했으니 이제는 잘할 법도 하다.

※ **[5~6] 다음 (　　　)에 알맞은 것을 고르십시오.**

5. 원작 소설의 인기만 믿고 영화를 만들었다가는 (　　　　). `27회 6번`

① 실패한 탓이다　　　　　② 실패할 리가 없다
③ 실패해도 그만이다　　　④ 실패하기 십상이다

6. 다양한 여행 상품을 (　　　　) 관광객을 수용할 숙박 시설조차 `27회 8번`
확보하지 못했다.

① 개발하는 대신　　　　　② 개발한 셈 치고
③ 개발한다면 모를까　　　④ 개발하는 건 차치하고

<table>
<tr><td>정답</td><td>5.④　　6.④</td></tr>
</table>

5. '-다가는'은 앞의 내용이 뒤에 오는 부정적인 상황의 원인이 될 때에 사용된다. 따라서 실패하기 쉽거나 그럴 가능성이 높다는 의미를 가진 ④가 답이 된다.

① '-은 탓이다'는 부정적인 상황에 대한 원인을 의미하므로 답이 될 수 없다.
　예 이번 일이 잘못된 것은 모두 제가 부족한 탓입니다.
② '-을 리가 없다'는 그럴 이유나 가능성이 없다는 의미이므로 답이 될 수 없다.
　예 그는 정직한 사람인데 거짓말을 할 리가 없다.
③ '-아도 그만이다'는 그렇게 되어도 상관없다는 의미이므로 답이 될 수 없다.
　예 친구들과 같이 여행을 갈 수 있으면 좋지만 혼자 가도 그만이다.

6. '조차'는 부정 표현과 같이 사용되어 최소한의 것도 어렵다는 의미를 가진다. 여행 상품을 개발하기 위해 기본적으로 필요한 숙박시설도 확보하지 못했다는 내용이 되므로 앞의 상황을 문제 삼지 않는다는 의미의 ④가 답이 된다.

① '-는 대신'는 앞 행동을 하지 않고 다른 행동을 한다는 말이므로 답이 될 수 없다.
　예 오늘 야근을 하지 않는 대신 주말에 나와서 일을 끝내도록 하겠습니다.
② '-는 셈 치고'는 어떤 상황을 가정한다는 의미이므로 답이 될 수 없다.
　예 모두 그곳이 좋다고 하니 속는 셈 치고 한번 가 봐야겠다.
③ '-다면 모를까'는 어떤 사실이나 상황을 가정하지만 뒤에 대조되는 내용이 오므로 답이 될 수 없다.
　예 네가 같이 가 준다면 모를까 혼자서는 안 갈 거야.

7. 최근 들어 산지의 배 값이 (   ) 시장 가격은 별로 변화가 없다.　　`28회 6번`

① 떨어졌기에 망정이지　　　　② 떨어졌을 턱이 없는데
③ 떨어졌음에도 불구하고　　　④ 떨어졌음으로 말미암아

8. 이 식품은 비타민도 (   ) 고기와 콩에 비해 단백질 함량도 높아서　`28회 8번`
건강 식품으로 인기가 높다.

① 풍부하거니와　　　　　　　② 풍부하랴마는
③ 풍부하기로서니　　　　　　④ 풍부하다기보다

정답　　7. ③　　8. ①

풀이

7. 산지의 배 값과 시장 가격이 관계가 없다는 내용이다. 따라서 앞의 상황이 뒤의 상황에 영향을 주지 않는다는 의미의 ③이 답이 된다.

① '–기에 망정이지'는 앞의 상황이 일어나서 뒤의 상황이 되지 않은 것이 다행이라는 의미이므로 답이 될 수 없다.
　예 집에 사람이 있어서 빨리 불을 껐기에 망정이지 정말 큰일 날 뻔했어요.
② '–을 턱이 없는데'는 앞의 상황이 불가능하다는 의미이므로 답이 될 수 없다.
　예 누가 청소를 했을 턱이 없는데 집이 아주 깨끗해졌어요.
④ '–으로 말미암아'는 어떤 상황의 이유나 원인을 나타내므로 답이 될 수 없다.
　예 세계적인 경제 불황으로 말미암아 기업들이 투자를 꺼리고 있다.

8. 이 식품은 비타민도 단백질도 높다는 것이므로 앞의 사실을 인정하면서 뒤의 사실을 덧붙임을 나타내는 ①이 답이 된다.

② '–으랴마는'는 앞의 사실을 인정하지만 뒤 사실에 어떤 영향도 미치지 않음을 나타내므로 답이 될 수 없다.
　예 돈을 싫어하는 사람이 있으랴마는 어머니는 돈에 욕심을 내지 않으셨다.
③ '–기로서니'는 앞의 사실은 인정하지만 그것이 뒤 문장의 이유나 조건이 될 수 없음을 의미하므로 답이 될 수 없다.
　예 제가 아무리 배우지 못했기로서니 그렇게 무시할 수 있습니까?
④ '–다기보다'는 앞뒤를 비교하지만 뒤의 내용이 더 낫다는 의미이므로 답이 될 수 없다.
　예 일이 힘들다기보다 일을 하기 싫다는 말이지요?

유형 3 유의어 고르기 10~11번

전략 전체 문장을 먼저 이해한 다음 밑줄 친 부분의 의미와 비슷한 어휘를 고른다. 또한 비슷하다고 하더라도 밑줄 친 자리에 넣어서 사용했을 때 문장 전체의 의미가 달라지지 않아야 한다.

※ [1~2] 다음 밑줄 친 부분과 의미가 가장 비슷한 것을 고르십시오.

1. 고객 센터에서는 담당자가 부재중이라는 말만 <u>반복할</u> 뿐 제품 교환 여부에 대해서는 확답을 피했다. `24회 10번`

   ① 내뱉을 ② 앞세울 ③ 늘어놓을 ④ 되풀이할

2. 이웃들과 나누어 먹기 위해서 올해는 예년에 비해 김장을 <u>여유 있게</u> 담갔다. `25회 10번`

   ① 넉넉하게 ② 조촐하게 ③ 아담하게 ④ 풍부하게

정답 1. ④   2. ①

풀이

1. '반복하다'는 '계속해서 되풀이하다'는 의미이므로 ④가 답이 된다.

   ① '마음에 들지 않아 짧게 말하다'는 의미이다.
   예 입으로만 불평을 내뱉을 뿐 행동은 하지 않는 사람들이 있다.
   ② '먼저 앞으로 내어놓다'는 의미이다.
   예 그는 무책임하게 말만 앞세울 사람은 아니다.
   ③ '수다스럽게 길게 하다'는 의미이다.
   예 지금 그렇게 한가한 소리나 늘어놓을 때가 아니다.

2. '김장을 담그다'는 ①과 ②와는 어울리지만 ③과 ④와는 어울리지 않는다. '여유 있다'는 '물질이나 시간이 충분하고 남다'는 의미이므로 ①이 답이 된다.

   ② '요란하지 않고 규모가 적다'는 의미이다.
   예 우리 결혼식은 조촐하게 올리기로 했어요.
   ③ '보기 좋게 자그마하다'는 의미이다.
   예 그 집 앞에는 아담하게 정원이 있어서 보기 좋다.
   ④ '사물이나 내용 등이 많고 넉넉하다'는 의미이다.
   예 가진 것이 없어도 마음 먹기에 따라 삶을 풍부하게 만들 수 있다.

3. 의사들은 심장 질환이 급격히 증가한 원인으로 현대인의 식사 습관을 든다. `26회 11번`

① 기른다   ② 꼽는다   ③ 들인다   ④ 빼낸다

4. 김 의원의 시장 선거 출마 선언이 끝나자마자 기자들의 날카로운 질문이 쏟아졌다. `27회 10번`

① 예리한   ② 선명한   ③ 신속한   ④ 적절한

정답   3. ②   4. ①

3. '들다'는 어떤 것을 설명하거나 증명하기 위하여 말한다는 의미가 있다. 따라서 '여러 가지 중에서 골라서 가리키다'는 의미를 가진 ②가 답이 된다.

① '동식물이나 사람을 자라게 하다'는 의미이다.
예 나는 강아지 한 마리를 기른다.
③ '밖에서 안으로 들어오게 하다'는 의미이다.
예 어머니는 손님을 방으로 들이셨다.
④ '끼워져 있는 것을 뽑거나 여러 가지 중에서 필요한 것을 골라내다'는 의미이다.
예 벽에 박힌 못을 빼냈다.

4. '질문'과 어울리는 것은 ①과 ④이다. 그러나 '날카롭다'는 '중요한 내용을 정확하게 파악하다'는 의미이므로 ①이 답이 된다.

② '뚜렷하여 다른 것과 구분되다'는 의미이다.
예 도시보다는 시골이 밤에 선명한 별빛을 볼 수 있다.
③ '매우 빠르다'는 의미이다.
예 그의 신속한 행동이 이번 경기를 우승으로 이끌었다.
④ '꼭 알맞다'는 의미이다.
예 고민을 거듭한 끝에 적절한 해결책을 찾았다.

유형 4 　유의 표현 고르기　12~14번

전략　먼저 전체 문장을 이해한 다음 밑줄 친 부분과 의미가 비슷한 표현을 고른다. 밑줄 친 자리에 넣어서 사용했을 때 문장 전체의 의미가 달라지지 않고 앞뒤의 말과 자연스럽게 어울려야 한다.

※ [1~2] 다음 밑줄 친 부분과 바꾸었을 때 의미가 가장 비슷한 것을 고르십시오.

1. 어떻게든 문제를 해결해 <u>볼 셈으로</u> 관계자들을 찾아다닌 것이 화근이 되어 오히려 사태를 악화시켰다. 〔24회 14번〕

   ① 볼세라　　　② 보느니　　　③ 볼라치면　　　④ 보겠노라고

2. 여름휴가를 친구들과 <u>보내려고 하니까</u> 아무래도 혼자 계실 어머니가 마음에 걸렸다. 〔25회 12번〕

   ① 보낸댔자　　　② 보내자니　　　③ 보낸답시고　　　④ 보내고서야

정답　1. ④　　2. ②

1. '-을 셈'은 '어떻게 하겠다'는 생각을 나타내는 말이므로 문제를 해결하기 위해서 관계자들을 찾아다녔다는 의미이다. 따라서 말하는 사람 자신이 판단하기에 최선을 다했음을 나타내는 '-노라고'와 바꿔 쓸 수 있으므로 ④가 답이 된다.

   ① '-을세라'는 뒷말의 이유나 근거를 나타내며, 그렇게 될까 염려하고 걱정하는 의미이므로 답이 될 수 없다.
   　〔예〕 낮은 시험 점수가 너무 창피해서 누가 볼세라 얼른 시험지를 숨겼다.
   ② '-느니'는 앞의 상황보다는 뒤의 상황을 선택함을 의미하므로 답이 될 수 없다.
   　〔예〕 마음에 들지 않는 사람을 계속 만나느니 혼자 지내는 게 나을 것 같다.
   ③ '-을라치면'은 과거에 경험한 사실을 조건으로 여긴다는 의미이므로 답이 될 수 없다.
   　〔예〕 마음을 먹고 공부할라치면 꼭 친구에게서 만나자는 전화가 온다.

2. '-으려고 하다'와 '-니까'가 결합된 형태이다. 어떤 행동을 하려고 마음을 먹고 보니까 뒤의 상황이 되었다는 의미이므로 '-자고 하니'의 줄임 표현인 ②가 답이 된다.

   ① '-댔자'는 '-다고 했자'의 줄임 표현이며 앞 문장의 내용을 인정하더라도 그것이 뒤 문장의 내용에 영향을 끼치지 못한다는 의미이므로 답이 될 수 없다.
   　〔예〕 장사가 잘 된댔자 재료값과 직원 월급을 주고 나면 남는 게 별로 없다.
   ③ '-는답시고'는 앞 문장이 뒤 문장의 이유나 근거이지만 말하는 사람이 이를 무시하는 의미이므로 답이 될 수 없다.
   　〔예〕 네가 노래를 잘한답시고 가수가 되려고 하지만 그 정도 수준으로는 힘들다.
   ④ '-고서야'는 앞 문장의 행동을 한 뒤에 비로소 뒤의 상황에 이르게 되었음을 의미하므로 답이 될 수 없다.
   　〔예〕 결혼해서 아이를 낳고서야 비로소 부모님의 마음을 이해하게 되었다.

※ **[3~4] 다음 밑줄 친 부분과 바꾸었을 때 의미가 가장 비슷한 것을 고르십시오.**

3. 유명 배우도 없이 흥행이 <u>쉽지는 않겠지만</u> 대본의 내용이 좋다면 어느 25회 14번
   정도 가능성이 있을 것 같다.

   ① 쉬울망정　　　② 쉬울지라도　　③ 쉬울까마는　　④ 쉽기로서니

4. 이 과목은 실습 위주로 진행되면 <u>좋았을 텐데</u> 이론 설명에 치우쳐 배운 26회 14번
   내용을 현장에 적용할 수 있을지 모르겠다.

   ① 좋았다거나　　② 좋았거들랑　　③ 좋았으련마는　④ 좋았다기보다

정답　　3. ③　　4. ③

3. 상황을 추측하는 '–지 않겠다'에 '–지만'이 결합되어 반대되는 내용을 표현하고 있다. 따라서 앞의 내용을 인정하면서 뒤에 반대되는 내용이 옴을 나타내는 ③이 답이 된다.

　① '–을망정'은 앞의 부정적인 내용과 반대되는 사실을 강조하므로 답이 될 수 없다.
　예 나는 밥을 못 먹을망정 다른 사람에게 돈을 빌리고 싶지는 않다.
　② '–을지라도'는 앞에서 가정한 것과 다른 결과나 반대되는 상황을 나타내므로 답이 될 수 없다.
　예 이번 실험이 실패할지라도 결코 연구를 포기하지 않을 것이다.
　④ '–기로서니'는 앞의 사실은 인정하지만 그것이 뒤 문장의 이유나 조건이 될 수 없음을 의미하므로 답이 될 수 없다.
　예 아무리 급하기로서니 해외에 가는 사람이 여권을 잊어버리면 안 되죠.

4. '–을 텐데'는 말하는 사람이 어떤 사실이나 상황에 대해 추측한 것을 나타내며 앞 내용과 관련되거나 반대되는 내용이 뒤에 온다. 따라서 어떤 사실을 기대하며 가정하지만 뒤의 상황은 그렇지 않다는 의미를 가진 ③이 답이 된다.

　① '–다거나'는 대립되는 둘 이상의 사실을 나열하는 의미이므로 답이 될 수 없다.
　예 어머니는 내 요리를 드시고 짜다거나 맵다거나 한마디도 말씀하지 않으셨다.
　② '–거들랑'은 뒤 문장의 행위를 하게 되는 조건이나 가정을 나타내므로 답이 될 수 없다.
　예 고향에 가거들랑 우리 부모님께 안부 좀 전해 주세요.
　④ '–다기보다'는 앞뒤를 비교하지만 뒤의 내용을 말하는 것이 더 낫다는 의미이므로 답이 될 수 없다.
　예 그 영화는 내용이 재미없다기보다 배우들의 연기가 조금 부족했다.

※ **[5~6] 다음 밑줄 친 부분과 바꾸었을 때 의미가 가장 비슷한 것을 고르십시오.**

5. 늘 보이던 물건인데도 막상 필요해서 <u>쓰려고 하면</u> 어디에 있는지 찾을 수가 없다. `27회 14번`

① 쓸라치면   ② 쓰거니와   ③ 쓰던 차에   ④ 쓴다손 치더라도

6. 정부는 실업률을 <u>낮추기 위해서</u> 중소기업을 집중적으로 육성하는 방안을 마련했다. `28회 12번`

① 낮추기에   ② 낮추거늘   ③ 낮추건대   ④ 낮추고자

| 정답 | 5. ①   6. ④ |

5. '-으려고 하다'와 '-으면'이 결합된 형태이다. 어떤 행동을 하려고 마음먹은 것을 가정함을 나타내므로 과거에 경험한 사실을 조건으로 여긴다는 의미의 ①이 답이 된다.

② '-거니와'는 앞의 사실을 인정하면서 뒤의 사실을 덧붙인다는 의미이므로 답이 될 수 없다.

예 이 약은 두통에도 효과가 있거니와 혈압을 낮추는 데에도 도움이 된다.

③ '-던 차에'는 어떤 일을 하던 기회나 순간이므로 답이 될 수 없다.

예 과일을 사러 시장에 가던 차에 길에서 과일을 파는 트럭을 보았다.

④ '-다손 치더라도'는 앞의 사실을 인정하지만 뒤의 내용에 영향을 미치지 않음을 의미하므로 답이 될 수 없다.

예 경기가 좋지 않으니까 손해를 본다손 치더라도 가게를 정리해야겠다.

6. '-기 위해서'는 뒤의 행동을 하는 목적이나 의도를 나타낸다. 따라서 어떤 행동을 할 의도를 가지고 있다는 의미의 ④가 답이 된다.

① '-기에'는 원인이나 이유를 나타내므로 답이 될 수 없다.

예 나는 그 사람을 좋아하기에 헤어질 수가 없다.

② '-거늘'은 앞의 사실이 당연한 것이므로 뒤의 내용도 마땅히 그러하다는 의미이므로 답이 될 수 없다.

예 회사에는 규칙이 있거늘 사장이라고 해서 지키지 않을 수는 없다.

③ '-건대'는 뒤의 내용이 화자가 경험하거나 생각하는 것임을 나타내는 의미이므로 답이 될 수 없다.

예 바라건대 이번 일을 잘 끝낼 수 있게 저를 좀 도와주십시오.

전략   문장 전체의 의미를 파악하고 문장의 연결이 자연스러운지 확인하여 맞는 선택지를 하나씩 지운다.

※ [1~2] 다음 밑줄 친 부분이 **틀린** 것을 고르십시오.

1.   ① 패션쇼가 성공적으로 끝나자 디자이너는 <u>도무지</u> 기뻐했다.   `24회 15번`

    ② 밤낮으로 작업했지만 생산량은 <u>기껏</u> 10% 증가에 그쳤다.

    ③ 경치가 <u>그다지</u> 좋지는 않지만 공기가 맑아 산책하기 좋다.

    ④ 이번 미술품 경매에 나온 작품 수가 무려 <u>천여</u> 점에 달한다.

2.   ① 12월이 되면 그동안 잊고 있었던 많은 분들이 <u>새삼</u> 보고 싶어진다.   `25회 15번`

    ② 그 식당은 재료가 신선하다는 소문이 나서 그런지 손님이 <u>부쩍</u> 늘었다.

    ③ 출근 시간이라서 차가 막히는 바람에 회의 시작 5분 전에 <u>겨우</u> 도착했다.

    ④ 그 사람의 평소 행동을 생각해 보면 <u>차마</u> 그런 짓을 하고도 남을 것 같다.

정답   1. ①   2. ④

1. 부사어를 잘못 사용한 것을 고르는 문제이다.

   ① 패션쇼가 성공적이라 기쁘다는 내용이므로 '매우, 아주, 무척' 등과 같은 긍정적인 의미를 나타내는 말이 와야 하므로 틀린 문장이다. 따라서 ①이 답이 된다.

   ② 밤낮으로 작업했지만 기대에 못 미쳤다는 내용이다. '겨우, 고작'의 의미를 가진 '기껏'을 썼으므로 맞는 문장이다.

   ③ 경치가 좋지는 않지만 공기가 맑아서 좋다는 내용이다. '그러한 정도로 또는 그렇게까지'의 의미를 가진 '그다지'를 썼으므로 맞는 문장이다.

   ④ 경매에 나온 작품 수가 생각보다 많다는 내용이다. '그 수가 예상보다 상당히 많음'을 나타내는 '무려'를 썼으므로 맞는 문장이다.

2. 부사어를 잘못 사용한 것을 고르는 문제이다.

   ① 잊고 있던 사람들이 보고 싶다는 내용이다. '이전의 느낌이나 감정이 새롭다'는 의미의 '새삼'을 썼으므로 맞는 문장이다.

   ② 소문 때문에 손님이 많아졌다는 내용이다. '어떤 것의 양이나 상태가 갑자기 늘거나 줄었다'는 의미의 '부쩍'을 썼으므로 맞는 문장이다.

   ③ 길에 차가 많아서 회의에 힘들게 도착했다는 내용이다. '어렵게 힘들여'의 의미를 가진 '겨우'를 썼으므로 맞는 문장이다.

   ④ 평소 행동을 볼 때 그런 짓을 하는 것이 당연하다는 내용이다. '차마'는 뒤에 부정하는 내용이 오므로 틀린 문장이다. 따라서 ④가 답이 된다.

※ [3~4] 다음 밑줄 친 부분이 틀린 것을 고르십시오.

3. ① 새로 입사한 사원은 실수를 많이 해서 과장님의 <u>눈 밖에 났다</u>.　`27회 16번`
　② 그는 학교 다닐 때부터 <u>발이 넓어서</u> 여기저기 아는 친구가 많다.
　③ 직장 생활이 바쁘다 보니 친구들의 모임에 <u>머리를 맞대지</u> 못했다.
　④ 주변 사람들은 그가 성실하고 유능한 사람이라고 <u>입을 모아</u> 칭찬했다.

4. ① 이야기를 할 때 <u>말꼬리를 흐리면</u> 자신감이 없어 보인다.　`28회 16번`
　② 휴가철이면 피서객들에게 <u>바가지를 긁는</u> 장사꾼들이 있다.
　③ 그는 어찌나 <u>얼굴이 두꺼운지</u> 툭하면 찾아와 어려운 부탁을 했다.
　④ <u>발등에 불이 떨어져야</u> 일하는 버릇 때문에 일을 제때 못 끝낼 때가 많다.

정답	3. ③　　4. ②

3. 관용 표현을 잘못 사용한 것을 고르는 문제이다.

① 실수를 많이 해서 과장님이 사원을 믿지 못한다는 내용이다. '신임을 잃고 미움을 받게 되다'는 의미의 '눈 밖에 나다'를 썼으므로 맞는 문장이다.
② 아는 친구가 많은 이유를 말하고 있다. '사귀어 아는 사람이 많다'는 의미의 '발이 넓다'를 썼으므로 맞는 문장이다.
③ 회사 일이 바빠서 모임에 참석하지 못했다는 내용이다. '머리를 맞대다'는 '어떤 일을 의논하거나 결정하기 위하여 서로 마주하다'는 의미이므로 틀린 문장이다. 따라서 ③이 답이 된다.
④ 주변 사람들이 모두 칭찬했다는 내용이다. '여러 사람이 같은 의견을 말하다'는 의미인 '입을 모으다'를 썼으므로 맞는 문장이다.

4. 관용 표현을 잘못 사용한 것을 고르는 문제이다.

① '말꼬리를 흐리다'는 '말의 끝을 분명하지 않게 하다'는 의미이다. 자신감이 없다는 내용과 어울리므로 맞는 문장이다.
② '바가지를 긁다'는 '주로 아내가 남편에게 생활의 어려움에서 오는 불평과 잔소리를 심하게 하다'는 의미이다. 장사꾼이 피서객에게 하는 말로 어울리지 않으므로 틀린 문장이다. 따라서 ②가 답이 된다.
③ 자주 찾아와 부탁을 한다는 내용이다. '부끄러움을 모르고 염치가 없다'는 의미의 '얼굴이 두껍다'를 썼으므로 맞는 문장이다.
④ '발등에 불이 떨어지다'는 '일이 매우 급하게 닥치다'는 의미이다. 따라서 급하게 일을 해서 제때 끝내지 못한다는 의미가 되므로 맞는 문장이다.

전략　세 문장에 공통적으로 들어가는 어휘를 골라야 한다. 동사를 고르는 문제이므로 동사 앞에 오는 어휘를 잘 살펴봐야 한다. 고른 어휘를 빈칸에 넣어 본 다음 자연스러운지 확인한다.

※ 다음 (　)에 공통으로 들어갈 단어를 고르십시오.

1.　24회 17번

> 그는 실력 있는 후배들에게 (　　) 경기에 나갈 기회가 많지 않았다.
> 동생은 자신에게 어떤 일이 주어지든 (　　) 않고 잘 해냈다.
> 지금은 누구의 잘잘못을 (　　) 때가 아니라 화합을 도모할 때다.

① 뒤지다　　② 막히다　　③ 따지다　　④ 가리다

정답　1. ④

1. '후배들', '일', '잘잘못'에 모두 어울리는 말은 '가리다'이므로 ④가 답이 된다. 각각 '후배들에게 막혔다', '이것저것 일을 따지지 않다', '누가 잘하고 못했는지 상관하지 않다'의 의미가 된다.

①의 '뒤지다'와 ②의 '막히다'는 '후배들'과 '일'에는 어울리지만 '잘잘못'과는 어울리지 않으므로 답이 될 수 없다.

③ '따지다'는 '일'과 '잘잘못'에는 어울리지만 '후배들'과는 어울리지 않으므로 답이 될 수 없다.

※ 다음 (   )에 공통으로 들어갈 단어를 고르십시오.

2.

25회 18번

> 외국으로 유학을 가려던 마음을 (   ) 취직을 하기로 결정했다.
> 그는 자신에 대한 이야기가 나오자 화제를 다른 것으로 (   ).
> 경기 침체가 계속되어서 공장을 (   ) 수가 없었다.

① 바꾸다   ② 넘기다   ③ 돌리다   ④ 숨기다

    2. ③

2. '마음', '화제', '공장'에 모두 어울리는 말은 '돌리다'이므로 ③이 답이 된다. 각각 '마음을 다르게 먹다', '화제를 바꾸다', '공장을 운영하다'의 의미가 된다.

풀이

① '바꾸다'는 '마음'과 '화제'에는 어울리지만 '공장'과는 의미상 맞지 않으므로 답이 될 수 없다.
② '넘기다'는 '화제'와 '공장'에는 어울리지만 '마음'과는 어울리지 않으므로 답이 될 수 없다.
④ '숨기다'는 '마음'과 '화제'에는 어울리지만 '공장'과는 의미상 맞지 않으므로 답이 될 수 없다.

3.

27회 17번

> 그는 아버지의 뜻을 (   ) 공장을 운영하기로 결심했다.
> 예의를 갖추려면 때와 장소에 (   ) 옷을 입어야 한다.
> 여러 사람이 함께 일을 하다 보면 어려움이 (   ) 마련이다.

① 잇다　　　② 맞추다　　　③ 생기다　　　④ 따르다

정답　　3. ④

3. '뜻', '때와 장소', '어려움'에 모두 어울리는 말은 '따르다'이므로 ④가 답이 된다. 각각 '아버지의 뜻과 함께 하다', '때와 장소를 고려하다', '어려움이 찾아오다'의 의미가 된다.

① '잇다'는 '뜻'과 어울리지만 '때와 장소'와 '어려움'과는 어울리지 않으므로 답이 될 수 없다.
② '맞추다'는 '뜻'과 '때와 장소'에는 어울리지만 '어려움'과는 어울리지 않으므로 답이 될 수 없다.
③ '생기다'는 '어려움'에는 어울리지만 '때와 장소', '어려움'과는 어울리지 않으므로 답이 될 수 없다.

※ 다음 (　　)에 공통으로 들어갈 단어를 고르십시오.

4. 28회 18번

> 외향적인 사람은 처음 보는 사람에게도 말을 잘 (　　　　).
> 소설을 완성했는데 제목을 아직 (　　　　) 못했다.
> 요즘 바둑에 재미를 (　　　　) 시간 가는 줄 모른다.

① 걸다　　　　② 달다　　　　③ 꺼내다　　　　④ 붙이다

정답　　4. ④

풀이

4. '말', '제목', '재미'에 모두 어울리는 어휘는 '붙이다'이므로 ④가 답이 된다. 각각 '말을 시키다', '제목을 정하다', '재미를 알게 되다'의 의미가 된다.

① '걸다'는 '말'과 어울리지만 '제목'과 '재미'와는 어울리지 않으므로 답이 될 수 없다.

② '달다'는 '제목'과 어울리지만 '말'과 '재미'에는 어울리지 않으므로 답이 될 수 없다.

③ '꺼내다'는 '말'에는 어울리지만 '제목'과 '재미'와는 어울리지 않으므로 답이 될 수 없다.

전략　제시문을 읽고 내용을 파악한 다음, 빈칸에 알맞은 어휘나 문법, 관용 표현을 골라야 한다. 이때 빈칸의 앞뒤 내용의 의미 관계를 잘 살펴야 한다.

※ [1~2] 다음을 읽고 물음에 답하십시오.　　26회 19~20번

　　성공적인 삶을 살기 위해서는 긍정적인 자기 암시를 계속할 필요가 있다. 일이 잘되지 않을 것 같은 부정적인 생각이 （　㉠　） 그 생각에 빠져들지 말고 머릿속에서 얼른 지워야 한다. 대신 긍정적인 결과를 반복적으로 생각해야 한다. 긍정적인 결과를 계속 떠올리는 것만으로도 우리의 잠재의식은 그것을 실현하려는 방향으로 바뀌게 된다. 무의식은 때로 의식 이상의 강한 힘을 지니고 있어서 잠재의식 속에 한번 （　㉡　） 생각은 실제 행동을 변화시키고 이를 통해 상상한 것과 같은 모습을 가진 인간이 되어 간다.

1. ㉠에 알맞은 것을 고르십시오.

　① 드는 양　　　② 드는 한편　　　③ 든다 못해　　　④ 든다 해도

2. ㉡에 알맞은 것을 고르십시오.

　① 진을 뺀　　　② 한눈을 판　　　③ 자리를 잡은　　　④ 다리를 놓은

정답　　1. ④　　2. ③

1. 부정적인 생각에 빠지지 말아야 한다는 내용이다. 따라서 ㉠에는 앞의 상황을 가정하더라도 뒤의 상황으로 이어지지 않는다는 의미의 ④가 답이 된다.
　① '–는 양'은 어떤 행동을 일부러 한다는 의미이므로 답이 될 수 없다.
　　예 질문의 답을 잘 몰랐지만 알고 있는 양 대답했다.
　② '–는 한편'은 어떤 행동을 하면서 동시에 또 다른 행동을 한다는 의미이므로 답이 될 수 없다.
　　예 낮에는 공부를 하는 한편 밤에는 등록금을 마련하기 위해 아르바이트를 한다.
　③ '–다 못해'는 앞말이 나타내는 일을 하거나 바랐지만 계속할 수 없다는 의미이므로 답이 될 수 없다.
　　예 두 사람은 성격 차이를 견디다 못해 헤어지기로 했다.

2. ㉡은 관용 표현을 고르는 문제이다. '자리를 잡다'는 '일정한 곳이나 마음속에 위치하다'는 의미로 '잠재의식'과 '생각'에 어울린다. 따라서 ③이 답이 된다.
　① '힘을 다 써 버리다'의 의미이다.　　② '해야 할 일보다 다른 곳에 신경을 쓰다'는 의미이다.
　④ '양쪽을 이어주다'는 의미이다.　　　　　　　　　　　※ 어휘집 '관용 표현' 참조

※ **[3~4] 다음을 읽고 물음에 답하십시오.**　　　28회 19~20번

> 　호흡은 크게 복식 호흡과 흉식 호흡으로 나뉜다. 복식 호흡은 코로 숨을 (㉠) 숨을 배까지 깊이 들이마셨다가 오랜 시간 천천히 내쉬는 호흡을 말한다. 그래서 가슴을 움직이는 흉식 호흡에 비해 호흡하는 과정에서 몸속 구석구석까지 산소를 공급하고 칼로리도 많이 소비한다. 또 콜레스테롤 수치를 떨어뜨려 혈압을 낮추는 데도 (㉡)이 된다고 한다. 비만이나 혈압 문제가 있는 사람이라면 편안히 눈을 감고 깊은 복식 호흡을 해 보는 것도 좋을 것이다.

3. ㉠에 알맞은 것을 고르십시오.

　　① 쉬되　　　　　② 쉬자니　　　　　③ 쉬는 이상　　　　④ 쉬던 차에

4. ㉡에 알맞은 것을 고르십시오.

　　① 근심　　　　　② 모범　　　　　③ 보탬　　　　　④ 한숨

정답　　　**3.** ①　　**4.** ③

3. ㉠의 뒤에서 코로 숨을 쉬는 것에 대해 자세히 설명하고 있다. 앞의 사실에 대한 자세한 설명을 뒤에서 함을 나타내는 '-으되'를 사용한 ①이 답이 된다.

　② '-자니'는 앞 문장의 내용이 뒤 문장의 이유임을 의미하므로 답이 될 수 없다.
　예 낯선 곳으로 혼자 여행을 떠나자니 설레기도 하지만 걱정도 된다.
　③ '-는 이상'은 이미 그렇게 된 상태를 의미하므로 답이 될 수 없다.
　예 부모님의 도움을 받아 유학을 가는 이상 더 열심히 공부해야 한다.
　④ '-던 차에'는 어떤 일을 하는 기회나 순간을 의미하므로 답이 될 수 없다.
　예 회사를 그만두고 쉬던 차에 다른 곳에서 입사 제안을 받았다.

4. ㉡은 문장의 의미에 맞는 단어를 고르는 문제이다. 혈압을 낮추는 데 좋다는 내용이므로 '이미 있던 것에 더하거나 모자라는 것에 더함'을 의미하는 ③이 답이 된다.

　① '해결되지 않은 일 때문에 걱정하는 마음'의 의미이다.
　예 사업에 대한 근심으로 밤새도록 잠을 자지 못했다.
　② '그대로 따라할 만한 대상'이라는 의미이다.
　예 아이에게 공부를 강요하지 말고 부모가 먼저 모범을 보이는 것이 좋다.
　④ '걱정이나 슬픔이 있을 때, 긴장하였다가 안도할 때 쉬는 숨'이라는 의미이다.
　예 어머니는 무슨 걱정이 있으신지 한숨을 쉬셨다.

전략 제시문을 읽고 내용을 파악한 다음, 빈칸에 알맞은 문법이나 사자성어를 골라야 한다. 이때 앞뒤 문장과 잘 어울리는지를 확인한다.

※ [1~2] 다음을 읽고 물음에 답하십시오. 24회 21~22번

　자신의 감정을 고객에게 맞추며 일하는 서비스 산업 종사자들을 감정 노동자라고 한다. 이들에게는 고객의 만족도 평가에 (㉠)하며 늘 자신의 감정을 고객에게 맞추어야 하는 고충이 따른다. 문제는 자신의 감정과 무관하게 항상 친절과 상냥함으로 일관해야 하는 감정의 부조화 상태가 심해지면 대인 관계에 자신감을 잃고 우울증에 빠지게 될 수도 있다는 사실이다. 따라서 개인이 혼자 감당하지 못할 정도로 감정 충돌이 (㉡) 반드시 심리 전문가의 도움을 받는 것이 좋다.

1. ㉠에 알맞은 것을 고르십시오.

　① 동고동락　　② 심사숙고　　③ 노심초사　　④ 학수고대

2. ㉡에 알맞은 것을 고르십시오.

　① 심해지려니와　　　　② 심해진다 한들
　③ 심해지느니만큼　　　④ 심해질 성싶으면

풀이

1. 고객의 평가에 따라 자신의 감정을 조절해야 한다는 내용이다. '마음속으로 애를 쓰며 속을 태운다'는 의미의 ③이 답이 된다.

① 괴로울 때나 즐거울 때나 항상 함께 한다는 의미이다.
② 어떤 일에 대해 깊이 잘 생각한다는 의미이다.
④ 애타게 기다린다는 의미이다.   ※ 어휘집 '사자성어' 풀이 참조

2. 감정 충돌이 심해지면 전문가의 도움을 받는 것이 좋다는 내용이므로 앞 문장의 상황을 어느 정도 느끼고 있음을 나타내는 ④가 답이 된다.

① '–려니와'는 '어떤 사실을 인정하면서 뒤의 내용이 그보다 더함을 의미하므로 답이 될 수 없다.
예 올 여름은 덥기도 하려니와 비도 많이 내릴 것이다.
② '–다 한들'은 어떤 사실을 인정한다 하더라도 그로 인해 예상되는 내용이 부정적임을 의미하므로 답이 될 수 없다.
예 다 지나간 일인데 지금 후회한다 한들 아무 소용이 없다.
③ '–느니만큼'은 앞 내용을 인정하면서 그것이 뒤 내용의 이유나 근거임을 의미하므로 답이 될 수 없다.
예 열심히 일하느니만큼 좋은 결과가 있을 거라고 기대합니다.

근래 들어 여행 마니아들 사이에서 깊은 산골 마을이나 외딴 섬을 찾는 오지 여행이 인기를 끌고 있다. 휴대 전화도 되지 않고 편의 시설 하나 없는 이곳의 가장 큰 매력은 정적이다. (　㉠　) 이곳에서 할 수 있는 일이라고는 산책과 낚시 정도가 전부이고, 눈이 내리거나 바람이라도 거세게 불면 외부로 나가는 길이 완전히 막히기도 한다. 그럼에도 불구하고 이곳은 도시의 번잡과 소음으로부터 탈출하여 자연 속에서 (　㉡　)하고 싶은 이들에게 최적의 휴식처가 되고 있다.

3. ㉠에 알맞은 것을 고르십시오.

① 고요할 법도 한데　　　　② 고요할 리 만무한

③ 고요하기 그지없는　　　　④ 고요한 것도 모자라

4. ㉡에 알맞은 것을 고르십시오.

① 차일피일　　② 전전긍긍　　③ 일희일비　　④ 유유자적

정답　　3. ③　　4. ④

3. 깊은 산골이나 외딴 섬의 가장 큰 매력이 정적이라고 했다. 따라서 '이루 다 말할 수 없을 정도로 매우 그렇다'는 의미의 ③이 답이 된다.

① '~을 법도 하다'는 어떤 상황이나 사실에 대해 말하는 사람이 그렇다고 판단한다는 의미이므로 답이 될 수 없다.

예 하늘을 보니 눈이 올 법도 한데 일기예보에선 안 온다는군.

② '~을리 만무하다'은 어떤 상황이나 사실이 절대로 있을 수 없다는 의미이므로 답이 될 수 없다.

예 그렇게 일을 잘하는 사람이 실수했을 리 만무한 일이다.

④ '도 모자라다'는 기준이나 기대에 미치지 못하는 앞 문장의 상황에 뒤 문장의 상황이 더해진다는 의미이므로 답이 될 수 없다.

예 무리하게 사업을 확장하다가 투자금을 날린 것도 모자라 빚까지 지게 되었다.

4. 도시로부터 벗어나 자연에서 살고 싶다는 내용이므로 '세상을 떠나 아무 구속 없이 조용하고 편하게 산다'는 의미인 ④가 답이 된다.

① 기한을 자꾸 미룬다는 의미이다.

② 몹시 두려워서 벌벌 떨며 조심한다는 의미이다.

③ 기쁨과 슬픔이 번갈아 일어난다는 의미이다.　※ 어휘집 '사자성어' 풀이 참조

유형 9 문맥에 알맞은 어휘/문법 고르기 ❷   23~24번

전략　제시문을 잘 읽고 내용을 파악한 다음, 빈칸에 들어가는 어휘나 문법을 골라야 한다.
이때 앞뒤 문장과 잘 어울리는지를 잘 확인한다.

※ [1~2] 다음을 읽고 물음에 답하십시오.　　26회 23~24번

　좋은 작가를 한발 앞서 발견하려면 작가의 창의성에 주목해야 한다. 젊은
작가의 성공 여부는 창의성에 달려 있다고 해도 과언이 아니기 때문이다.
창의성 있는 작가를 알아볼 수 있는 ㉠단서는 작가가 그림을 그릴 때
사용하는 재료나 도구, 이를 활용해 사물을 표현하는 방식에 있다. 작가의
독창성은 개성 있는 표현 방식으로 더 부각되기 마련이다. 그렇지만 표현
방식이 독창적이더라도 어디서 본 듯한 작품을 그린다 싶은 작가는
선택에서 무조건 배제해야 한다. 그림이 (㉡) 그 그림만의 매력이 없다면
여러 뛰어난 작가들 중 그 작가의 성공을 무엇으로 예상할 수 있겠는가?

1.　㉠과 바꾸어 쓸 때 알맞은 것을 고르십시오.

① 갈피　　　　② 덜미　　　　③ 실마리　　　　④ 꼬투리

2.　㉡에 알맞은 것을 고르십시오.

① 뛰어나다 한들　　　　② 뛰어난 마당에
③ 뛰어날뿐더러　　　　④ 뛰어나기라도 하면

정답   1. ③   2. ①

1. ㉠은 '어떤 문제를 해결의 방향으로 끌고 가는 첫 부분'을 의미한다. 따라서 '일이나 사건을 풀어가는 첫머리'를 의미하는 ③이 답이 된다.

① '일이 어떻게 갈라지는지 대충 알 수 있는 지점'의 의미이다.
예 이번 일을 어떻게 이해해야 할지 갈피를 잡을 수가 없다.
② '목의 뒷부분'의 의미이다.
예 그 도둑이 경찰에게 덜미를 잡혔다.
④ '괜히 남을 미워하거나 불평을 할 만한 것'의 의미이다.
예 너는 무슨 불만이 많아서 말끝마다 꼬투리를 잡는 거야?

2. 그림이 뛰어나도 그만의 매력이 없다면 성공하기 어렵다는 의미이므로 '어떤 사실을 인정하다 하더라도 그로 인해 예상되는 내용이 부정적임'을 의미하는 ①이 답이 된다.

② '-은 마당에'는 어떤 일이 이루어진 상황이나 형편을 의미하므로 답이 될 수 없다.
예 헤어진 마당에 그 사람 걱정은 왜 하니?
③ '-을 뿐더러'는 어떤 사실에 더하여 다른 상황도 있음을 의미하므로 답이 될 수 없다.
예 그는 일도 잘할 뿐더러 성격도 좋은 사람이다.
④ '-기라도 하면'은 어떤 상황에 대한 가정을 의미하므로 답이 될 수 없다.
예 음주 운전을 하다가 사고가 나기라도 하면 면허가 취소된다.

※ [3~4] 다음을 읽고 물음에 답하십시오.　　　　　　　　　　28회 23~24번

어린 코끼리를 오렌지색 줄로 나무에 묶어 두면 처음에는 줄을 끊고 도망가려고 한다. 하지만 몇 차례의 시도가 실패로 돌아가면 현실을 인정하고 완전히 그 줄의 포로가 된다. 어린 코끼리가 거대한 코끼리로 성장한 후에도 마찬가지이다. 이제는 줄을 끊고 도망갈 힘이 얼마든지 (㉠) 코끼리는 오렌지색 줄에 묶여 있는 한 도망갈 생각을 하지 않는다. 인간에게도 이런 심리적인 오렌지색 줄이 존재한다. 그래서 충분히 할 수 있는데도 실패했던 경험 때문에 도전을 포기하고 일찌감치 (㉡) 버리는 일이 있다.

3. ㉠에 알맞은 것을 고르십시오.

① 있거들랑　　　② 있건마는　　　③ 있다거나　　　④ 있다시피

4. ㉡에 알맞은 것을 고르십시오.

① 납득해　　　② 정복해　　　③ 제외해　　　④ 체념해

정답　　　3. ②　　4. ④

3. 도망칠 힘이 있지만 도망갈 생각을 하지 않는다는 내용이다. 따라서 앞 문장과 반대되는 내용을 나타내는 ②가 답이 된다.

① '-거들랑'은 뒤 문장의 조건이나 가정을 나타내므로 답이 될 수 없다.
예 날씨가 따뜻해지거들랑 소풍을 갑시다.
③ '-다거나'는 두 가지 이상의 사실을 나열할 때 사용하므로 답이 될 수 없다.
예 그녀는 상을 받은 후에도 행복하다거나 만족하지 못했다.
④ '-다시피'는 듣는 사람이 알거나 느끼고 있는 것과 같다는 의미이므로 답이 될 수 없다.
예 보시다시피 제 손에는 아무것도 없습니다.

4. 도전을 포기한다는 것에 덧붙는 내용이어야 한다. 따라서 '희망을 버리고 단념하다'는 의미의 ④가 답이 된다.

① 다른 사람의 말이나 행동 등을 잘 알아서 이해한다는 의미이다.
예 내 어려운 사정을 네가 납득해 주었으면 좋겠다.
② 어렵거나 힘든 대상을 뜻대로 다룰 수 있게 된다는 의미이다.
예 인간은 자연을 정복해 보려는 노력을 쉬지 않고 해 왔다.
③ 따로 떼어 내어 한 곳에 같이 놓지 않는다는 의미이다.
예 제약 회사들은 비타민 음료를 의약품에서 제외해 달라고 요청했다.

> **전략**　제시문을 잘 읽고 내용을 파악한 다음, 빈칸에 들어가는 어휘와 문법, 관용 표현을 골라야 한다. 이때 앞뒤 문장과 잘 어울리는지를 확인한다.

※ [1~3] 다음을 읽고 물음에 답하십시오.

25회 25~27번

　　최근 들어 일부 선진국에서 생필품을 구입하기 어려운 지역민이 증가하고 있어 관계 당국이 (　㉠　) 있다. 유통 업체들이 소비 인구가 줄어들자 수익을 내기 어려운 지역의 점포를 줄이거나 철수하였기 때문이다. 또 인구 감소로 승객 수가 줄어들자 버스 회사들이 도시 변두리나 시골의 버스 노선을 (　㉡　) 이동이 불편한 노약자들의 생필품 구입이 어려워지게 된 것이다. 경제적으로 풍요로운 선진국에서 생필품 구입에 어려움을 겪는 일이 발생할 수 있다는 것은 예상하기 쉬운 일이 아니다. 이러한 현상은 인구의 감소와 고령화, 대도시로의 인구 집중 등에서 ㉢<u>비롯된</u> 것이니만큼 한국도 이에 대한 대비책을 마련해야 할 것이다.

1.　㉠에 알맞은 것을 고르십시오.

　　① 가닥을 잡고　　　　　　② 눈독을 들이고
　　③ 골머리를 썩고　　　　　④ 물불을 가리지 않고

2.　㉡에 알맞은 것을 고르십시오.

　　① 줄인즉　　　② 줄이게끔　　　③ 줄인대서야　　　④ 줄이기는커녕

3.　㉢과 바꾸어 쓸 때 알맞은 것을 고르십시오.

　　① 전이된　　　② 전수된　　　③ 유도된　　　④ 야기된

   1. ③   2. ①   3. ④

1. 관용 표현을 고르는 문제이다. 생필품을 구입하기 어려운 사람들이 있어서 당국이 곤란해하고 있다는 내용이므로 '몹시 애를 쓰며 생각에 몰두하다'는 의미의 ③이 답이 된다.

① '일의 진행 상황이나 분위기를 이해하다'는 의미이다.
② '욕심을 내어 눈여겨보거나 남의 것을 몹시 가지고 싶어 하다'는 의미이다.
④ '온갖 장애나 위험에도 상관없이 계속 행동하거나 일을 해 나가다'는 의미이다.
※ 어휘집 '관용 표현' 참조

2. 승객 수가 줄어들자 버스 회사들이 노선을 줄여 생필품 구입이 어려워졌다는 내용이므로 '앞 문장이 뒤 문장에 대한 원인이나 이유가 됨'을 의미하는 ①이 답이 된다.

② '–게끔'은 앞 문장이 뒤 문장에서 하려는 행동이나 일의 목적이 됨을 의미하므로 답이 될 수 없다.
   예 우리는 택시가 지나가게끔 길가로 피했다.
③ '–다고 하다'와 '–서야'가 합쳐진 말로 듣거나 알게 된 어떤 사실에 대해 의문을 제기하거나 부정적으로 판단함을 의미하므로 답이 될 수 없다.
   예 사소한 실수를 두려워해서야 큰일을 할 수 없다.
④ '–기는커녕'은 어떤 사실을 강하게 부정하면서 그보다 못한 것까지 부정하는 의미이므로 답이 될 수 없다.
   예 그는 공부하기는커녕 놀 생각만 하고 있다.

3. ⓒ은 '처음으로 시작되다'는 의미이므로 '일이나 사건 따위를 끌어내어 일으키다'는 의미의 ④가 답이 된다.

① '다른 상태로 변화하거나 옮겨가다'는 의미이므로 답이 될 수 없다.
   예 암세포가 간까지 전이된 상태라 손을 쓸 수가 없다.
② '지식이나 기술 등이 전하여 알려지다'는 의미이므로 답이 될 수 없다.
   예 며느리에게 전수된 할머니의 손맛은 여전히 사람들의 입맛을 사로잡고 있다.
③ '특정한 장소나 방향으로 이끌어지다'는 의미이므로 답이 될 수 없다.
   예 전력 부족 상황은 정책 부재에 따른 유도된 결말이라고 할 수 있다.

　　레오나르도 다빈치가 그린 '최후의 만찬'이 오랜 복원 작업 끝에 드디어 (㉠) 됐다. 이번 복원 작업은 무엇보다 다빈치의 의도를 잘 살려 냈다는 점에서 긍정적인 평가를 받고 있다. 이 벽화는 지난 수차례의 복원 작업을 통해 여러 사람들에 의해 덧칠되면서 작가의 원래 의도를 파악하기 어려울 정도로 훼손되었다. 이에 이번 복원 팀은 이런 방식의 복원은 (㉡) 보고, 다빈치가 그린 부분만 남기고 덧칠된 부분은 모두 벗겨 낸다는 원칙을 세웠다. 없어진 부분을 새로 그려 넣는 것보다는 좀 부족하더라도 원작을 살리는 것이 더 낫다고 판단한 것이다. 이와 같은 원칙을 끝까지 ㉢유지한 결과, 복원된 그림은 전보다 확실히 밝아지고 다빈치의 의도도 보다 분명해졌다.

4. ㉠에 알맞은 것을 고르십시오.

① 햇빛을 보게　　　　　　　② 가슴을 치게
③ 고배를 마시게　　　　　　④ 하늘을 찌르게

5. ㉡에 알맞은 것을 고르십시오.

① 안 하기 마련이라고　　　　② 안 하느니만 못하다고
③ 하지 않으려고 든다고　　　④ 하지 않을 리 만무하다고

6. ㉢과 바꾸어 쓸 때 알맞은 것을 고르십시오.

① 합의한　　　② 판정한　　　③ 겸비한　　　④ 고수한

4. 관용 표현을 고르는 문제이다. 오랜 시간이 걸려 작품을 복원하는 작업이 끝났다는 내용이므로 '세상에 알려져 좋은 평판을 받다'는 의미의 ①이 답이 된다.

② '몹시 억울하여 가슴이 아프거나 후회하는 마음으로 안타까워하다'는 의미이다.
③ '패배나 실패와 같이 괴로운 경험을 하다'는 의미이다.
④ '매우 높이 솟거나 기세가 세차다'는 의미이다.
※ 어휘집 '관용 표현' 참조

5. 여러 사람들이 덧칠하여 작가의 원래 의도를 훼손하는 것이 옳지 않다는 내용이다. 따라서 '먼저 말한 행동보다 뒤에 오는 행동이 더 나음을 강조함'을 나타내는 ②가 답이 된다.

① '–기 마련이다'는 그렇게 되도록 되어 있다는 의미이므로 답이 될 수 없다.
예 겨울이 아무리 추워도 봄은 오기 마련이다.
③ '–으려고 들다'는 앞의 문장이 뜻하는 행동을 애써서 적극적으로 하려고 한다는 의미이므로 답이 될 수 없다.
예 그녀는 내 말이 끝나기도 전에 자기 이야기를 하려고 들었다.
④ '–을 리 만무하다'는 절대로 없다는 의미이므로 답이 될 수 없다.
예 아무리 이상 기후라고 해도 한여름에 눈이 내릴 리 만무하다.

6. ⓒ은 '어떤 상태나 상황을 그대로 보존하거나 변함없이 계속되게 하다'는 의미이므로 차지한 것이나 어떤 입장을 굳게 지킨다는 의미의 ④가 답이 된다.

① '서로 의견이 일치하다'는 의미이므로 답이 될 수 없다.
예 양측은 합의한 결과를 바탕으로 계약서를 작성했다.
② '판단하여 결정하다'는 의미이므로 답이 될 수 없다.
예 경기에서 잘못 판정한 심판이 경고를 받았다.
③ '두 가지 이상을 함께 갖추다'는 의미이므로 답이 될 수 없다.
예 미모와 연기력을 겸비한 그 배우는 이번 영화에서도 호평을 받고 있다.

전략　제시문을 잘 읽고 내용을 파악한 다음 빈칸에 들어가는 어휘와 문법, 속담을 골라야 한다. 이때 앞뒤 문장과 잘 어울리는지를 잘 확인해야 한다. 이런 유형에는 제시문에 속담이 풀이된 유형과 속담의 의미를 자체적으로 추측해야하는 유형이 있다.

※ [1~3] 다음을 읽고 물음에 답하십시오.

25회 28~30번

뮤지컬 '명성황후'는 2007년 국내 대형 뮤지컬로는 처음으로 100만 관객을 넘었고, 2009년에는 1천 회의 공연 기록을 (　㉠　) 한국의 대표적인 창작 뮤지컬이다. 국내에서 볼만한 작품이라는 소문이 나면서 뮤지컬의 주 고객이었던 20~30대가 공연장을 (　㉡　) 중·장년층까지 공연장으로 불러들여 '명성황후'의 성공 신화를 이루었다. '명성황후'가 성공할 수 있었던 가장 큰 이유는 한국의 역사를 한국인의 정서에 맞게 재구성하고, 탄탄한 내용을 바탕으로 큰 무대와 화려한 궁중 의상 등 다른 작품과는 구별되는 볼거리를 제공하였기 때문이다. 이러한 '명성황후'의 놀라운 성공은 (　㉢　)처럼 국내에서뿐만 아니라 해외에서도 이어지고 있다. "어떤 국적의 관객이건 감동시키기에 충분하다."라는 해외 언론의 호평에 힘입어 한국의 대표 문화 상품으로 인정을 받고 있는 것이다.

1.　㉠에 알맞지 <u>않은</u> 것을 고르십시오.

　① 다룬　　　　② 세운　　　　③ 달성한　　　　④ 수립한

2.　㉡에 알맞은 것을 고르십시오.

　① 찾기라도 할라치면　　　　② 찾는 것은 물론이고
　③ 찾는 것을 무릅쓰고　　　　④ 찾는 것도 모자랄 판에

3.　㉢에 알맞은 것을 고르십시오.

　① 그물에 든 고기　　　　② 순풍에 돛을 단 배
　③ 밑 빠진 독에 물 붓기　　　　④ 다 된 밥에 재 뿌리기

풀이

1. '기록'과 어울리는 말은 '세우다', '달성하다', '수립하다'이므로 ①이 답이 된다.

   ① '어떤 일을 맡아서 취급하거나 처리하다'는 의미이므로 답이 될 수 없다.
   예 건강이나 미용을 다룬 서적들이 많이 팔리고 있다.

2. '20~30대가 공연장을 찾다'와 '중장년층까지 불러들이다'를 자연스럽게 연결할 수 있어야 한다. 따라서 '더 말할 것도 없다'는 의미인 ②가 답이 된다.

   ① '−을라치면'은 과거에 경험한 사실을 조건으로 여긴다는 의미이므로 답이 될 수 없다.
   예 가족사진을 볼라치면 돌아가신 할머니 생각이 난다.
   ③ '무릅쓰다'는 '그대로 참고 견디다'는 의미이므로 답이 될 수 없다.
   예 그는 주위의 반대를 무릅쓰고 앞장서서 일을 시작했다.
   ④ '−을 판에'는 앞 내용의 상황이나 형편을 의미하므로 답이 될 수 없다.
   예 하루 빨리 이사를 해야 할 판에 살고 있는 집이 팔리지 않아 걱정이다.

3. 속담을 고르는 문제로 국내뿐만 아니라 해외에까지 성공이 이어지고 있다는 내용이다. 따라서 '불어오는 바람을 타고 배가 잘 간다'는 의미인 ②가 답이 된다.

   ① '도망칠 방법이 없이 잡혔다'는 의미이므로 답이 될 수 없다.
   ③ '아무리 애를 써도 안 된다'는 의미이므로 답이 될 수 없다.
   ④ '거의 성공한 일을 망치다'는 의미이므로 답이 될 수 없다.
   ※ 어휘집 '속담' 참조

　　한 다국적 제약회사에서는 자신들이 풀지 못한 문제를 과감하게 공개하고 상금을 걸었다. 그 결과 (㉠) 많은 문제들이 해결되었는데, 특히 타 전공 분야의 전문가들이 두각을 나타냈다. 그들은 전통적인 해법으로는 한계에 부딪혔던 문제들을 새로운 차원으로 접근하여 돌파구를 찾을 수 있었던 것이다.

　　이렇듯 기술 간의 경계를 허물고 새로운 통합을 지향하는 '통섭'이 최근 학계에서도 관심사로 (㉡). 이에 국내외 대학들이 각종 연구소와 기구를 설립하여 연계 전공이나 통합 과정 등 다양한 교육 프로그램을 운영하기 시작했다. 이제 (㉢) 전문가의 시대는 지나고 학문 간의 경계를 자유로이 넘나들며 소통하는 통섭형 인재를 요구하는 시대가 찾아왔다.

4. ㉠에 알맞은 것을 고르십시오.

① 놀랄까마는　　　　　　　　　② 놀라우리만치
③ 놀라기 일쑤지만　　　　　　　④ 놀란 것은 고사하고

5. ㉡에 알맞지 <u>않은</u> 것을 고르십시오.

① 떠올랐다　　　　　　　　　　② 솟아났다
③ 부각되었　　　　　　　　　　④ 대두되었다

6. ㉢에 알맞은 것을 고르십시오.

① 한 우물만 파는　　　　　　　② 뿌린 대로 거두는
③ 하나를 보면 열을 아는　　　　④ 돌다리도 두드려 보고 건너는

풀이

4. 놀랄 정도로 많다는 의미가 어울린다. 따라서 '–을 정도로'의 의미인 ②가 답이 된다.

① '–을까마는'은 앞에서 추측한 내용을 인정하면서도 뒤에 그것과 반대되는 내용이 옴을 의미하므로 답이 될 수 없다.

예 할 일을 끝내기 전에 잠을 잘 수 있을까마는 너무 졸려서 자고 말았다.

③ '–기 일쑤지만'은 '흔히 그러는 일이지만'의 의미이므로 답이 될 수 없다.

예 부모님의 말씀을 안 들으면 후회하기 일쑤이다.
　　동생은 아침잠이 많아 학교에 지각하기 일쑤이다.

④ '–는 것은 고사하고'는 앞뒤를 비교하여 앞의 것은 말할 필요도 없다는 의미이므로 답이 될 수 없다.

예 운전을 하는 것은 고사하고 면허증도 없어요.

5. '관심사'와 어울리는 말은 '떠오르다, 부각되다, 대두되다'이므로 ②가 답이 된다.

② '안에서 밖으로 나오다'는 의미이므로 답이 될 수 없다.

예 눈에서 눈물이 펑펑 솟아났다.

6. 속담을 고르는 문제로 '학문 간의 경계를 자유로이 넘나들다'의 반대 의미로 '한 가지 일에 몰두하여 끝까지 하다'를 나타내는 ①이 답이 된다.

② '행동한 대로 결과가 나오다'는 의미이므로 답이 될 수 없다.
③ '일부를 보고 전체를 알다'는 의미이므로 답이 될 수 없다.
④ '잘 아는 일이라도 주의를 기울이다'는 의미이므로 답이 될 수 없다.
※ 어휘집 '속담' 참조

유형 분석

문항 유형		문항 번호
1	대화 완성하기	31~34
2	같은 의미의 문장 고르기	35~36
3	잘 또는 잘못 풀어 쓴 것 고르기	안내문	37
		그래프	38
4	글 완성하기 (객관식)	39~40
5	제시어 이용해서 문장 쓰기	41~42(21회) 41(22회~)
6	글 완성하기 (주관식)	43~44(21회) 42~43(22회~)
7	작문하기	45(21회) 44(22회~)

전략 1

1단계: '가'의 의견에 대한 '나'의 반응으로 어울리지 않는 것을 지운다.
2단계: 빈칸의 앞뒤 내용과 어울리는 답을 고른다.

※ 빈칸에 가장 알맞은 것을 고르십시오.　24회 31번

1. 가: 요즘에는 한 번에 먹을 양만큼씩 작게 포장해서 파는 식품이 많네요. 남지 않아서 좋지만 양에 비해서 좀 비싼 것 같아요.

   나: 맞아요. 하지만 ＿＿＿＿＿＿＿＿＿.

   ① 남아도 버리기는 아까우니 일단 보관해 두려고요
   ② 남아서 버릴 걱정이 없으니 오히려 경제적인 거죠
   ③ 싸다 보니 아무래도 크기가 작을 수밖에 없는 거죠
   ④ 싸다고는 해도 크기가 작아서 경제적이지는 않아요

정답　1. ②

풀이

1단계: '가'가 소량 포장 식품에 대해 이야기하고 있다. 양에 비해 비싼 것 같다는 말에 '나'가 동의를 하면서도 '하지만'으로 시작하고 있으므로 '가'와 반대 의견을 말할 것이다. ③, ④는 이러한 내용이 아니므로 답이 될 수 없다.

2단계: '가'와 반대 의견이면 '비싸지 않다'는 내용이 와야 하므로 '오히려 경제적'이라는 내용을 이야기하는 ②가 답이 된다. ①은 대화의 내용과는 관계가 없으므로 답이 될 수 없다.

※ 빈칸에 가장 알맞은 것을 고르십시오.

쓰기

2. 가: 회사까지 가는 버스 노선이 마땅하지 않아 택시를 자주 이용하는 편인데
     이번에 택시 요금이 또 오른대요. 안 탈 수도 없고, 어떻게 하지요?
   나: 그러게요. ________________.

① 그렇다고 걸어다닐 수도 없는 노릇이니 말이에요
② 그런 문제가 있다고 하니 일단 피하고 볼 일이지요
③ 그런 문제도 있고 해서 택시를 이용하든가 해야겠어요
④ 그렇다고 생활하는 데 특별히 지장이 있는 것도 아닌데요

정답   2. ①

1단계: '가'가 택시 요금이 오른다고 걱정하며 이야기하고 있고 '나'는 여기에 동의하고 있다. ③은 동의하는
내용이 아니므로 답이 될 수 없다.

2단계: 함께 걱정하는 내용으로 대답할 것이다. 따라서 ①이 답이 된다. 일단 피하고 본다는 것은 대화의
내용과 어울리지 않으므로 ②는 답이 될 수 없다. ④는 대화의 내용과 관계가 없으므로 답이 될 수
없다.

※ 빈칸에 가장 알맞은 것을 고르십시오.

3. 가: 영화배우 김민수 씨 말이에요. 어제 시상식이 사회자로서는 첫 무대였다고
   하던데 생각보다 훨씬 더 잘하지 않던가요?

   나: 그러게 말이에요. ___________________.

① 사회자로서는 조금 부족한 감이 있긴 한 것 같았어요

② 처음이라는 말이 무색할 정도로 노련하게 잘하더라고요

③ 처음 하는 일이다 보니 잘하는 건 엄두도 못 냈을 거예요

④ 사회자로서는 부족했을지 몰라도 영화배우로서는 완벽했어요

정답   3. ②

1단계: '가'가 영화배우 김민수가 생각한 것 이상으로 사회를 잘 보았다고 이야기하고 있고 '나'는 여기에
동의하고 있다. ①과 ③은 동의하는 내용이 아니므로 답이 될 수 없다.

풀이 **2단계:** '가'의 말에 노련하게 잘했다고 대답한 ②가 답이 된다. ④는 대화의 내용과 관계가 없으므로 답이
될 수 없다.

※ 빈칸에 가장 알맞은 것을 고르십시오.   27회 31번

4. 가: 일이 잘 안돼서 답답한데 잠깐 바람이나 쐬고 와야겠어요.

   나: 그러세요. ________________ 일이 잘되지도 않잖아요.

   ① 무리해서라도 일을 끝내지 않으면
   ② 쉴 만큼 쉬고 나서도 일을 하려 들면
   ③ 쉴 때 쉬더라도 일을 마치지 않고서는
   ④ 무리해서 끝내려고 일을 붙잡고 있어 봐야

정답   4. ④

1단계: '가'가 일이 잘 안돼서 잠시 밖에 나갔다 오겠다고 이야기하고 있고 '나'는 그것을 허락하고 있다. ①, ③은 반대되는 내용이므로 답이 될 수 없다.

풀이 2단계: 무리하는 것이 일에 도움이 되지 않는다는 내용이 어울리므로 ④가 답이 된다. ②는 문장이 자연스럽지 않으므로 답이 될 수 없다.

※ 빈칸에 가장 알맞은 것을 고르십시오.

27회 34번

5. 가: 휴대 전화 소리가 공연에 지장을 주는 사례가 늘면서 공연장 내 휴대 전화
　　소지를 규제하자는 주장이 있는데요. 너무 지나친 것은 아닐까요?
　나: ＿＿＿＿＿＿＿＿＿＿ 그렇게 지나친 규제는 아니라고 봅니다.

① 더 이상은 규제를 강요할 수만도 없는지라
② 더 이상 무시할 수만도 없는 문제이니만큼
③ 관객들이 규제의 필요성을 납득할 리가 없으므로
④ 관객에게 맡겨도 충분히 해결될 수 있는 문제이니

1단계: '가'가 공연장 내 휴대 전화 소지를 규제하는 것이 지나치다고 이야기하고 있다. '나'는 '가'의 의견에
반대하고 있으므로 ①, ④는 답이 될 수 없다.

풀이　2단계: 뒤 문장과 어울리면서 '가'의 의견과 반대되는 ②가 답이 된다. ③은 뒤 문장과 어울리지 않으므로
답이 될 수 없다.

※ 빈칸에 가장 알맞은 것을 고르십시오.

쓰기

6. 가: 최근 몇몇 제약 회사에서 신약 개발에 대한 투자를 확대하고 있습니다. 전문가 입장에서 이를 어떻게 보십니까?

   나: ___________________ 충분히 도전해 볼 만한 일이라고 봅니다.

   ① 물론 실패할 가능성도 배제할 수는 없으나
   ② 어느 정도까지 투자할지는 따져 봐야 하므로
   ③ 투자를 확대하는 것이 말처럼 쉬운 일이 아닌지라
   ④ 아무래도 실패에 대한 부담이 있을 수밖에 없으니

정답　　6. ①

1단계: '가'가 '나'에게 신약 개발 투자 확대에 대한 의견을 묻고 있고 '나'는 긍정적으로 대답하고 있다. ③, ④는 부정적인 내용이므로 답이 될 수 없다.

풀이　**2단계:** 도전해 볼 만하다는 뒤 문장과 어울리므로 ①이 답이 된다. ②는 뒤 문장과 어울리지 않으므로 답이 될 수 없다.

전략
1단계: 전체적인 글의 내용을 파악한다.
2단계: 밑줄 친 부분과 내용이 다른 선택지를 지운다.

※ 밑줄 친 부분을 같은 의미로 바꾸어 쓴 것을 고르십시오.　24회 36번

1. 새로운 일을 시작할 때 그 일을 경험한 사람의 조언을 귀담아 들을 필요가 있다. 오랜 경험에서 나온 조언 한마디는 그 일을 하는 데 <u>도움이 될지언정 손해가 되지는 않기</u> 때문이다.

① 도움이 되면 됐지 손해가 될 리는 없기
② 도움이 되기는커녕 손해만 볼 지경이기
③ 도움이 되건 말건 손해만 보지 않으면 되기
④ 도움이 되겠냐마는 그렇다고 손해가 될 리도 없기

정답　1. ①

1단계: 오랜 경험으로 하는 조언은 도움이 되지 손해가 되지 않는다는 말을 하고 있다.

2단계: ② 손해가 된다는 말이므로 답이 될 수 없다.
　　　 ③ 도움이 되든 말든 상관이 없다는 말이므로 답이 될 수 없다.
　　　 ④ 도움도 손해도 안 된다는 말이므로 답이 될 수 없다. 따라서 ①이 답이 된다.

풀이

2. 신기술을 개발하기 위해서는 많은 투자가 필요하며 실패에 대한 위험도 감수해야 한다. 세계적인 기업들은 이러한 <u>부담 속에서도 새로운 기술 개발에 대한 꿈을 버리지 않았기에</u> 현재의 위치에 오를 수 있었던 것이다.

① 도전을 감행하기에는 부담이 컸던 나머지

② 도전을 했다고는 하나 부담을 느꼈던 터라

③ 부담이 있었을지언정 신기술 개발을 포기하지 않았던바

④ 부담을 느낄 바에야 신기술 개발을 감행할 필요는 없었던 관계로

정답　　　2. ③

1단계: 부담은 있었지만 새로운 기술 개발의 꿈을 버리지 않았다는 말을 하고 있다.

2단계: ① 부담이 커서 도전을 하지 못했다는 말이므로 답이 될 수 없다.

　　　　　② 도전은 했지만 부담을 느꼈다는 말이므로 답이 될 수 없다.

　　　　　④ 부담을 느낀다면 개발을 할 필요가 없다는 말이므로 답이 될 수 없다. 따라서 부담은 있었지만 기술 개발을 포기하지 않았다는 의미의 ③이 답이 된다.

3. 운동 경기에서 승리를 거두기 위해 필수적으로 갖추어야 할 요소로 흔히들 기술이나 전략을 먼저 떠올린다. 그러나 <u>체력이 바탕이 되지 않으면 기술과 전략만으로는</u> 승리하기 어렵다.

① 기술과 전략은 뒷전으로 미룬 채 체력만 따지다 보면

② 기술과 전략을 지녔더라도 체력이 뒷받침되지 않고서는

③ 체력이 따라 준다 한들 기술과 전략을 갖추지 못하는 한

④ 체력의 뒷받침 없이는 기술과 전략을 갖출 수 없는 탓에

정답   3. ②

1단계: 기술과 전략이 있더라도 그 전에 체력이 기본이 되어야 한다는 말을 하고 있다.

2단계: ① 기술과 전략을 무시하고 체력만 중요시한다는 말이므로 답이 될 수 없다.

③ 체력이 있어도 기술과 전략이 없으면 안 된다는 말이므로 답이 될 수 없다.

④ 체력이 없으면 기술과 전략을 가질 수 없다는 말이므로 답이 될 수 없다. 따라서 기술과 전략을 가지고 있어도 체력이 없으면 안 된다는 의미의 ②가 답이 된다.

4. 훌륭한 건축가들이 설계한 건축물을 보면 건축가가 사용자를 위해 <u>사소한 부분 하나하나에까지 신경을 썼다는</u> 것을 알 수 있다. 이것은 사용자의 편의성을 우선적으로 고려한다는 건축 설계의 원칙을 따른 결과이다.

① 어느 하나 가볍게 볼 만큼은 아니라는
② 어느 것 하나도 가볍게 지나치지 않았다는
③ 일일이 신경을 안 쓰려야 안 쓸 수 없다는
④ 일일이 신경을 쓰는 것이 그리 쉽지는 않았다는

정답　　4. ②

1단계: 훌륭한 건축가는 사용자를 위해 작은 부분까지 신경을 썼다는 말을 하고 있다.

2단계: ① 모두 다 중요하게 생각해야 한다는 말이므로 답이 될 수 없다.
③ 일일이 신경을 써야 한다는 말과 신경을 썼다는 말은 차이가 있으므로 답이 될 수 없다.
④ 일일이 신경을 쓰는 것이 어려웠다는 말이므로 답이 될 수 없다. 따라서 모든 부분을 꼼꼼하게 챙겼다는 내용의 ②가 답이 된다.

※ 다음을 읽고 물음에 답하십시오.   25회 37번

1. 다음은 '2012 외국인 생활 체험 수기 공모'에 대한 공고문과 관련 기사문입니다.
①~④ 중에서 공고문의 내용과 일치하는 것을 고르십시오.

2012 외국인 생활 체험 수기 공모

1. 공모 내용 : 한국 생활 체험담(미발표된 작품 및 내용)
2. 공모 대상 : 외국인 및 외국 국적 동포(국내 체류 중인 자)
3. 공모 기간 : 2012년 3월 5일(월)~3월 30일(금)
4. 작성 요령 : 한국어, A4 용지 3~5매(연락처 필히 기재)
5. 제출 방법
   가. 홈페이지 접수 : 세계인의 날 홈페이지(www.togetherday.kr)
   나. 우편 및 방문 접수(우편 발송 시 마감일 소인 유효)
   – 주소 : 경기도 과천시 별양동 1-19 8층 법무부 사회통합과 생활
      체험 수기 공모 담당자 앞
6. 유의 사항
   가. 응모작 반환 불가
   나. 입상작의 저작권 및 소유권 법무부 귀속

법무부

법무부에서는 2012 외국인 생활 체험 수기를 공모한다. 이번 공모는
보다 많은 사람들이 참여할 수 있도록 ①현재 국내에 거주하고 있지 않은
외국인에게도 응모 기회를 열어 두었다. ②공모 작품은 한국에서 체류하
면서 겪은 사연으로 타 공모전에 한 번도 응모한 적이 없는 것에 한한다.
③공모 작품은 정해진 분량에 맞춰 한국어로 쓴 것이어야 하며 우편을 통
해 제출할 경우 마감일까지 도착해야 유효하다. ④공모 작품은 반환하지
않으며 수상 여부와 관계없이 법무부가 저작권을 소유하게 된다.

<table>
<tr><td>정답</td><td>1. ②</td></tr>
</table>

1단계: ① 공모 대상이 국내 체류 중인 자라고 했으므로 답이 될 수 없다.

③ 우편 발송 시 마감일 소인 유효라는 말은 마감일까지 우체국에서 발송해도 된다는 말이므로 마감일까지 도착이라는 말은 답이 될 수 없다.

④ 입상작의 저작권 및 소유권이 법무부에 있다고 했으므로 답이 될 수 없다.

2단계: 한국 생활에서의 체험담이며 미발표 된 작품 및 내용이라고 했으므로 다른 곳에서 발표한 적이 없어야 한다. 따라서 ②가 답이 된다.

2. 다음은 '신제품 체험단 모집'에 대한 안내문과 관련 기사문입니다. ①~④ 중에서 안내문에 대한 내용과 일치하는 것을 고르십시오.

한국전자 신제품 체험단 모집

1. **목적** : 새로 출시한 전자 사전에 대한 체험의견 수렴 및 제품 홍보
2. **모집 대상 및 인원** : 국내 소재 대학 재학생 20명(만 19세 이상)
   ※개인 홈페이지 운영자 우대
3. **신청 기간** : 2012. 10. 18 ~ 2012. 10. 24
4. **신청 방법** : 당사 홈페이지(www.hk.com) '신제품 체험단' 게시판을 통해 접수
5. **선정 결과 발표** : 2012. 11. 1(홈페이지 공고)
6. **활동 기간** : 선정 결과 발표일로부터 3개월간
7. **의무 사항** : 가. 제품 사용 후기 작성
   나. 제품 평가 회의 참여(월 1회)
8. **체험단 혜택** : 가. 체험 제품 증정
   나. 한국전자 최신형 노트북 컴퓨터 증정(우수 후기 작성자)
   다. 차기 체험단 모집 시 우선 선발
9. **문의** : 한국전자 홍보부(02-336-3290)

세계를 선도하는 기업 한국전자

한국전자에서 신제품 체험단을 모집한다. 이번 모집은 ①제품 홍보에 앞서 체험단의 의견을 수렴하는 데에 그 목적을 두고 있다. ②현재 개인 용도의 홈페이지를 운영하고 있는 만 19세 이상의 대학생이라면 누구나 신청이 가능하다. 신청 기간은 10월 18일부터 일주일간이다. ③체험단으로 선정될 경우 제품에 대한 사용 소감을 작성해야 하며 매월 당사에서 주관하는 회의에도 필히 참석해야 한다. ④전 체험단원에게는 체험에 사용한 전자 사전을 비롯하여 본사의 최신형 노트북이 증정되며 차기 체험단 선발 시 우선권이 부여될 예정이다.

정답	2. ③

1단계: ① 안내문의 목적은 체험 의견 수렴 및 제품 홍보라고 했으므로 답이 될 수 없다.
② 개인 홈페이지 운영자는 우대 조건일 뿐이므로 답이 될 수 없다.
④ 후기 우수 작성자에 한하여 최신형 노트북을 준다고 했으므로 답이 될 수 없다.

2단계: 체험단은 제품 사용 후기를 작성해야 하고 한 달에 한 번 제품 평가 회의에 참석해야 한다는 내용의
③이 답이 된다.

※ 다음을 읽고 물음에 답하십시오.

3. 다음은 '폐기물 발생량과 재활용 현황'에 관한 조사 결과를 정리한 자료입니다. ①~④ 중에서 자료의 내용과 일치하지 <u>않는</u> 것을 고르십시오.

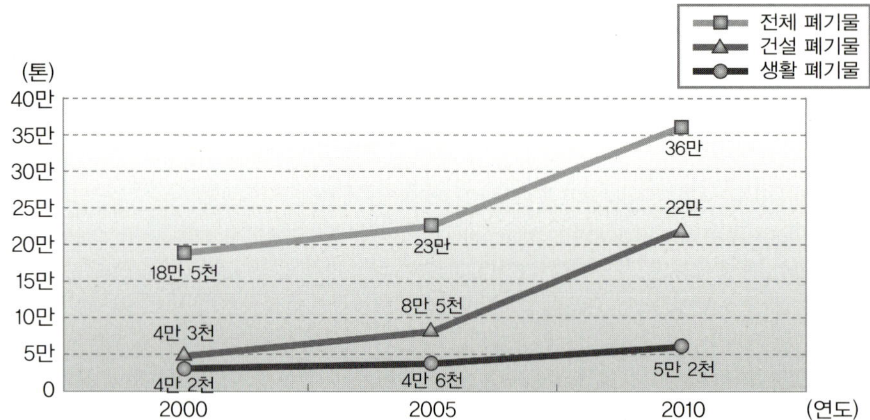

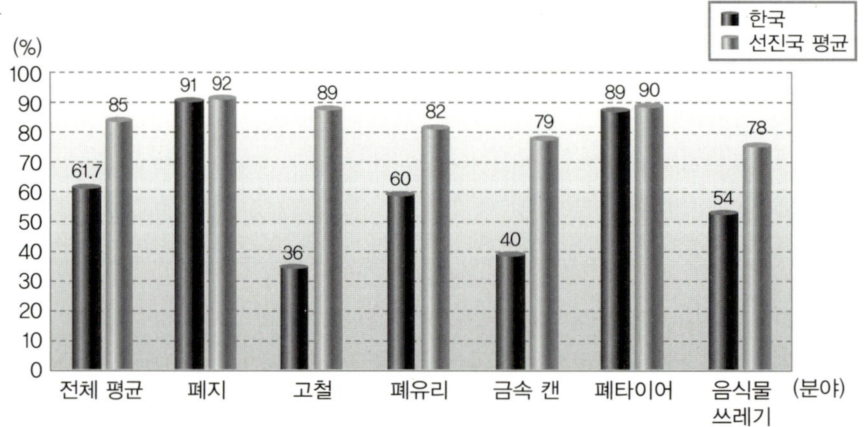

　　2011년 환경자원공사의 조사에 따르면 ①국내 폐기물의 일일 평균 발생량은 2000년도를 기점으로 10년간 지속적으로 증가하여 2010년에는 36만 톤에 달한 것으로 나타났다. ②생활 폐기물의 양은 큰 변동이 없었던 반면 2000년도 당시 4만여 톤에 불과하던 건설 폐기물의 양은 2005년 이후 가파르게 증가하였다. 한편, 국내 폐기물 재활용 수준은 다른 선진국들보다 미흡한 편이었는데, ③선진국의 전체 재활용 비율이 80%를 상회하는 데 비해 국내의 전체 재활용 비율은 60%대에 그쳤으며 폐지와 폐타이어 두 개 분야만이 선진국의 수치에 근접한 것으로 나타났다. 하지만 ④나머지 분야들은 선진국의 절반 수준에도 미치지 못하였으며 특히 고철과 금속 캔에 대한 재활용 비율이 저조했던 것으로 나타났다.

정답　　3. ④

1단계: ①, ②, ③은 자료의 내용과 일치한다.

2단계: 폐지와 폐타이어를 제외한 나머지 분야들의 재활용률이 선진국의 절반 수준에도 미치지 못한다고 했지만 폐유리나 음식물 쓰레기의 경우는 절반 이상이 된다. 따라서 ④가 답이 된다.

※ **다음을 읽고 물음에 답하십시오.**

4. 다음은 '성인의 가사 노동 참여 비율 및 노동 시간'에 대한 조사 결과를 정리한 자료입니다. ①~④ 중에서 자료의 내용과 일치하지 <u>않는</u> 것을 고르십시오.

〈표 1〉 가사 노동 참여 비율

(단위: %)

	남성	여성
2001년	39.9	93.4
2011년	51.3	92.9

〈그림 1〉 분야별 1일 가사 노동 시간

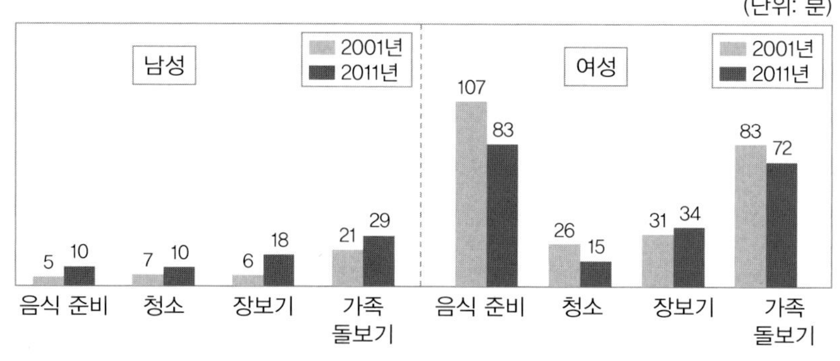

　　성인 남녀의 가사 노동 참여 양상을 조사한 자료에 따르면 ①<u>남성의 가사 노동 참여율이 10년 전에 비해 10% 이상 상승한 것으로 나타나 남성의 가사 노동에 대한 인식이 변화하고 있음</u>을 알 수 있다. 이와 달리 ②<u>여성의 경우 가사 노동 참여율에 큰 변화가 없어 대다수의 여성이 가사 노동을 아직도 자신의 몫으로 인식하고 있음</u>을 알 수 있다. 이와 관련하여 남녀 간의 가사 노동 시간을 비교해 보면, ③<u>남성의 경우 전 분야에 걸쳐 가사 노동 시간이 고르게 증가했는데 상대적으로 장보기 시간의 증가 폭이 가장 두드러졌다.</u> 이에 비해 ④<u>여성의 분야별 가사 노동 시간은 대부분 감소했으나 장보기는 유일하게 증가해 2011년 현재 여성의 가사 노동에서 가장 큰 비중을 차지하고 있음</u>을 알 수 있다.

정답　4. ④

1단계: ①, ②, ③은 자료의 내용과 일치한다.

2단계: 여성의 분야별 가사 노동 시간 중에서 장보기가 유일하게 증가한 것은 맞지만 가사 노동에서 가장 큰 비중을 차지하고 있는 것은 음식 준비이다. 따라서 ④가 답이 된다.

풀이

쓰기

전략 1
1단계: 글에서 하고 싶은 말이 무엇인지 파악한다.
2단계: 빈칸이 있는 문장의 앞뒤 내용을 살펴 제시문의 내용과 다른 선택지를 지운다.

※ 다음 글을 읽고 (   )에 가장 알맞은 표현을 고르십시오.

1.

25회 39번

> 한 선거에서 세 후보가 치열한 경쟁을 벌였다. 그런데 토론회를 개최하면서 한 후보의 지지율이 눈에 띄게 높아지기 시작한 반면, 다른 두 후보의 지지율은 나란히 떨어졌다. 흥미로운 사실은 이 세 후보 중 지지율이 올라간 후보의 말솜씨가 가장 어눌했다는 점이다. 다른 두 후보는 뛰어난 말솜씨를 가진 달변가였음에도 토론회를 거듭할수록 말이 어눌한 후보의 지지율만 올라가는 것이었다. 물론 말이 전부는 아니었겠지만 그의 어눌한 말에 들어 있는 진심과 솔직함이 유권자들에게 믿음을 준 것이다. 말을 잘한다는 것이 (   ) 보여 주는 하나의 사례라 하겠다.

① 단순히 어눌한 말로 진정성을 드러내는 것 이상의 것임을
② 단지 말하는 기술에만 있지 않고 진정성을 담아야 하는 것임을
③ 결국 진정성을 드러내기 위한 가장 중요한 요소와 다를 바 없음을
④ 어눌한 말에 진정성을 담는 기술이 부족하고서는 완성될 수 없음을

정답   1. ②

풀이

1단계: 글쓴이가 하고 싶은 말은 비록 어눌하게 말을 하더라도 진심과 솔직함이 믿음을 줄 수 있다는 것이다. '어눌하다'는 '말이 유창하지 못하고 더듬거리는 경향이 있다'는 의미이다.

2단계: 이 글은 말솜씨만 좋다고 해서 사람들이 지지하는 것은 아니라는 것을 이야기하고 있다. 따라서 말을 잘한다는 것이 진정성을 드러내는 것이라는 내용은 어울리지 않으므로 ①, ③은 답이 될 수 없다. 또한 어눌한 말에 진정성의 기술이 부족하면 안 된다는 말은 글의 내용과 어울리지 않으므로 ④도 답이 될 수 없다. 따라서 답은 ②가 된다.

※ 다음 글을 읽고 (   )에 가장 알맞은 표현을 고르십시오.

2. 26회 40번

> 페르소나는 본래 고대 그리스의 가면극에서 배우들이 역할에 따라 썼던 가면을 가리키던 말이었는데 오늘날은 사회적 역할을 의미하는 단어로 사용된다. 한 개인은 소속된 집단에 따라 직장인, 학생, 고객 등 다양한 모습의 페르소나를 지니고 살아가는데, 자신에게 주어진 역할을 수행함으로써 그 사회의 구성원으로 인정을 받게 되는 것이다. 하지만 연극에서의 가면이 배우의 본모습이 아니듯이 사람들의 다양한 모습도 (   ) 그것이 개인의 진정한 모습을 의미하는 것은 아닌 것이다.

① 개인의 본모습과 역할이 별반 다르지 않은 만큼
② 사회로부터 부여된 하나의 역할에 지나지 않을 뿐
③ 사회로부터의 인정이 지속되게끔 역할을 고정하므로
④ 개인의 본모습일뿐더러 사회로부터 부여받은 역할이니

정답 2.②

1단계: 글쓴이가 하고 싶은 말은 한 개인이 소속된 집단에 따라 수행하는 다양한 역할이 그 사람의 본모습이라고 할 수는 없다는 것이다.

풀이 2단계: 이 글은 사회에서 부여 받은 역할과 개인의 본모습이 다른 것이라고 이야기하고 있으므로 ①, ④는 답이 될 수 없다. ③은 관계없는 내용이므로 답이 될 수 없다. 따라서 ②가 답이 된다.

※ 다음 글을 읽고 (　　　) 안에 가장 알맞은 표현을 고르십시오.

3.

27회 40번

> 　심리학에서는 하지 않아서 하는 후회와 하고 나서 하는 후회가 인간에게
> 미치는 영향이 다르다고 설명한다. 어떤 일을 하지 않았을 때는 그 결과가
> 없어서 스스로 괜찮다고 생각하는 합리화 과정이 잘 일어나지 않는다.
> 그래서 후회가 오래 지속되며 정신 건강에도 해롭다. 반면, 어떤 행동을
> 하고 난 후에는 구체적인 결과가 있으므로 (　　　　　　　　　　) 후회가
> 미치는 영향을 최소화할 수 있다. 사람들이 안 하고 후회할 바에야 하고
> 나서 후회하는 게 낫다고 하는 것도 바로 이러한 이유에서다.

① 결과가 부정적일지라도 자신을 합리화하는 과정을 통해
② 결과가 부정적인지 아닌지는 쉽게 판단하기가 어려운바
③ 아무리 노력할지라도 합리화 과정은 쉽게 일어나지 않기에
④ 아무리 노력하더라도 부정적인 결과밖에 나올 수 없는 터라

　　3. ①

1단계: 글쓴이가 하고 싶은 말은 어떤 일을 하지 않고 후회하는 것보다 하고 나서 후회하는 것이 더 낫다는 것이다.

풀이　**2단계:** 이 글은 어떤 일을 하지 않은 것과 한 것에 대한 후회의 차이에 대해 이야기하고 있다. 결과가 부정적이더라도 이미 한 행동에 대한 후회는 하지 않은 것보다 적다고 했으므로 ②는 답이 될 수 없다. 노력하더라도 합리화 과정은 일어나지 않는다고 한 ③이나 부정적 결과만 나온다고 한 ④도 답이 될 수 없다. 따라서 ①이 답이 된다.

※ 다음 글을 읽고 (   ) 안에 가장 알맞은 표현을 고르십시오.

4.

> 1900년대 초반, 올림픽은 스포츠 경기만을 위한 대회가 아니어서 스포츠와 더불어 예술 분야에서도 경기가 열렸다. 당시에는 참가 자격을 아마추어로 제한하는 규정이 있었는데 유독 예술 분야에서 많은 선수들이 이 규정을 어겨 탈락하였다. 대회가 유일한 활동 무대인 스포츠 분야와 달리 예술 분야는 직업 활동을 할 기회가 많았기 때문이었다. 올림픽 출전이 별다른 이익이 되지 못하자 회가 거듭될수록 올림픽 예술 종목 참가자들은 줄어들었다. 결국 예술 종목은 (   ) 참가 인원 감소에 따른 재정적인 부담을 이기지 못해 1954년 역사 속으로 사라졌다.

① 스포츠 종목에 비해 참가가 쉬웠던 터라
② 스포츠 종목과는 달리 참가 제한이 없었음에도
③ 선수들이 올림픽 규정을 힘들게나마 지켜 왔기에
④ 선수들이 올림픽 규정을 지키지도 못 했을 뿐더러

<table>
<tr><td>정답</td><td>4.④</td></tr>
</table>

1단계: 글쓴이가 하고 싶은 말은 올림픽의 횟수가 거듭될수록 참가 인원 감소에 따른 재정 부담으로 인해 예술 종목이 사라졌다는 것이다.

2단계: 이 글은 올림픽에서 사라진 예술 종목에 대해 이야기하고 있다. 스포츠 종목에 비해 참가가 쉽다거나 제한이 없었다는 내용의 ①과 인원 감소와 관련이 없는 ②는 답이 될 수 없다. 선수들이 규정을 힘들게 지켜왔다는 말은 이 글의 내용과 반대되므로 ③은 답이 될 수 없다. 따라서 ④가 답이 된다.

> **전략**
>
> 1단계: 〈 〉 안의 주제와 제시된 표현 간의 관계를 생각해 본다.
> 2단계: 적절한 문법을 사용하여 제시된 표현을 연결한다.
>   이때 같은 문법을 반복해서 사용하지 않도록 주의한다.
>   주제와의 관계에 따라 시제를 바꾸거나 부정 표현을 사용할 수도 있으며 이때
>   되도록 중급 이상의 표현을 쓰는 것이 좋다.
> 3단계: 형태, 철자에 오류가 없는지 확인한다.

※ 제시된 표현을 <u>순서대로 모두</u> 사용해서 〈 〉의 주제에 대한 문장을 만드십시오.
(한 문장, 40~60자)

1.   `21회 41번`

〈독립 영화의 의의〉

권력과 자본에 얽매이다 / 자유롭다 / 자신이 주장하다 / 마음껏 표현하다

모범 답안

독립 영화의 의의는 권력과 자본에 얽매이지 않고 자유롭게 자신이 주장하는 바를 마음껏 표현한다는 데에 있다.

풀이

1단계: 독립 영화의 의의가 어디에 있는지를 쓰는 문제이다. '권력과 자본에 얽매이다'와 '자유롭다'는 상반 관계에 있으므로 부정 표현을 써야 한다. 한편 '자유롭다', '자신이 주장하다'와 '마음껏 표현하다'는 자연스럽게 이어져야 하므로 맨 처음 표현과 뒤의 세 개의 표현을 서로 부정적으로 연결한다.

2단계: 부정 표현으로는 '-지 않다'와 '-지 말다'가 있다. 주제의 '의의'에 대해 문장을 쓸 때에는 되도록 격식체로, '-는 바'와 '-는 데' 같은 표현을 쓰는 것이 좋다.

• TOPIK에서 제시된 모범 답안을 풀이한 것임.

※ 제시된 표현을 <u>순서대로 모두</u> 사용해서 〈   〉의 주제에 대한 문장을 만드십시오.
(한 문장, 40~60자)

2.　　　　　　　　　　　　　　　　　　　　　　　　　　　　　　　　　　22회 41번

> 〈위기에 대처하는 올바른 자세〉
>
> 급박한 상황이다 / 감정에 흔들리다 / 평정심을 유지하다 / 극복 방안

모범 답안

위기에 대처하기 위해서는(대처하려면) 급박한 상황일수록(상황이라도) 감정에 흔들지 않고(않으며) 평정심을 유지하는 가운데(유지하면서) 극복 방안을 찾아야 한다(찾을 필요가 있다).

풀이

1단계: 위기에 대처하는 올바른 자세가 어떤 것인지를 쓰는 문제이다. '급박한 상황'은 배경이 되며, '감정에 흔들리다'와 '평정심을 유지하다'는 상반 관계에 있으므로 부정 표현을 써야 한다.

2단계: '급박한 상황'에서 위기에 대처하려면 어떻게 해야 할 것인가를 한 문장으로 나타내야 한다. 어떤 상황이나 정도가 점점 더 심해질 경우 뒤의 상황도 그에 비례하여 더하거나 덜해진다는 '-을수록'이나 극단적인 상황까지도 선택한다는 '이라도'를 쓴다. 부정 표현으로는 '-지 않다'나 '-지 말다'를 사용하며, '극복 방안'은 결론이므로 '-는 가운데', '-면서'를 사용하여 '평정심을 유지하다'와 연결할 수 있다.

· TOPIK에서 제시된 모범 답안을 풀이한 것임.

※ 제시된 표현을 <u>순서대로 모두</u> 사용해서 〈   〉의 주제에 대한 문장을 만드십시오.
(한 문장, 40~60자)

3. 23회 41번

〈자기 반성의 가치〉

잘못을 뉘우치다 / 그치다 / 잘못된 점을 고치다 / 더 나은 방향을 모색하다

모범 답안
자기 반성의 가치는 잘못을 뉘우치는 것에(뉘우치는 데에) 그치는 것이 아니라 잘못된 점을 고침으로써 더 나은 방향을 모색하는 데 있다.

풀이

1단계: 자기 반성의 가치에 대해 쓰는 문제이다. '그치다'와 '잘못된 점을 고치다'는 상반 관계에 있으므로 부정 표현을 써야 한다. '더 나은 방향을 모색하다'가 결론이 되므로 자연스럽게 연결해야 한다.

2단계: '잘못을 뉘우치다'와 '그치다'는 '–는 것', '–는 데'로 연결되는 것이 좋다. '그치다'와 '잘못된 점을 고치다'는 부정 표현으로 연결이 되어야 하므로 '–는 것이 아니라', '–지 않다', '–지 말다'를 사용해서 연결할 수 있다. 앞의 표현들은 '더 나은 방향을 모색하다'의 수단이나 방법이 되어야 하므로 '으로써'를 사용해서 연결할 수 있다.

• TOPIK에서 제시된 모범 답안을 풀이한 것임.

※ **제시된 표현을 순서대로 모두 사용해서** 〈   〉**의 주제에 대한 문장을 만드십시오.**
(한 문장, 40∼60자)

4.

〈타협을 이루기 위한 조건〉

상대방을 설득하다 / 자신의 주장을 고집하다 / 한발씩 양보하다 / 합의점

**모범
답안**

타협을 이루기 위해서는 상대방을 설득하고자 자신의 주장을 고집하기보다(고집하지 말고) 한발씩 양보함으로써 합의점을 찾아야 한다.

1단계: 타협을 이루기 위해 어떻게 해야 하는지를 쓰는 문제이다. '자신의 주장을 고집하다'와 '한발씩 양보하다'의 목적이 '상대방을 설득하다'이며, 이 두 가지는 서로 상반되므로 부정 표현을 사용한다.

풀이

2단계: '-기 위해서'나 '-고자'를 사용하여 '목적'을 나타낼 수 있지만 '-기 위해서'는 이미 주제에서 사용되었으므로 다른 표현을 사용하는 것이 좋다. '자신의 주장을 고집하다'와 '한발씩 양보하다'를 연결하는 부정 표현으로는 '-지 말다'나 '-지 않다', '-기보다'를 사용한다. '합의점'으로 문장을 끝내야 하므로 '찾다'나 '모색하다'와 같은 적절한 동사를 사용한다.

• TOPIK에서 제시된 모범 답안을 풀이한 것임.

※ **제시된 표현을 <u>순서대로 모두</u> 사용해서 〈   〉의 주제에 대한 문장을 만드십시오.**
(한 문장, 40~60자)

5.

〈신뢰 유지의 어려움〉

공을 들이다 / 신뢰를 얻다 / 한 차례의 잘못 / 신뢰가 무너지다

모범 답안

신뢰 유지의 어려움은 공을 들여 신뢰를 얻더라도 한 차례의 잘못으로 신뢰가 무너질 수 있다는 데 있다.

신뢰 유지가 어려운 이유는 공을 들여 신뢰를 얻는다고 하더라도 한 차례의 잘못으로도 신뢰가 무너질 수 있기 때문이다.

풀이

1단계: 신뢰 유지가 왜 어려운지를 쓰는 문제이다. '공을 들이다'는 '정성과 노력을 많이 쏟다'는 의미로 '신뢰를 얻다'와 어울리며, '한 차례의 잘못'은 '신뢰가 무너지다'와 어울려 각각의 이유나 원인이 된다.

2단계: 한 차례의 잘못으로 신뢰가 무너질 수 있다는 의미이므로, 앞에서 가정한 내용이 뒤 문장에 영향을 미치지 못함을 의미하는 '–더라도'를 사용한다. '한 차례의 잘못'은 신뢰가 무너지는 원인이므로 '으로'나 '으로 인해'를 사용할 수 있다. '신뢰가 무너지다'는 주제를 요약할 경우 '–는데 있다'를 사용할 수 있으며, '–기 때문이다'와 같이 주제에 대한 이유로 나타낼 수도 있다.

• TOPIK에서 제시된 모범 답안을 풀이한 것임.

※ **제시된 표현을 <u>순서대로 모두</u> 사용해서 〈   〉의 주제에 대한 문장을 만드십시오.**
(한 문장, 40~60자)

6. 26회 41번

〈역사 소설의 가치〉

이야기 속 장치 / 역사를 재구성하다 / 현시대의 문제를 보다 / 이끌어 주다

모범 답안

이야기 속 장치를 활용하여(통해) 역사를 재구성함으로써 현시대의 문제를 볼 수 있도록 이끌어 주는 것이 역사 소설의 가치다.

1단계: 역사 소설의 가치에 대해 쓰는 문제이다. 제시된 표현 중에서 역사 소설의 가치로 알맞은 것은 '현시대의 문제를 보다'이므로 '역사를 재구성하다'는 이를 위한 수단이 된다.

2단계: '이야기 속 장치'는 역사를 재구성하는 방법이 되므로 '을 통해'나 '을 활용하여'를 사용한다. 역사를 재구성하는 것은 현시대의 문제를 보여 주는 수단이므로 '음으로써'를 사용한다. '현시대의 문제를 보다'는 '이끌어 주다'의 방식이나 목적으로 적절하므로 '-도록'을 사용한다.

• TOPIK에서 제시된 모범 답안을 풀이한 것임.

※ 제시된 표현을 <u>순서대로 모두</u> 사용해서 〈   〉의 주제에 대한 문장을 만드십시오.
(한 문장, 40~60자)

7.

27회 41번

〈양심적인 사람〉

어떤 경우에 처하다 / 스스로에게 떳떳하다 / 옳다고 믿다 / 행동으로 옮기다

모범 답안

양심적인 사람은 어떤 경우에 처하더라도 스스로에게 떳떳하도록 옳다고 믿는 바를 행동으로 옮기는 사람이다.

1단계: 양심적인 사람은 어떻게 행동해야 하는지를 쓰는 문제이다. '어떤 경우에 처하다'는 좋은 상황뿐 아니라 안 좋은 상황도 포함할 수 있는 표현을 써야 한다. '스스로에게 떳떳하다', '옳다고 믿다'와 '행동으로 옮기다'를 자연스럽게 연결한다.

2단계: '어떤 경우에 처하다'는 가정을 나타내는 '–더라도'를 사용한다. '스스로에게 떳떳하다'와 '옳다고 믿다'는 앞의 내용이 뒤의 내용의 목적을 나타내는 '–도록'으로 연결한다. '옳다고 믿다'는 '행동으로 옮기다'의 대상이므로 '–는 바'와 '–는 것'을 사용하여 연결할 수 있다.

• TOPIK에서 제시된 모범 답안을 풀이한 것임.

※ **제시된 표현을 <u>순서대로 모두</u> 사용해서 〈 〉의 주제에 대한 문장을 만드십시오.**
(한 문장, 40~60자)

8.　　　　　　　　　　　　　　　　　　　　　　　　　　　　　　　　　28회 41번

> 〈긍정적인 사람의 특징〉
>
> 어려운 일이 닥치다 / 절망하다 / 문제를 해결하다 / 노력하다

모범 답안

어려운 일이 닥치더라도 절망하지 않고(절망하기보다) 문제를 해결하기 위해 노력하는 것이 긍정적인 사람의 특징이다.

1단계: 긍정적인 사람의 특징에 대해 쓰는 문제이다. '어려운 일이 닥치다'를 가정할 수 있는 표현이 와야 한다. '절망하다'와 '문제를 해결하다'는 상반 관계에 있으므로 부정 표현을 쓰고 '노력하다'의 목적으로 '문제를 해결하다'를 쓰는 것이 좋다.

2단계: '어려운 일이 닥치다'는 가정을 나타내는 '-더라도'를 사용한다. '절망하다'와 '문제를 해결하다'는 '-는 것이 아니라', '-지 않다', '-지 말다'와 같은 부정 표현을 사용해서 연결할 수 있다. '노력하다'의 목적은 '문제를 해결하다'이므로 '-기 위해(서)'를 사용한다.

• TOPIK에서 제시된 모범 답안을 풀이한 것임.

전략 제시문의 내용을 파악한 후 그 안에 있는 표현을 활용해야 한다.
빈칸이 있는 문장의 앞뒤에서 힌트를 찾는다

※ 다음 글을 읽고 (   )에 알맞은 말을 쓰십시오.

1.   25회 43번

인간은 겉으로 두드러져 보이는 대상을 먼저 인지하고 더 중요시하는 경향이 있다. 그런데 두드러진 대상이나 부분만으로 온전하게 전체를 구성하지는 못한다. 음식물을 찍을 때 사용하는 포크의 예를 보자. 포크의 끝은 뾰족하게 튀어나온 부분들과 그 사이에 움푹 들어간 부분들로 이루어져 있다. 언뜻 생각하면 포크의 쓸모는 뾰족하게 튀어나온 부분들에 있다고 여기기 쉽다. 그러나 뾰족한 곳 사이의 움푹 들어간 부분이 없다면 그것은 포크로서는 쓸모가 없으며, 이미 포크라고 할 수도 없다. 즉 포크는 튀어나온 부분과 들어간 곳이 모두 있어야지, (   ) 포크로서 기능할 수 있는 것은 아니다.

**모범
답안** 어느 한 쪽만 있다고 해서
(어느) 한 쪽만 있다고 해서

1. '포크'를 예로 들어 모든 대상은 겉으로 보기에 더 확실하게 보이는 부분만을 중요하게 평가해서는 안 된다고 말하고 있다. 따라서 빈칸 앞과 뒤를 살펴보면 '포크로서의 기능'은 튀어나온 부분과 들어간 곳이 모두 있어야 한다는 내용이다. '-아야지'는 상반되는 상황을 이어 주는 표현으로 그 뒤에는 반대되는 내용이 이어져야 하므로 '한 쪽만 있다'는 의미로 쓰는 것이 좋다.

• TOPIK에서 제시된 모범 답안을 풀이한 것임.

※ 다음 글을 읽고 (　　　　)에 알맞은 말을 쓰십시오.

2.

26회 42번

　　사람들은 보통 다수가 선택하는 쪽을 따라가는 경향이 있는데 이를 동조 현상이라고 한다. 자신의 선택이 어떠한 손해와 이익을 가져올지 확신할 수 없을수록 다수의 선택을 따라갈 확률이 높은데, 이는 모두 함께 이익을 보거나 적어도 (　　　　　　　　　　) 기대 때문이다. 만약 손해를 보는 상황이 발생하더라도 그것이 혼자만의 문제가 아닌 여럿이 함께 겪는 것이라면 심리적 위안을 얻어 안정감을 느끼게 되는 것이다.

모범 답안

혼자만 손해를 보는 일은 발생하지 않으리라는
혼자만 손해를 보는 일은 발생하지 않을 것이라는

2. 여러 사람들이 선택하는 쪽을 따라가는 '동조 현상'에 대해 말하고 있다. 이러한 현상의 이유를 나타내는 내용을 써야 한다. 빈칸의 뒤 내용에서 혼자만의 문제가 아닌 여럿이 함께 겪는 것이 심리적 위안과 안정감을 얻는다고 했으므로 모두 함께 이익을 보거나 혼자만 손해를 보는 일은 없을 것이라는 내용으로 완성하는 것이 좋다.

• TOPIK에서 제시된 모범 답안을 풀이한 것임.

※ 다음 글을 읽고 (   )에 알맞은 말을 쓰십시오.

3.

> 　발효와 부패는 유기물을 분해하는 과정, 다시 말해 썩는 현상이다. 둘 다 심한 악취를 풍기는 것은 동일하나 결정적인 차이가 있으니 바로 분해 과정에서 생기는 결과물이다. 발효는 인체에 이로운 물질을 만들어 내는 반면에 부패는 인체에 해로운 것은 말할 것도 없고 심한 경우 목숨마저 빼앗아갈 만큼 강한 독성 물질을 만들어 낸다. 즉 발효와 부패의 구분은 그 결과물이 인간에게 (   ) 달려 있다.

모범 답안	이로운지 해로운지에

3. 발효와 부패는 분해 과정은 동일하지만, 발효는 그 결과물이 인간에게 이롭고 부패는 인간에게 해롭다고 말하고 있다. 발효와 부패를 구분하는 기준을 설명해야 하므로 '이롭다'와 '해롭다'를 모두 포함해서 써야 한다. 한편 '달리다'는 '에/에게'를 사용하여 어떤 일이나 상태가 의존하고 있는 대상을 나타내는데 빈칸의 내용은 사람이 아니므로 '에'를 사용한다.

• TOPIK에서 제시된 모범 답안을 풀이한 것임.

※ **다음 글을 읽고 (　　　)에 알맞은 말을 쓰십시오.**

4.

28회 43번

> 20세기 들어 인간의 평균 수명이 35년 이상 늘어났다. 그 가운데 30년은 하수도 시설이 질병을 예방해 준 덕분이라는 의견이 있다. 실제로 인류의 생명을 위협하는 질병 가운데 상당수가 오염된 물과 접촉해서 발생하는 것이다. 달리 보면 이는 사람들이 만약 오염된 물과 (　　　　　　　　) 있다는 의미이기도 하다. 이처럼 하수도는 오염된 물로부터 인간의 삶을 분리시킴으로써 인류의 건강을 개선하는 데 크게 기여한 것이다.

모범 답안

접촉하지 않는다면 질병을 예방할 수도
접촉하지만 않으면 질병에 걸리지 않을 수도

4. 하수도 시설로 인해 인간의 평균 수명이 늘었으며, 오염된 물과 접촉해서 발생하는 질병이 인류의 생명을 위협한다고 말하고 있다. '달리 보면'은 앞 내용과 다르게 생각한다는 것이므로 오염된 물을 접촉하지 않으면 질병에 걸리지 않을 것이라는 가능성을 나타내는 내용을 써야 한다.

• TOPIK에서 제시된 모범 답안을 풀이한 것임.

<table><tr><td>유형 7</td><td>작문하기</td><td>45번(21회)
44번(22회~)</td></tr></table>

※ 다음을 읽고 700~800자로 글을 쓰십시오.　　　21회 45번

1. '진정한 리더십'에 대한 자신의 견해를 서술하십시오. 단, 아래에 제시한 내용을 모두 포함하여 쓰되, (2)와 (3)은 그렇게 생각한 이유를 반드시 써야 합니다.

> 〈진정한 리더십〉
>
> (1) 자신이 생각하는 '리더(지도자)'의 정의
> (2) 리더(지도자)로서 갖추어야 할 자질이나 덕목
> (3) 리더(지도자)가 경계해야 할 것

풀이

❶ 자신이 생각하는 '리더(지도자)'의 정의
  - 한 조직을 변화시키고 발전시킬 수 있는 사람
  리더로서 갖추어야 할 자질이나 덕목
  - 실력과 열정, 소통과 신뢰를 갖춘 사람
  리더가 경계해야 할 것
  - 소통하지 못하는 것, 독재가 될 수 있는 위험

❷ 인상 깊었거나 감동적으로 느꼈던 지도자의 예를 들어 서술한다.
  '나'와 같은 주관적인 시각이 아닌 객관적인 글쓰기가 필요하다.

• TOPIK에서 제시된 모범 답안을 풀이한 것임.

얼마 전 모 프로그램에서 오합지졸에 가까운 구성원들을 하나의 소리로 모아 멋진 하모니를 만들어 내며, 우리 시대 리더의 모범으로 떠오른 인물이 있다. 그는 리더가 어떻게 한 조직을 변화시키고 발전시킬 수 있는지를 멋지고 감동적으로 증명해 보였다. 그의 리더십이 빛날 수 있었던 것은 바로 그의 '실력과 열정' 그리고 '소통과 신뢰' 덕분이었다. 진정한 리더란, 자신의 분야에서 탁월한 실력을 갖춘 동시에 뜨거운 열정이 있어야 한다. 더불어 구성원들과의 소통을 통해 공감대를 형성하고 이를 통해 문제를 해결하며 동시에 구성원에 대한 무한한 신뢰를 줄 수 있는 사람이어야 한다.

실력을 갖춘 자에게는 누구도 함부로 덤빌 수 없다. 리더는 실력자이어야 한다. 자신의 분야에서 독보적인 존재가 된다면 그 리더를 따르는 구성원들은 리더에게 언제나 한 수 접고 들어갈 수밖에 없다. 그럴 수 있을 때 구성원들로부터 인정을 받을 수 있고 자신의 말이 구성원을 움직이게 할 수 있는 것이다. 즉, 좌중을 휘어잡는 카리스마를 갖게 되는 것이다. 이와 함께 구성원들을 무한히 믿어 주는 신뢰가 필요하다. 구성원들의 잠재력을 깨워 주고 구성원 개개인의 능력을 믿어 주어야 한다. 리더가 구성원에 대한 믿음을 보여주지 못하면 그 조직은 조직으로서의 생명을 잃게 될 것이다. 실력으로 구성원을 모으고 무한 신뢰로써 구성을 따르게 하는 힘, 그것이 바로 리더이자 리더가 갖추어야 할 중요한 자질이 되는 것이다. 그러나 무엇보다 중요한 것은 리더의 실력, 구성원에 대한 무한 신뢰는 '소통'에서 비롯된다는 것을 잊어서는 안 된다. 소통이 용납되지 않는 조직은 독재로 나아갈 수밖에 없고 독재로 움직이는 조직은 발전할 수 없다. 리더는 자세를 낮추고 구성원의 입장에서 그들의 이야기를 듣고 적극적으로 수용하며 조율할 줄 알아야 하는 것이다.

리더가 잊지 말아야 할 것은 바로 구성원의 눈높이에서 칭찬과 동기 부여, 신뢰와 긍정을 통해 구성원을 독려하고, 배려를 통해 소통하는 분위기를 조성하는 것이다. 리더의 권력으로 강압적인 분위기 속에서 목표 달성을 종용하는 구시대적 방식으로는 구성원을 화합하고 발전적인 미래를 제시해 줄 수 없을 것이다.

※ 다음을 읽고 700~800자로 글을 쓰십시오.

2. 지식과 정보가 넘쳐나는 현대 사회에서는 창의적으로 사고하는 능력이 반드시 필요하다고 합니다. 이에 대한 자신의 견해를 서술하십시오. 단, 아래에 제시한 내용이 모두 포함되어야 합니다.

> **〈창의적인 사고 능력의 필요성〉**
>
> (1) 창의적인 사고 능력이 필요한 이유
> (2) 기존의 지식이나 정보를 대하는 태도
> (3) 창의적인 사고 능력을 통해 얻을 수 있는 것

❶ 창의적인 사고 능력이 필요한 이유
- 지식과 정보를 토대로 새로운 가치를 찾아내야 하기 때문에

기존의 지식이나 정보를 대하는 태도
- 지식과 정보를 수동적으로 받아들임.

창의적인 사고 능력을 통해 얻을 수 있는 것
- 사회가 원하는 새로운 것을 창조, 제공하여 개인 및 사회 발전의 원동력이 됨.

❷ 지금까지 지식과 정보를 수동적인 태도로 받아들였다면 앞으로는 어떻게 달라져야 하는지와 그로 인해 얻을 수 있는 결과에 대해 서술한다. '나'와 같은 주관적인 시각이 아닌 객관적인 글쓰기가 필요하다.

• TOPIK에서 제시된 모범 답안을 풀이한 것임.

　　소위 지식, 정보 사회라 하는 현대 사회의 가장 큰 특징은 지식과 정보에의 접근성이 과거 어느 때보다 높다는 것이다. 지식과 정보가 일부 지식층의 전유물이었던 시대와 달리 누구나 쉽게 원하는 지식과 정보에 접근할 수 있게 되었기 때문이다. 이는 지식과 정보의 가치는 물론 그것을 가진 사람의 가치 역시 이전 시대에 비해 현저히 낮아졌음을 의미한다. 이제는 지식과 정보를 토대로 새로운 가치를 찾아내는 능력, 즉 창의적인 사고 능력이 필요한 시대가 되었다. 창의적인 사고 능력은 단순히 지식과 정보를 이해하는 것으로는 기를 수 없는 고차원적인 능력이다.

　　사소한 것이라도 새로운 무엇인가를 발견 또는 발명하자면 바로 창의적인 사고 능력이 필요한 것이다. 이를 위해서는 지식과 정보를 대할 때 항상 과연 그럴까, 왜 그럴까와 같이 그것을 평가하고 의문시하는 태도가 필요하다. 즉 지식과 정보를 받아들이려 하는 수동적인 자세가 아니라 그것에 가치를 부여하고 평가함으로써 더 나은 방안을 찾고자 하는 태도가 필요한 것이다. 이를 통해 창의적인 눈으로 세상을 바라보게 되면, 남과 구별되는 자신만의 가치, 즉 경쟁력을 가질 수 있다.

　　창의적인 사고를 통해 끊임없이 새로운 아이디어를 생성, 제공할 수 있는 사람을 필요로 하지 않는 곳이 어디 있겠는가? 소위 모두가 그토록 바라 마지않는 창의적인 인재가 되는 것이다. 그리고 자신만의 창의적인 사고를 통해 사회가 원하는 새로운 모든 것을 창조, 제공함으로써 개인의 발전은 물론 사회 발전의 원동력이 될 수 있는 것이다.

※ **다음을 읽고 700~800자로 글을 쓰십시오.**

3. 인간은 다른 사람들과의 관계 속에서 살아가는 만큼 바람직한 인간관계가 중요할 수밖에 없습니다. '바람직한 인간관계'에 대한 자신의 견해를 서술하십시오. 단, 아래에 제시한 내용이 모두 포함되어야 합니다.

〈바람직한 인간관계〉

(1) 인간관계가 중요한 이유
(2) 자신이 생각하는 바람직한 인간관계
(3) 바람직한 인간관계를 맺고 유지할 수 있는 방법

❶ 인간관계가 중요한 이유
　- 행복과 불행을 결정해 주는 결정적인 요소이기 때문에
　자신이 생각하는 바람직한 인간관계
　- 진심으로 서로를 위하고 이해하며 서로에게 도움이 되는 관계
　바람직한 인간관계를 맺고 유지할 수 있는 방법
　- 상대를 존중하는 마음, 상대가 나와 다르다는 것을 인정하고 상대를 이해하려는 노력

❷ 바람직한 인간관계의 예를 들고 그것을 유지할 수 있는 방법에 대해 서술한다. 자신의 견해를 서술하는 것이지만 '나'와 같은 주관적인 시각이 아닌 객관적인 글쓰기가 필요하다.

• TOPIK에서 제시된 모범 답안을 풀이한 것임.

인간은 가정과 학교, 또는 직장 등 자신이 속한 사회에서 다른 사람과 다양한 관계를 맺으며 살아가는 사회적 존재이다. 자신이 속한 사회에서 다른 구성원들과 원만하게 지낼 수 있으면 행복하고 즐거운 삶을 살 수 있지만 그렇지 못하는 경우 큰 스트레스를 받으며 불행한 삶을 살게 될 것이다. 따라서 다른 사람들과의 관계는 피할 수 없을 뿐만 아니라 행복과 불행을 결정해 주는 결정적인 요소이므로 인간관계는 세상을 살아가는 데 가장 중요한 요소 중의 하나라고 할 수 있다.

살다 보면 자신이 받을 이익을 먼저 계산해 인간관계를 맺으려고 하거나 다른 사람에게 도움을 받기만을 바라는 사람이 있다. 그러나 이런 계산적인 태도는 상대방에게 이기적인 사람이라는 인상을 주게 되어 바람직한 인간관계를 유지할 수 없게 된다. 바람직한 인간관계란 내가 받는 이익과 관계없이 진심으로 서로를 위하고 이해하며 서로에게 도움이 되는 관계이다. 내가 상대방에게 진심으로 따뜻하게 대하면 상대방도 나에게 그럴 것이고 이러한 관계가 발전해 더없이 좋은 인간관계를 맺게 될 것이다.

이런 관계를 맺고 지속하기 위해서는 상대를 존중하는 마음이 필요하다. 아무리 가까운 사이라도 서로를 존중하지 않고 함부로 대한다면 상대의 자존심을 상하게 할 수 있기 때문이다. 또한 상대가 나와 다르다는 것을 인정하고 상대를 이해하려는 노력 역시 바람직한 인간관계를 형성하고 유지하는 데 도움을 준다. 사람이다 보니 때로는 갈등과 오해가 발생하는 경우도 있을 것이다. 그런 경우에 상대의 입장에서 상대를 이해하려고 노력한다면 갈등과 오해를 방지할 수 있을 것이고 갈등과 오해가 발생하더라도 그 위기를 슬기롭게 헤쳐 나가 바람직한 인간관계를 유지할 수 있기 때문이다.

4. 여러분은 힘들고 괴로웠던 적이 있습니까? 그 일을 극복하면서 무엇을 배웠습니까? 이와 관련된 여러분의 경험을 서술하십시오. 단, 아래에 제시한 내용이 모두 포함되어야 합니다.

> 〈고난과 시련을 통해 배운 것〉
>
> (1) 지금까지 살면서 겪었던 고난과 시련
> (2) 그 일을 극복하는 과정과 그 속에서 배우게 된 것
> (3) 그 일이 인생을 살아가는 데 미친 영향

❶ 지금까지 살면서 겪었던 고난과 시련
 - 교통사고로 발목을 다쳐서 운동을 할 수 없게 된 일
 그 일을 극복하는 과정과 그 속에서 배우게 된 것
 - 스스로 꿈을 포기하지 않는 한 길이 많다는 걸 깨달았음.
 그 일이 인생을 살아가는 데 미친 영향
 - 희망을 버리지 않는 한 고난과 시련을 극복할 수 있고 한 단계 성장할 수 있다는 것을 알게 됨.

❷ 자신이 겪은 고난과 시련이 언제, 어디에서, 무엇 때문에 생겼는지 구체적으로 쓰는 것이 좋다. 고난과 시련을 극복한 경험이 인생을 살아가는 데 미친 영향에 대해서 서술한다.

• TOPIK에서 제시된 모범 답안을 풀이한 것임.

　어린 시절부터 나의 꿈은 축구 선수였다. 좋아하는 만큼 축구에 소질이 있었기에 미래의 국가 대표 선수를 꿈꾸며 성장해 왔다. 하지만 중학교 2학년 때 수업을 마치고 집에 가던 중 건널목에서 교통사고가 났고 내 꿈은 산산조각이 나 버렸다. 그때 사고로 나는 발목을 심하게 다쳤고, 낫더라도 더 이상은 운동을 할 수 없을 것이라는 의사선생님의 말을 듣고 절망했다.

　그렇게 한 순간에 꿈을 잃었기에 그 어떤 것에도 흥미가 없었다. 텔레비전에서 중계하는 축구 경기를 볼 때마다 사고만 당하지 않았더라면 지금 저 자리에 서 있었을지도 모른다는 생각에 세상을 원망했다. 그러던 어느 날 담임 선생님께서는 내게 축구와 관련된 소식을 전문적으로 전해 주는 그런 기자가 되면 어떻겠냐고 하셨다. 그 순간 나는 어쩌면 내가 그토록 꿈꾸던 축구와 관련된 일을 할 수 있을지도 모른다는 생각에 가슴이 뛰었고 그동안 꿈을 잃었다고 방황만 하던 내 자신이 부끄러웠다. 그때부터 그동안 하지 못했던 공부를 다시 하기 시작했다. 내가 스스로 꿈을 포기하지 않는 한 그 꿈으로 가는 길이 많다는 걸 깨달았고 매순간을 내 꿈을 위해 투자했다. 그렇게 나는 그토록 원하던 축구 전문 기자가 되었고 세계를 누비며 즐거운 축구 소식을 전하고 있다.

　고난과 시련은 언제 닥칠지 모른다. 그리고 그것은 우리 삶에서 많은 것을 앗아갈지 모른다. 하지만 나는 안다. 고난과 시련이 닥칠지라도 희망을 버리지 않는 한 그 고난과 시련을 극복할 수 있고 그것을 통해 한 단계 성장할 수 있다는 것을 말이다. 그렇기에 앞으로 닥쳐올 알 수 없는 시련들도 나는 즐겁게 맞서 나갈 것이다.

5. 여러분은 성공이 무엇이라고 생각하십니까? 그리고 그러한 성공을 이루기
위해 필요한 것이 무엇이라고 생각하십니까? 이와 관련된 자신의 견해를 서술
하십시오. 단, 아래에 제시한 내용이 모두 포함되어야 합니다.

> 〈내가 생각하는 성공의 기준〉
>
> (1) 내가 생각하는 성공이란 무엇인가?
> (2) 그것을 이루기 위해 필요한 것은 무엇인가?
> (3) 그 이유는 무엇인가?

풀이

❶ 내가 생각하는 성공이란 무엇인가?
- 자신이 목표로 한 것을 이루기 위해 노력하는 과정을 즐기고 그 과정에서 행복을 느끼는 것
그것을 이루기 위해 필요한 것은 무엇인가?
- 노력하는 과정 자체를 즐길 수 있는 마음의 자세
그 이유는 무엇인가?
- 단지 성공만을 위한 삶이라면 그것은 진정한 성공이라고 할 수 없으므로

❷ 성공에 대한 자신의 생각과 다른 사람의 생각을 비교하면서 같은 점이나 차이점을 서술하는 것도 좋다.
목표를 이루기 위해 필요한 것을 하나 이상으로 제시하고 이유를 구체적으로 설명한다. 자신의 견해를
서술하는 것이지만 '나'와 같은 주관적인 시각이 아닌 객관적인 글쓰기가 필요하다.

• TOPIK에서 제시된 모범 답안을 풀이한 것임.

모범 답안

　이 세상을 살아가는 사람들 중에 성공을 원하지 않는 사람은 아무도 없다. 그러나 성공이 무엇인지에 대해서는 사람마다 생각이 다를 것이다. 큰 부를 이루는 것을 성공이라 생각하는 사람도 있을 것이고, 높은 지위에 오르거나 명예를 얻는 것을 성공으로 여기는 사람도 있을 것이다. 무엇을 성공으로 바라보는가에 따라 성공의 기준 역시 달라지기 때문이다.

　그러나 내가 생각하는 성공은 그러한 데에 있지 않다. 부, 명예, 지위와 같은 것을 성공의 기준으로 삼게 되면 그것을 이루기 위해 노력하는 과정은 아무런 가치가 없는 것이 될 수 있기 때문이다. 즉 어떠한 결과물만을 성공의 기준으로 삼을 경우, 그것을 이루기 위해 노력한 하루하루의 삶은 자리 잡을 곳이 없게 되는 것이다. 비록 자신이 목표로 한 정도까지 성공을 이루지 못했더라도 그것을 이루기 위해 노력하는 과정을 즐기고 그 과정에서 행복을 느낄 수 있었다면 그것이야말로 진정한 성공이 아니겠는가.

　따라서 진정 성공하고자 한다면 자신이 원하는 성공이 무엇이든 간에 그 결과물을 얻는 데에만 관심을 가져서는 안 된다. 그것을 이루기 위해 노력하는 과정 자체를 즐길 수 있어야 하며, 그러한 마음의 자세가 필요한 것이다. 실제로 자신의 분야에서 크게 성공한 인물들을 살펴봐도 이를 알 수 있다. 그들이 그렇게 성공할 수 있었던 것은 자신이 목표로 한 것을 이루기 위해 노력하는 과정 그 자체를 즐겼기 때문이다. 만약 그들이 단지 성공만을 꿈꾸며 그것을 이루기 위한 과정을 고통스럽게 여겼다면 결코 그러한 성공을 이루지 못하였을 것이다.

6. 대중 매체에서 사건을 보도할 때, 시청자의 알 권리를 위해 사건과 관련된 사람들의 개인 정보를 공개해도 된다는 주장과 개인 정보 공개는 사생활 침해라는 주장이 있습니다. 이에 대한 자신의 견해를 서술하십시오. 단, 아래에 제시한 내용이 모두 포함되어야 합니다.

〈개인 정보 공개와 시청자의 알 권리〉

(1) 시청자의 알 권리와 개인의 사생활 보호 중 무엇을 더 우선시해야 하는가?
(2) 그렇게 생각하는 이유는 무엇인가?
(3) 대중 매체의 올바른 보도 자세는 무엇인가?

❶ 시청자의 알 권리와 개인의 사생활 보호 중 무엇을 더 우선시해야 하는가?
－ 공익과 국민의 알 권리를 우선시해야 함.
그렇게 생각하는 이유는 무엇인가?
－ 국민이라면 알아야 할 사실들을 정확하게 전달해야 하므로
대중 매체의 올바른 보도 자세는 무엇인가?
－ 신중한 정보 선별과 공정한 보도

❷ 대중 매체에서 사건을 보도할 때, 개인 정보 공개와 시청자의 알 권리 중 우선시해야 할 것을 선택하여 서술한다. 이때 자신의 의견을 뒷받침할 수 있는 근거를 논리적으로 쓰는 것이 좋다. '나'와 같은 주관적인 시각이 아닌 객관적인 글쓰기가 필요하다.

• TOPIK에서 제시된 모범 답안을 풀이한 것임.

　　최근 명예훼손이나 사생활 침해 등의 이유로 신문사나 방송사를 상대로 고소하는 사례가 늘고 있다. 이는 대중 매체가 보도하는 과정에서 개인 정보를 본인의 동의 없이 공개하고 있기 때문이다. 개인의 정보가 중요하며 공개 여부에 대해 본인의 의사가 존중되어야 함도 옳다. 하지만 보도라는 것이 공적인 목적을 가지고 시청자가 알고자 하는 혹은 알아야 하는 정보를 전달하는 것인 만큼 보도는 사생활 보호보다는 공익과 국민의 알 권리를 우선시하는 것이 옳다고 생각한다.

　　현대사회에서 발생하는 대부분의 사건·사고는 집단 혹은 개인 간의 갈등에서 발생한다. 이를 보도하는 과정에서 관련자에 대한 정보나 상황에 대한 구체적인 설명이 없다면 정확한 정보를 전달하기 어렵고 그 결과 잘못된 추측과 의문들을 양산해 낼 수 있다. 또한 사생활 보호라는 미명 아래 정보 공개를 제한하게 될 경우. 이는 특정 이익 집단이나 권력 집단에 의해 악용될 수 있으며 궁극적으로 국민이라면 마땅히 알아야 할 사실들이 은폐될 수도 있는 것이다. 사건 보도 시 고려해야 할 것은 국민들이 알아야 할 정보를 얼마나 정확하게 전달할 것인가이지 관련자의 정보를 공개할 것인가가 고려의 대상이 되어서는 안 된다.

　　물론 국민의 알 권리 보장을 위해 정확한 정보에 기반하여 제대로 보도하려면 내용의 선별과 보도 방식에 있어 공정성을 가져야 한다. 대중매체는 그 파급효과가 큰 만큼 단순히 호기심을 유발하게 하는 것이 아닌 국민이 알아야 할 정보를 신중하게 선별해야 하며 그리고 그것을 보도하는 과정에서의 공정함을 잃지 않도록 끊임없이 경계할 때 국민의 알 권리는 정당하게 보장될 수 있을 것이다.

7. 인간은 사회적 동물인 만큼 경쟁 없이 살아갈 수 없습니다. 그러나 이러한 경쟁에는 긍정적인 면과 함께 부정적인 면이 있습니다. 이에 대한 자신의 견해를 서술하십시오. 단, 아래에 제시한 내용이 모두 포함되어야 합니다.

> 〈경쟁의 긍정적인 면과 부정적인 면〉
>
> (1) 현대 사회에서 경쟁이 심해지는 이유는 무엇이라고 생각하는가?
> (2) 경쟁이 가지는 긍정적인 측면은 무엇인가?
> (3) 경쟁이 미치는 부정적인 영향은 무엇인가?

❶ 현대 사회에서 경쟁이 심해지는 이유는 무엇이라고 생각하는가?
 - 사회적 기회나 자원은 제한되어 있으나 구성원은 증가하고 있기 때문에
경쟁이 가지는 긍정적인 측면은 무엇인가?
 - 동일한 목표를 가진 사람끼리의 경쟁은 서로를 발전시키는 자극이 됨.
경쟁이 미치는 부정적인 영향
 - 온갖 반칙이 난무하고 결과만을 중시하는 각박한 사회가 됨.

❷ 현대 사회에서 경쟁이 심해지는 이유 및 경쟁의 긍정적인 측면과 부정적인 측면에 대해 서술한다. 두 가지 측면이 공존하므로 자신과 타인의 발전을 위해 선의의 경쟁이 필요함을 포함하는 것도 좋다. '나'와 같은 주관적인 시각이 아닌 객관적인 글쓰기가 필요하다.

• TOPIK에서 제시된 모범 답안을 풀이한 것임.

모범
답안

　　현대 사회를 일컬어 소위 무한 경쟁의 시대라 한다. 사회적 기회나 자원은 제한되어 있으나 이를 얻고자 하는 구성원은 지속적으로 증가하고 있기 때문이다. 또한 현대 사회에서는 모든 이에게 원하는 것을 얻을 수 있는 기회가 열려 있어 같은 것을 추구하는 사람이 폭발적으로 증가할 수 밖에 없는 것이다. 이에 자신이 원하는 것을 얻기 위해서는 이전과 비교할 수 없을 만큼 치열한 경쟁에서 이겨야 한다.

　　경쟁의 긍정적인 면이 바로 여기에 있다. 동일한 목표를 가진 사람들과의 경쟁에서 이기기 위해서는 그들보다 뛰어난 실력을 갖추고 있어야 한다. 누군가와 승패를 겨루는 게임을 할 때 더욱 게임에 집중하고 승리를 위해 노력하게 되듯 경쟁 상대가 있을 때 우리는 더욱 분발하여 노력하게 된다. 나보다 뛰어난 상대를 보면 자극을 받아 자신의 능력을 더욱 발전시키기 위해 노력하며 배울 점이 무엇인지를 찾게 되는 것이다. 한편 나보다 못한 상대는 나를 보고 이와 유사한 반응을 보이게 된다. 즉 경쟁은 서로를 조금씩 더 발전시키는 자극이 되어 현실에 안주하려고 하는 나태한 마음을 다잡게 하는 것이다.

　　그러나 경쟁에는 이처럼 긍정적인 면만 있는 것은 아니다. 경쟁이 너무 지나쳐 결과만 중시하게 되면 자신을 연마하는 과정으로서의 경쟁이 아니라 수단과 방법을 가리지 않고 상대를 이기려고만 드는 싸움과 같은 것이 될 것이다. 경쟁 상대가 자신의 발전에 자극을 주는 동반자가 아니라 자신의 성공에 걸림돌일 뿐인 존재로 전락하게 된다. 그로 인해 공정한 규칙은 결과 앞에서 아무 힘도 못 쓰게 되며, 어떻게 해서든 이기기만 하면 된다는 좋지 않은 태도가 사회에 만연하게 된다. 온갖 반칙이 난무하고 결과만을 중시하는 각박한 사회가 되는 것이다. 이처럼 경쟁은 긍정적인 면과 부정적인 면을 모두 가지고 있는 만큼 자신과 타인 모두의 발전에 도움이 되는 선의의 경쟁을 하기 위한 노력이 필요할 것이다.

8. 여러분은 무엇이 선의의 거짓말이라고 생각합니까? 어떤 경우에 그런 거짓말
    을 할 수 있다고 생각합니까? 이에 대한 자신의 견해를 서술하십시오. 단,
    아래에 제시된 내용이 모두 포함되어야 합니다.

〈선의의 거짓말이란〉

(1) 선의의 거짓말이란 무엇인가?
(2) 선의의 거짓말은 언제 필요한가?
(3) 선의의 거짓말이 가질 수 있는 문제점은 무엇인가?

❶ 선의의 거짓말이란 무엇인가?
 - 상대를 위한 배려나 좋은 의도에서 하는 거짓말
선의의 거짓말은 언제 필요한가?
 - 상대가 진실을 받아들일 만한 준비가 되지 않았거나 상대를 배려해주어야 할 때 또는 상대의 실수를
   감싸주기 위한 경우
선의의 거짓말이 가질 수 있는 문제점은 무엇인가?
 - 진실이 왜곡될 수도 있으며 거짓말이 난무할 수 있음.

❷ 선의의 거짓말이 필요한 경우를 구체적인 예를 들어 서술한다. 상황에 따라 생길 수 있는 문제점과 함께
   이를 경계하는 태도가 필요하다는 것을 포함해도 좋다. '나'와 같은 주관적인 시각이 아닌 객관적인
   글쓰기가 필요하다.

• TOPIK에서 제시된 모범 답안을 풀이한 것임.

　우리는 대부분 거짓말이 옳지 않다고 생각한다. 하지만 꼭 나쁘다고만은 할 수 없는 거짓말도 존재한다. 상대를 속여 피해를 주거나 자신이 이득을 보려는 목적이 아니라 상대를 위한 배려나 좋은 의도에서 하는 거짓말이 있는데 이를 선의의 거짓말이라고 한다.

　선의의 거짓말은 상황에 따라 좋은 결과를 가져올 수 있다. 상대가 진실을 받아들일 만한 준비가 되지 않은 상태이거나 혹은 상대를 배려해 주어야 하는 상황에서는 선의의 거짓말이 필요하다. 진실이 중요한 것은 사실이나 그것이 반드시 좋은 결과를 보장하는 것은 아니기 때문이다. 때로는 따뜻한 거짓말이 진실보다 큰 힘을 발휘할 때가 있다. 이를테면 의사들이 환자들에게 희망을 주거나 자신의 병을 받아들일 시간을 주기 위해 하는 거짓말은 진실보다 더 좋은 결과를 가져오기도 한다. 이외에도 상대의 실수를 감싸주기 위해 하는 거짓말 역시 상대방에게 힘을 주며 원만한 인간관계를 만드는 데에 도움을 준다.

　하지만 선의의 거짓말이라고 해서 문제점이 없는 것은 아니다. 비록 좋은 의도로 한 거짓말일지라도 그것은 어디까지나 말을 하는 사람의 입장에서 판단한 것이다. 실제 이야기를 듣는 사람의 입장에서는 조금은 불편할 수 있지만 진실을 원할 수도 있다. 상대가 진실을 원함에도 불구하고 거짓을 전한다면 그것은 단지 진실을 왜곡하는 것에 지나지 않는다. 또한 보다 깊은 인간관계를 위한다면 불편한 진실을 말하는 것도 필요하다. 그리고 무엇보다도 선의를 가진다는 이유로 모든 거짓말이 용인된다면 배려라는 이름 아래 세상에는 너무도 많은 거짓말이 난무할 수 있기에 이에 대한 경계가 필요하다.

2교시
이해
영역
듣기

유형 분석

유형 1 　이어지는 말 고르기 　　1~4번

전략 1

선택지에서 공통적인 화제를 찾을 수 있으면, 대화 상황을 파악하여 답이 될 수 없는 것을 찾아서 지운다. 1번만 들을 수 있으므로 집중해야 한다.

1단계: 선택지를 보고 무엇에 대한 이야기일지 생각해 본다.

2단계: 대화를 들으면서 답이 될 수 없는 것부터 지운다.

※ 두 사람이 대화하고 있습니다. 이어질 내용으로 가장 알맞은 것을 고르십시오. `24회 2번`

1. ① 처음부터 중년층을 대상으로 만들었대요.
   ② 유행은 돌고 돈다는 말이 맞는 것 같아요.
   ③ 요즘 젊은 세대의 감성을 따라갈 수는 없지요.
   ④ 좋은 것은 세대를 뛰어 넘어 사랑 받기 마련이지요.

> 남자: 요즘 저 영화가 흥행 1위라면서요? 저희 부모님도 보고 오시더니 옛날 학창시절 생각이 나서 좋았다고 하시더라고요.
>
> 여자: 영화가 감동적이라는 소문이 나면서 4, 50대 중년뿐 아니라 20대 젊은이들도 많이들 본대요.
>
> 남자: ＿＿＿＿＿＿＿＿＿＿＿＿＿＿＿＿＿＿＿＿＿＿＿＿

정답　　1. ④

1단계: 중년층이나 젊은 세대와 관련되어 만들어진 것에 대해 이야기할 것이다.

2단계: 중년뿐 아니라 젊은 세대도 많이 본다고 했지만 처음부터 중년을 대상으로 했다는 말은 없었으므로 ①은 답이 될 수 없다. 예전과 지금을 비교하는 내용은 없으므로 유행은 돌고 돈다고 말할 수 없다. 따라서 ②도 답이 될 수 없다. 20대 젊은이들도 많이 본다는 것은 젊은 세대의 감성과도 맞는다고 할 수 있으므로 ③도 답이 될 수 없다. 4, 50대 중년뿐 아니라 20대 젊은이들도 많이들 본다고 했으므로 ④가 답이 된다.

풀이

2.　① 아무래도 시골이 도시보다는 적응하기가 쉬우시겠지요.

　　② 고생이 많으셨을 텐데 실망이 이만저만이 아니시겠어요.

　　③ 도시에서 생활하시면서 그동안 건강이 많이 상하셨나 봐요.

　　④ 우리 세대보다는 부모님 세대가 시골 생활에 잘 맞으실 거예요.

> 남자: 부모님께서 귀농하셨다면서요? 시골 생활은 어떠시대요?
>
> 여자: 자연 속에서 사시니까 좋으시대요. 그런데 농사일은 생각보다
> 　　　어려운가 봐요. 준비를 많이 하고 가셨는데 첫 농사를 망치셨대요.
>
> 남자: ____

정답　　2. ②

풀이

1단계: 부모님의 시골 생활에 대해 이야기할 것이다.

2단계: 부모님이 귀농하셔서 자연과 함께 사는 생활을 좋아하시지만 준비를 많이 했던 첫 농사를 망쳤다는 말에 대한 반응이므로 ①은 답이 될 수 없다. 건강이 안 좋다는 말은 하지 않았으므로 ③도 답이 될 수 없다. 부모님 세대가 시골 생활이 더 맞다는 말은 하지 않았으므로 ④도 답이 될 수 없다. 따라서 농사를 망쳤다는 것에 대한 반응으로 자연스러운 ②가 답이 된다.

3.　① 그래도 줄까지 서면서 기다린 보람이 있네요.

　　② 역시 소문난 맛집이라 그런지 장사가 잘되네요.

　　③ 아무래도 직장인들을 상대하니까 점심때가 붐비지요.

　　④ 하긴 같은 집에서 메뉴만 바꿔도 손님이 늘더라고요.

> 남자: 요 앞에 새로 생긴 집이 괜찮은지 사람들이 줄 서서 기다리던데요.
>
> 여자: 새로 생겼다니까 한번 가 보는 거겠지 뭐, 별다른 게 있겠어요? 회사 앞 음식이라고 해 봐야 다 거기서 거기잖아요.
>
> 남자: ______________________________________

정답　3. ④

1단계: 식당에 대한 이야기를 할 것이다.

2단계: ①과 ②는 식당에 가서 직접 본 것에 대해 할 수 있는 이야기이므로 답이 될 수 없다. 줄이 긴 이유가 새로 생겼기 때문이라고 했으므로 ③도 답이 될 수 없다. 회사 앞 음식이 다 비슷하다는 여자의 말에 반대하는 말은 없다. 따라서 여자의 말에 동조하는 반응으로 자연스러운 ④가 답이 된다.

4. ① 과장님께서 신상품 홍보 아이디어가 좋다고 하셨대요.

   ② 이번 판촉 행사가 잘돼서 신상품 판매가 많이 늘겠네요.

   ③ 대학생들한테 직접 판촉 행사를 맡긴 건 잘한 것 같아요.

   ④ 이 제품의 주요 고객이 대학생이니까 그거 괜찮겠는데요.

여자: 과장님께서 신상품 홍보 방안을 좀 의논해 보라고 하시는데 뭐 좋은 아이디어 있으세요?

남자: 요즘 대학가가 한창 축제 기간이니까 대학 캠퍼스에서 판촉 행사를 해 보는 건 어떨까요?

여자: ____

정답　　4. ④

1단계: 신제품 판촉 행사에 대해 이야기할 것이다.

2단계: 신상품 홍보 방안을 의논하라고 했지 아이디어가 좋다고 하지 않았으므로 ①은 답이 될 수 없다. 아직 판촉 행사를 하지 않았으므로 ②도 답이 될 수 없다. 캠퍼스에서 하자고 했지 대학생에게 판촉 행사를 맡긴 것은 아니므로 ③도 답이 될 수 없다. 따라서 판촉 행사를 해 보자는 말에 자연스러운 대답으로 ④가 답이 된다.

전략 2

선택지에서 공통적인 화제를 찾을 수 없으면, 대화를 듣고 중심 내용을 파악한다. 1번만 들을 수 있으므로 집중해야 한다.

1단계: 선택지별로 중요한 부분을 먼저 파악한다.

2단계: 들은 내용과 어울리는 답을 고른다.

※ 두 사람이 대화하고 있습니다. 이어질 내용으로 가장 알맞은 것을 고르십시오. `25회 1번`

5. ① 마감 기한까지 아직은 여유가 좀 있으니까 푹 쉬세요.

   ② 사람마다 일의 능률이 오르는 때가 다 다른 건데요, 뭐.

   ③ 야근을 한다고 해서 집중이 잘되리라는 보장도 없는걸요.

   ④ 전 마감에 쫓겨서 조급한 마음이 들 때 일이 잘되더라고요.

> 여자: 상우 씨, 보고서 때문에 어제 또 늦게까지 야근했다면서요?
>
> 남자: 네. 전 왜 항상 마감이 닥쳐야 집중이 잘될까요? 저도 지영 씨처럼 일을 좀 미리미리 해야 할 텐데 말이에요.
>
> 여자: ____

정답　　5. ②

1단계: ①은 여유가 있다. ②는 사람마다 일의 능률이 다르다. ③은 항상 집중이 잘되는 것은 아니다. ④는 급할 때 일이 잘된다는 것이 중요한 부분이다.

2단계: 여자는 일을 미리미리 하는 반면 남자는 일이 닥쳐야 집중이 잘된다고 했다. 이것은 사람마다 차이가 있다는 의미이므로 ②가 답이 된다.

  ① 마감이 닥쳤다고 했으므로 답이 될 수 없다.

  ③ 남자의 말에 대한 반응으로 어울리지 않으므로 답이 될 수 없다.

  ④ 남자에 대한 이야기이지 여자의 대답으로 어울리지 않으므로 답이 될 수 없다.

듣기

6.　① 피부 관리를 어떻게 하면 좋을지 궁금합니다.

　② 얼굴이 자주 붉어져서 고민하는 분들이 많던데요.

　③ 그럼 안색만으로도 건강 상태를 알 수 있는 거군요.

　④ 얼굴이 잘 빨개지는 사람은 혈액 순환이 잘된다는 거네요.

남자: 흔히 건강해 보인다는 의미로 혈색이 좋다고들 하는데요. 박사님, 실제로 이 말에 의학적 근거가 있나요?

여자: 네, 있습니다. 혈액 순환이 잘되면 피부 혈관에 혈액이 많아져서 얼굴이 약간 붉은 빛을 띠게 되지요. 그런데 술을 마시거나 부끄러워서 얼굴이 빨개지는 건 일시적인 현상이라 건강과는 큰 상관이 없습니다.

남자: ____

정답　　6. ③

1단계: ①은 피부 관리, ②는 얼굴이 붉어지는 것에 대한 고민, ③은 안색과 건강 상태의 관계, ④는 혈액 순환이 중요한 부분이다.

풀이　**2단계:** 피부 관리나 혈색에 대한 고민을 말하고 있는 것은 아니므로 ①과 ②는 답이 될 수 없다. 얼굴이 자주 빨개지는 것은 일시적인 현상이라고 했으므로 ④도 답이 될 수 없다. 따라서 안색으로 건강 상태를 알 수 있다는 ③이 답이 된다.

7. ① 바로 새 제품으로 교환을 해 주신다고요?

　　② 그럼 당장 수리가 안 된다는 말씀이신가요?

　　③ 그래서 부품을 교체했는데도 또 고장이 났군요.

　　④ 그러면 본사에서도 별다른 방법이 없다는 거네요.

> 여자: 기사님, 이거요. 2주 전에 수리했었는데 또 안 되더라고요.
>
> 남자: 정말 죄송합니다. (고치는 소리) 고객님, 제가 지금 살펴보니까 부품을
> 　　　교체해야 될 것 같은데, 예전 모델이라 본사로 보내야 합니다.
>
> 여자: ＿＿＿＿＿＿＿＿＿＿＿＿＿＿＿＿＿＿＿＿＿＿＿＿＿＿＿＿

정답　　7. ②

1단계: ①은 제품의 교환, ②는 제품의 수리, ③은 부품 교체 후 고장, ④는 방법이 없다는 것이 중요한 부분이다.

풀이　**2단계:** 부품을 교체해야 한다고 했으므로 ①은 답이 될 수 없다. 아직 부품을 교체하지 않았으므로 ③도 답이 될 수 없다. 본사에 보낸다고 했지 방법이 없다는 말은 아니므로 ④도 답이 될 수 없다. 따라서 남자의 말에 대한 반응으로 자연스러운 ②가 답이 된다.

8. ① 사인회를 진행하는 게 여간 힘든 게 아니네요.

② 작가 사인회를 하니까 확실히 판매량이 늘어나네요.

③ 유명 작가의 책이다 보니 독자들이 꾸준히 찾는군요.

④ 독자들의 반응을 끌어올리기에 지금이 딱 좋을 것 같은데요.

> 여자: 부장님, 이번에 출간한 김수정 작가의 소설책이 생각보다 반응이 저조한데요. 작가 사인회를 열어서 판매율을 올려 보는 게 어떨까요?
>
> 남자: 시판된 지 얼마 되지 않았으니까 독자 반응을 좀더 살펴본 후에 결정하도록 하죠.
>
> 여자: ____

듣기

정답　　8. ④

1단계: ①은 사인회의 진행, ②는 사인회와 판매량, ③은 책에 대한 독자들의 반응, ④는 독자의 반응 시기가 중요한 부분이다.

2단계: 사인회를 아직 진행하지 않았으므로 ①, ②는 답이 될 수 없다. 판매량이 저조하다고 했으므로 ③은 답이 될 수 없다. 독자의 반응을 살펴보고 사인회 여부를 결정하자고 한 남자의 말에 동조하는 반응은 없다. 그러므로 남자를 설득하려는 태도로 자연스러운 ④가 답이 된다.

유형 2 주제 고르기 5~7번

전략

단어를 일일이 들으려고 하지 말고 전체 내용을 듣고 나서 적절한 주제를 찾는다. 1번만 들을 수 있으므로 집중해야 한다.

1단계: 선택지를 보고 무엇에 대한 이야기일지 생각해 본다.

2단계: 말하지 않은 내용이거나 일부 내용이 주제와 상관없을 경우 먼저 지운다.

※ **다음은 무엇에 대해 이야기하고 있습니까? 가장 알맞은 것을 고르십시오.** 24회 5번

1. ① 신용카드의 유래 ② 신용카드 사용 경험
   ③ 신용카드 제작 방법 ④ 신용카드 사용 시 유의점

> 여자: 1940년대 미국에서 있었던 일입니다. 한 사업가가 레스토랑에서 식사를 마치고 계산을 하려는데 지갑이 텅 비어 있었습니다. 현금이 없는 걸 몰랐다고, 바로 돈을 가져다주겠다고 해도 종업원은 사업가를 믿지 않았죠. 그 일이 있고 얼마 후 이 사람은 주변 사람들 중에도 그런 경험을 한 사람이 의외로 많다는 사실을 알게 됐습니다. 이 때문에 현금을 대신할 지불 수단이 만들어진 거죠.

정답 1. ①

풀이

1단계: 신용카드에 대한 이야기가 나올 것이다.

2단계: 현금으로 계산을 하려고 했지만 지갑에 돈이 없었다는 이야기이므로 ②, ③, ④는 답이 될 수 없다. 현금을 대신할 수단이 만들어진 것을 말하고 있으므로 ①이 답이 된다.

2.　① 일기의 역사적 가치　　　　② 일기의 개인적 가치
　　③ 일기와 역사의 사실성　　　④ 일기와 역사의 일치성

> 여자: 얼마 전 60년간 써 온 일기를 박물관에 기증한 할아버지 소식이 전해졌는데요. 할아버지의 일기 속에는 한국의 발전 과정이 고스란히 담겨 있었다고 합니다. 이처럼 일기는 개인의 기록을 넘어 역사의 일부가 되기도 하는데요. 실제로 숨겨져 있던 역사적 사실이 개인의 일기를 통해 밝혀지기도 합니다. 또 일기를 통해 평범한 사람들이 해석한 역사를 엿보는 것도 흥미로운 일이지요.

정답　　2. ①

1단계: 일기에 대한 이야기가 나올 것이다.

2단계: 개인의 기록인 일기가 거기에 그치지 않고 더 나아가 역사적 사실을 담고 있다고 했으므로 ②는 답이 될 수 없다. 사실성과 일치성은 일부 내용이므로 ③, ④도 답이 될 수 없다. 따라서 ①이 답이 된다.

3.　① 효율적으로 업무를 처리하는 방법
　　② 업무 형태에 따른 책상 정리 방식
　　③ 사고방식이 회사 업무에 미치는 영향
　　④ 책상 정리 상태와 업무 효율성의 관계

> 여자: 일반적으로 책상 정리를 잘 하지 않는 사람은 일을 잘 못할 거라고 생각하는데요. 최근 미국의 한 연구소가 직장인을 대상으로 한 실험을 통해 책상 정리를 제대로 하지 않는 사람이 오히려 일 처리가 빠르고 분명하다는 결과를 내놓았습니다. 책상 정리를 잘 하지 않는 사람들은 주변에 신경을 쓰지 않아 그만큼 집중력이 높은 경향이 있다는 거지요.

정답　3. ④

1단계: 업무의 효율성에 대한 이야기가 나올 것이다.

2단계: 업무 처리 방법과 업무 형태는 말하지 않았으므로 ①, ②는 답이 될 수 없다. 사고방식과 업무의 관계를 말한 것은 아니므로 ③도 답이 될 수 없다. 따라서 책상 정리와 업무의 효율성 관계를 말하고 있는 ④가 답이 된다.

※ 다음은 무엇에 대해 이야기하고 있습니까? 가장 알맞은 것을 고르십시오.

4. ① 자세가 사고 활동에 미치는 영향
② 뇌가 인간의 신체를 통제하는 방식
③ 논리적인 글쓰기를 할 때 필요한 태도
④ 창의적으로 사고하는 습관을 기르는 방법

남자: 글을 쓸 때 턱을 괴고 있으면 아이디어가 잘 떠오르는 것 같아.

여자: 맞아, 맞아. 그리고 전에 어디서 봤는데 팔짱을 끼고 있으면 창의적인 생각을 잘하고, 반대로 팔을 쭉 뻗고 있으면 논리적인 생각을 잘하게 된다더라.

남자: 그래? 재미있네. 그럼 논리적이면서도 창의적인 글을 쓰려면 어떻게 해야 되지?

정답   4. ①

1단계: 자세 및 태도와 사고의 관계에 대한 이야기가 나올 것이다.

2단계: 자세가 사고에 영향을 미친다고 했지 뇌가 신체를 통제하는 것은 아니므로 ②는 답이 될 수 없다. 창의적인 생각과 논리적인 생각을 잘하게 되는 것을 모두 이야기하고 있으므로 ③, ④도 답이 될 수 없다. 따라서 ①이 답이 된다.

※ **다음은 무엇에 대해 이야기하고 있습니까? 가장 알맞은 것을 고르십시오.**

5. ① 발전소 건설의 필요성　　② 전력 수요 관리의 장점
　　③ 전력 부족 사태의 원인　　④ 전력 수요 관리의 방법

> 남자: 보통 전기가 부족하다고 하면 발전소를 더 지어야 한다고 생각하기 쉽지요. 그렇지만 사실 전력 사용량만 잘 조절하면 발전소를 짓지 않고도 전력 부족 문제를 해결할 수 있습니다. 이런 걸 전력 수요 관리라고 합니다. 전력 수요 관리는 전력 부족이 예상될 때 일정 수준 이상의 전력을 사용하지 않도록 미리 경고하여 전력이 과부하되는 문제를 예방해 줍니다. 또 발전소를 짓지 않고도 전력 부족 문제가 해결되니까 비용도 절약되겠지요.

정답　　5. ②

1단계: 발전소와 전력에 대한 이야기가 나올 것이다.

2단계: 전력 수요 관리만 잘하면 발전소를 더 지을 필요가 없다는 얘기를 하고 있으므로 ①은 답이 될 수 없다. 전력 부족이 예상될 때 미리 경고하여 문제를 예방하자고 했으므로 ③도 답이 될 수 없다. 전력 수요 관리 방법에 대한 이야기는 하고 있지 않으므로 ④도 답이 될 수 없다. 따라서 ②가 답이 된다.

※ **다음은 무엇에 대해 이야기하고 있습니까? 가장 알맞은 것을 고르십시오.**

6. ① 태양의 현재 나이와 수명
   ② 태양을 구성하고 있는 성분
   ③ 태양이 갈수록 붉어지는 이유
   ④ 태양이 스스로 빛을 내는 방법

듣기

> **남자:** 인간이 나이를 먹는 것처럼 스스로 빛을 내는 태양도 나이를 먹습니다. 태양은 나이가 들면서 온도는 낮아지지만 점점 더 붉어진다고 하는데요. 이것은 태양의 중심부를 구성하는 대표적인 성분인 수소가 헬륨으로 바뀌면서 나타나는 현상입니다. 촛불을 보면 쉽게 이해할 수 있는데요. 촛불의 온도가 높을수록 푸른색을 띠고, 낮을수록 붉은색을 띠는 것과 같은 원리라고 할 수 있습니다.

정답 6. ③

1단계: 태양에 대한 이야기가 나올 것이다.

2단계: 태양의 현재 나이, 태양의 구성 성분, 빛을 내는 방법은 말하지 않았으므로 ①, ②, ④는 답이 될 수 없다. 따라서 태양이 붉어지는 이유를 나타내고 있는 ③이 답이 된다.

풀이

유형 3 · 세부 내용 파악하기   8~10번

전략   말하지 않은 내용이나 일부 내용만 맞는 선택지는 지운다.
1단계: 선택지를 보고 공통 화제를 찾는다.
2단계: 말하지 않은 내용이나 일부 내용만 맞는 선택지는 지운다.

※ 다음을 듣고 들은 내용과 같은 것을 고르십시오.   `24회 8번`

1. ① 인간은 30대 때 후각 능력이 가장 좋다.
　② 남성의 후각 능력이 여성보다 뛰어나다.
　③ 후각 능력의 개인차는 밝혀지지 않았다.
　④ 도시화로 인간의 후각 능력이 떨어졌다.

> **여자:** 이 기사 재미있네. (기사 읽듯) '인간이 개나 곤충과 같이 예민한 후각을 가졌다면 만원 지하철을 이용하는 등의 도시 생활은 불가능했을 것이다……' 둔한 후각 덕분에 무리 없이 산다는 거잖아.
>
> **남자:** 하하. 그럴 수도 있겠다. 근데 사실 사람마다 냄새에 예민한 정도가 좀 다르지 않아?
>
> **여자:** 응. 그것도 나와 있어. (읽듯이) '인간의 후각 능력은 개인차가 있으며 나이에 따라 변화를 보인다.' (읽은 내용 정리하듯) 보통 30대 때 후각 감수성이 가장 뛰어나고 그 이후 점차 떨어진대. 남자가 여자보다 냄새 맡는 데 둔한 건 너도 알고 있지?

정답   1. ①

1단계: 공통 화제는 후각 능력이다.

2단계: ① 30대 때 후각 감수성이 가장 뛰어나고 그 이후 점차 떨어진다고 말하고 있으므로 답이 된다.
② 남자가 여자보다 냄새 맡는 데에 둔하다고 했으므로 답이 될 수 없다.
③ 인간의 후각 능력은 개인차가 있다고 했으므로 답이 될 수 없다.
④ 둔한 후각 때문에 도시 생활이 가능하다고 했지 도시화 때문에 후각 능력이 떨어졌다고는 할 수 없으므로 답이 될 수 없다.

※ 다음을 듣고 들은 내용과 같은 것을 고르십시오.

2. ① 이 나무의 평균 수명은 1,200년 정도이다.
② 이 나무로 환경 오염 정도를 측정할 수 있다.
③ 이 나무는 꽃가루가 없어 가로수로 인기가 높다.
④ 이 나무는 암수가 멀리 있어도 열매를 맺을 수 있다.

여자: 가로수나 조경수로 흔히 볼 수 있는 은행나무. 병충해가 없고 환경 오염에 대한 저항력이 크기 때문인데요. 회복 불가능할 것 같았던 오염 지역에서 가장 먼저 자라난 것도 바로 은행나무였죠. 지구상 가장 오래된 수종으로 알려져 있는데 실제로 1,200년이나 된 은행나무도 있다네요. 또한 이 나무는 암수가 나뉘어 있는데요. 서로 수백 미터 떨어져 있어도 꽃가루가 날아와 열매를 맺기도 합니다.

정답 2. ④

1단계: 공통 화제는 나무이다.

2단계: ① 1,200년이나 된 나무가 있다고 했지 그것이 평균 수명은 아니므로 답이 될 수 없다.
② 오염 지역에서 먼저 자라났다고 했지 오염 정도에 관한 말은 하지 않았으므로 답이 될 수 없다.
③ 꽃가루가 날아온다고 했지 없다고는 말하지 않았으므로 답이 될 수 없다.
④ 암수가 나뉘어 있어서 수백 미터 떨어져 있어도 열매를 맺는다고 했으므로 답이 된다.

※ 다음을 듣고 들은 내용과 같은 것을 고르십시오.

3. ① 건물의 고유 진동은 사람들도 체감할 수 있다.

   ② 공진 현상은 고유 진동만으로도 일어날 수 있다.

   ③ 고유 진동에 다른 진동이 더해지면 진동 폭이 작아진다.

   ④ 최근 대형 건물이 흔들린 사건은 공진 현상이 그 원인이다.

> 여자: 빌딩이나 다리와 같은 구조물들은 모두 고유의 진동수를 갖고 있습니다. 그래서 사람이 느끼지는 못하지만 건물들은 평상시에도 미세하게 흔들리고 있죠. 그런데 이 '고유 진동'이 진동수가 같은 다른 진동과 만나면 그 크기가 더 커지는데요. 이런 걸 공진 현상이라고 합니다. 최근에 헬스장이 있는 대형 건물이 흔들려서 사람들이 대피한 사건이 있었죠? 그때 헬스장에서 운동을 하던 사람들은 빠르게 발을 구르는 동작을 하고 있었는데, 그 동작이 만들어 낸 진동이 건물의 고유 진동과 딱 맞아떨어졌던 거죠.

정답	3. ④

1단계: 공통 화제는 건물의 진동이다.

2단계: ① 건물의 고유 진동은 사람이 느끼지 못한다고 했으므로 답이 될 수 없다.

② 공진 현상은 고유 진동이 다른 진동을 만났을 때 생기는 것이라고 했으므로 답이 될 수 없다.

③ 고유 진동이 다른 진동과 만나면 더 커진다고 했으므로 답이 될 수 없다.

④ 최근 사건의 원인이 헬스장에서 하는 운동으로 생긴 진동과 고유 진동이 합쳐져 건물이 흔들린 것이라고 했으므로 답이 된다.

※ 다음을 듣고 들은 내용과 같은 것을 고르십시오.

4. ① 이번 작품은 철저한 사전 준비를 거쳐 쓰여졌다.

② 어린 시절의 기억이 작품 전반에 영향을 주었다.

③ 작가는 직접 경험을 통해 실감나는 묘사를 할 수 있었다.

④ 축구 선수와의 특별한 만남이 이 소설을 쓴 계기가 되었다.

> 여자: 소설 속의 축구 장면이 정말 생생하던데요. 그런 생동감 넘치는 묘사는 어떻게 하신 건가요? 혹시 축구를 잘하시나요?
>
> 남자: (허허) 아닙니다. 제 고향이 유난히 축구 골수팬이 많은 곳이라 그 덕분에 어릴 때 축구를 접할 기회가 많았습니다. 하지만 제대로 해 본 적은 없고요. 그래서 선수들과 인터뷰도 하고, 시합 자료를 보면서 한 장면 한 장면 축구 전문가에게 설명도 듣고, 취재와 자료 수집에만 몇 달을 매달렸지요.

정답 4. ①

1단계: 공통 화제는 소설 준비 단계에 대한 설명이다.

2단계: ① 선수들과의 인터뷰, 전문가의 설명, 취재와 자료 수집에 몇 달이 걸렸다고 했으므로 답이 된다.

② 어린 시절 축구를 접할 기회는 많았지만 제대로 해 본 적은 없다고 했으므로 답이 될 수 없다.

③ 직접 경험이 아니라 자료 수집을 통해 축구에 대한 묘사를 한 것이므로 답이 될 수 없다.

④ 선수와 인터뷰를 했지 특별하게 만난 것은 아니므로 답이 될 수 없다.

5. ① 땀을 많이 흘리는 사람은 깃털 베개를 피해야 한다.

   ② 깃털은 천연 소재이기 때문에 오래 사용하기 어렵다.

   ③ 일반 섬유로 만든 베개는 깃털 베개보다 덜 눅눅하다.

   ④ 깃털 베개는 원래의 모양이 잘 유지되는 속성이 있다.

여자: 땀을 많이 흘리는 분들은 천연 소재 베개를 꺼리는 경향이 있지만 눅눅한 게 싫어서 그러시다면 깃털 베개는 어떻습니까? 깃털은 천연 소재치고 흡습성이나 방습성이 좋은 편이기 때문에 일반 섬유나 솜으로 만든 것에 비해 땀을 흘려도 그다지 눅눅해지지 않습니다. 게다가 깃털 소재의 베개는 눌러도 금세 원래 크기로 돌아오기 때문에 오래 사용해도 변형이 적다는 장점도 있습니다.

정답　　5. ④

1단계: 공통 화제는 베개이다.

2단계: ① 땀을 많이 흘리는 사람에게 깃털 베개를 추천하고 있으므로 답이 될 수 없다.

   ② 깃털은 오래 사용해도 변형이 적다고 했으므로 답이 될 수 없다.

   ③ 깃털 베개는 일반 베개보다 눅눅하지 않다고 했으므로 답이 될 수 없다.

   ④ 깃털 베개는 눌러도 원래 크기로 돌아오기 때문에 변형이 적다고 했으므로 답이 된다.

6.　① 학교 폭력 피해자의 치료에 애완동물을 활용하고 있다.

　　② 많은 의료 기관이 동물 매개 치료 도입을 추진하고 있다.

　　③ 정부는 동물 매개 치료에 대한 재정 지원을 계속 늘려 왔다.

　　④ 동물 매개 치료는 정신과적 재활 치료에 주로 이용되고 있다.

남자: 애완동물이 가족이 된 지 오래죠? 그만큼 애완동물이 사람한테 정서적 안정을 준다는 건데요. 이런 애완동물이 재활 치료에서도 한몫하고 있습니다. 현재 국내에서 동물 매개 치료를 도입한 의료 기관은 열세 곳으로, 이들 기관에서는 주로 우울증과 자폐증 환자들의 재활 치료에 이 치료법을 활용하여 큰 효과를 거두고 있습니다. 이에 보건 당국은 내년부터 가정 및 학교 폭력 피해자와 독거노인을 대상으로 동물 매개 치료를 확대 적용할 예정이라고 밝혔습니다.

정답　6. ④

1단계: 공통 화제는 동물 매개 치료이다.

2단계: ① 내년부터 매개 치료를 확대할 예정이라고 했으므로 답이 될 수 없다.

　　　 ② 동물 매개 치료를 도입한 기관은 많지 않으므로 답이 될 수 없다.

　　　 ③ 말하지 않았으므로 답이 될 수 없다.

　　　 ④ 우울증과 자폐증 환자들의 재활 치료에 활용되고 있다고 했으므로 답이 된다.

유형 4 　중심 생각 파악하기　11~13번

전략

대화를 듣고 지시문에 나온 사람의 생각을 파악한다.
1단계: 선택지를 보고 공통 화제를 찾는다.
2단계: 지시문에 나온 사람의 생각이 아니거나 일부만 맞는 내용, 말하지 않은 내용은 지운다.

※ 다음을 듣고 남자가 어떤 생각을 하고 있는지 맞는 것을 고르십시오.　24회 13번

1.　① 연예인의 사회 참여는 정치 환경과 관련이 없다.
　　② 사회 문제에 적극 참여하는 것이 공인의 의무이다.
　　③ 대중문화 예술인의 사회 참여는 아직 시기상조이다.
　　④ 사회 문제에 대한 소신을 갖지 못한 대중들이 문제다.

> 여자: 연예인도 사회의 구성원인 만큼 사회 문제에 대해 자신의 목소리를 낼 권리가 있다고 봅니다. 다른 나라에서는 이미 자연스러운 일로 받아들여지고 있고요.
>
> 남자: 연예인의 사회 참여를 다른 나라의 경우와 비교하는 건 무리가 있습니다. 민주주의의 역사나 정치적 환경이 다르니까요. 아직까지 한국 사회에서 대중문화 예술인은 공인이라는 인식이 강해 사회 참여는 다소 이른 감이 있습니다. 확고한 소신이 없는 대중들이 영향력이 큰 스타의 의견을 맹목적으로 따라갈 가능성도 크고요.

정답　1. ③

풀이

1단계: 공통 화제는 연예인의 사회 참여이다.

2단계: ① 정치적 환경에 따라 달라진다고 했지 관련이 없는 것은 아니므로 답이 될 수 없다.
　　　　② 연예인의 사회 참여가 자연스럽다고 말한 사람은 여자이므로 답이 될 수 없다.
　　　　③ 남자는 연예인의 사회 참여가 이르다고 생각하고 있으므로 답이 된다.
　　　　④ 소신이 없는 대중들이 스타의 의견을 따라갈 가능성이 있다고 한 것은 일부 내용이므로 답이 될 수 없다.

※ 다음을 듣고 남자가 어떤 생각을 하고 있는지 맞는 것을 고르십시오.　　25회 11번

2.　① 독서는 세 살 이상이 되었을 때 집중적으로 시켜야 한다.

　　② 뇌 발달을 위해서는 다양한 소재의 책을 읽어 주어야 한다.

　　③ 세 살 무렵의 아이들은 또래와 함께 배워야 학습 효과가 크다.

　　④ 세 살 무렵의 아이에게는 다양한 자극을 제공하는 것이 좋다.

> 남자: 제가 아는 어떤 분은 세 살짜리 아이에게 하루 종일 책만 읽어 준다고 합니다. 근데 전 이런 모습을 보면 안타깝다는 생각이 드는데요. 이 시기는 아이의 뇌가 집중적으로 발달하는 시기거든요. 아이들은 이것저것 사물을 만져 보기도 하고 또래 친구들과 놀기도 하면서 뇌를 자극하는 다양한 경험을 할 수 있어야 합니다. 그래야 아이의 뇌 발달도 균형적으로 이루어질 수 있는 겁니다.

정답　　2. ④

1단계: 공통 화제는 세 살 무렵 아이들을 위한 교육 방법이다.

2단계: ① 책만 읽어주는 것이 안타깝다고 했지 시기를 말한 것은 아니므로 답이 될 수 없다.

　　　　② 다양한 경험을 할 수 있어야 한다고 했지 책만을 이야기한 것은 아니므로 답이 될 수 없다.

　　　　③ 또래 친구들과 노는 것이 뇌를 자극하는 경험이라고 했지 학습 효과가 크다고는 하지 않았으므로 답이 될 수 없다.

　　　　④ 다양한 경험이 뇌 발달을 균형적으로 이루어지게 한다고 했으므로 답이 된다.

3.　① 고급화된 병원을 설립하는 것에 반대한다.
　　② 병원들은 의료 서비스 비용을 대폭 낮춰야 한다.
　　③ 진료비가 저렴한 병원이 더 많이 설립되어야 한다.
　　④ 병원의 고급화는 최소의 비용으로 이루어져야 한다.

> 여자: 의사의 진료 행위도 일종의 서비스라는 점에서 당연히 병원은 서비스의 고급화를 지향할 수 있는 거라고 봅니다. 정부도 이를 허가해 줘야 한다고 생각하고요.
>
> 남자: 지금 고급화라는 말씀을 하셨는데요. 고급화된 의료 기기나 시설을 마련하려면 막대한 비용이 들 텐데, 그 부담은 고스란히 환자들 몫이 되지 않겠습니까? 그리고 고급화된 병원이 큰 수익을 거두게 되면 대형 병원들도 너나 할 것 없이 그런 병원으로 바꾸려고 할 겁니다. 결국 국민들이 저렴한 비용으로 진료를 받을 곳이 줄어들 게 뻔한 일일 테고요.

정답	3. ①

1단계: 공통 화제는 병원이다.

2단계: ① 비용 부담이 환자들 몫이 되며 저렴하게 진료를 받을 곳이 줄어든다는 말은 고급화된 병원 설립에 대한 반대 의견이므로 답이 된다.
　　② 말하지 않았으므로 답이 될 수 없다.
　　③ 고급화된 병원을 반대하는 이유를 말하고 있지 저렴한 병원 설립에 관한 말은 아니므로 답이 될 수 없다.
　　④ 병원의 고급화는 비용이 많이 들어 환자의 진료비 부담이 커진다고 했으므로 답이 될 수 없다.

4.　① 현실에 만족하지 말고 끊임없이 도전해야 한다.
　　② 눈앞의 이익보다 멀리 내다보는 눈이 필요하다.
　　③ 욕심을 버리고 자신의 환경에 늘 감사해야 한다.
　　④ 고난을 극복해 낸 경험이 성공의 밑거름이 된다.

> 여자: 옛날 얘기 하나 할까요? 숲속에 사는 여우들은 겨울이 다가오면 모두 따뜻한 남쪽으로 갔답니다. 하지만 그 중 한 마리는 무리에서 뒤쳐져 남쪽에 도착하기 전에 겨울을 맞게 됐습니다. 눈 속에서 먹이를 찾아 헤매고 추위와 싸우며 지냈지요. 여우는 이렇게 힘든 겨울을 보내면서 어느새 강해졌고, 봄이 오자 가장 먼저 집으로 돌아와 한 해를 시작했답니다. 여러분, 조금 늦었다고 실망하거나 조급해하지 마세요. 이 힘든 시간이 여러분에게 힘이 될 겁니다.

정답　4. ④

1단계: 공통 화제는 삶의 자세이다.

2단계: ① 어려운 환경을 이겨내자고 했지 새로운 도전에 대한 말은 하지 않았으므로 답이 될 수 없다.
　　　②, ③ 중심 생각과는 거리가 먼 내용이므로 답이 될 수 없다.
　　　④ 힘든 상황을 견디면 더욱 강해진다는 중심 생각과 가장 가까운 내용이므로 답이 된다.

※ 다음을 듣고 여자가 어떤 생각을 하고 있는지 맞는 것을 고르십시오.

5.　① 자신이 원하는 일을 선택하는 것이 좋다.
　　② 선배들의 충고를 귀담아 들을 필요가 있다.
　　③ 직장을 선택할 때는 조건을 따져 봐야 한다.
　　④ 장기적인 안목을 갖고 직장 생활을 해야 한다.

> 여자: 요즘 새내기 직장인들 중에는 직장에 들어간 지 얼마 되지도 않았는데 조건을 따라 이직을 하는 사람들이 많은데요. 인생의 선배로서 해 주고 싶은 이야기는 눈앞의 이익에 급급해하지 말고 장기적인 안목을 가지라는 겁니다. 현재 직장에서의 일이 마음에 들지 않더라도 이후에 목표를 위해 필요하다면 참고 기다릴 줄 알아야 합니다. 그러면 그런 시간들이 경력 관리는 물론 이후의 목표를 이루는 데 밑바탕이 되어 줄 겁니다.

정답	5. ④

1단계: 공통 화제는 직장 생활이다.

2단계: ①, ② 말하지 않았으므로 답이 될 수 없다.
　　　　③ 직장에 들어간 후를 말하고 있으므로 답이 될 수 없다.
　　　　④ 눈앞에 이익에 급급해 하지 말고 장기적인 안목을 가지라고 했으므로 답이 된다.

※ **다음을 듣고 여자가 어떤 생각을 하고 있는지 맞는 것을 고르십시오.**　　28회 11번

6. ① 전원주택에서 사는 것이 생각만큼 좋은 것은 아니다.

② 전원주택이 아이들에게는 좋지만 어른들에게는 불편하다.

③ 전원주택은 아파트의 단점을 보완할 수 있는 주거 공간이다.

④ 전원주택에서 살고 싶어하는 사람들이 점점 더 줄어들 것이다.

> 남자: 여보, 내 친구가 얼마 전에 전원주택으로 이사 갔는데 굉장히 좋아
> 　　　보이더라고. 우리도 전원주택에서 살면 어떨까? 공기도 좋고 마당도
> 　　　넓어서 아이들이 마음껏 뛰어놀 수도 있고…….
>
> 여자: (생각하듯) 그렇긴 한데, 출퇴근할 때 교통도 불편하고 애들 학교
> 　　　다니기도 힘들고, 여러모로 불편하지 않을까?

정답　　6. ①

1단계: 공통 화제는 전원주택이다.

2단계: ① 교통도 불편하고 애들 학교도 다니기 힘들다고 했으므로 답이 된다.

　　　　② 아이들이나 어른에게 불편한 점을 모두 말하고 있으므로 답이 될 수 없다.

　　　　③. ④ 말하지 않았으므로 답이 될 수 없다.

유형 5 · 대화 상황 파악하기

14~15번

전략 1

한 가지 그림에 관해 비슷한 상황의 대화가 나오므로 핵심 단어나 표현을 파악해야 한다. 1번만 들을 수 있으므로 집중해야 한다.

1단계: 그림을 보고 관련 있는 단어나 표현을 생각해 본다.
2단계: 핵심 단어나 표현을 파악하여 그림과 관계있는 것을 고른다.

※ 다음 그림을 보고 가장 적절한 대화를 고르십시오.

24회 15번

1.

①   ②   ③   ④

① 남자: 새로 나온 거라더니 움직이기도 편하고 좋긴 한데요. 2주나 차고 다녀야 해요?

　여자: 뼈가 붙으려면 시간이 좀 걸려요. 불편해도 좀 참아 보세요.

② 남자: 이 기계로 근력 운동을 한다는 거지요?

　여자: 네. 방법은 간단해요. 양팔을 앞으로 펴고 이걸 잡은 후 천천히 들어 올리시면 돼요.

③ 남자: 팔꿈치 쪽을 부딪혔는데요. 보통 때는 괜찮은데 움직일 때마다 통증이 느껴져서요.

　여자: 팔을 앞으로 쭉 뻗어 보세요. 외관상 이상한 점은 보이지 않는데요.

④ 남자: 여기에 넣기만 하면 혈압이 몇인지 알 수 있어요?

　여자: 네. 팔꿈치가 다 들어가도록 좀 더 깊숙이 넣으세요. 그리고 말씀 하시거나 움직이지 말고 가만히 계세요.

정답	1.④

1단계: 남자가 팔을 기계 안에 넣고 있고, 여자는 그것을 보며 말하고 있다.

2단계: ① 그림과 맞지 않는 내용이므로 답이 될 수 없다.

　　　 ② 그림에서는 양팔이 아니라 한 팔만 앞으로 폈으므로 답이 될 수 없다.

　　　 ③ 남자가 팔을 기계에 넣었기 때문에 여자가 직접 볼 수 없으므로 답이 될 수 없다.

　　　 ④ 여자의 지시에 따라 남자가 팔을 넣고 있으므로 답이 된다.

※ 다음 그림을 보고 가장 적절한 대화를 고르십시오.

2.

①   ②   ③   ④

① 남자: 네 등분한 배추를 이렇게 소금물에 푹 잠기도록 담가 두면 되는 거지요?

여자: 네. 그 상태로 두면 배추의 숨이 죽어 먹기 좋게 되는 거예요.

② 남자: 이렇게 배추 위쪽을 잡고 쭉 훑어 내면 되는 거지요?

여자: 네. 그렇게 배추 위쪽을 들고 아래로 꾹꾹 짜야지 물이 잘 빠지겠지요?

③ 남자: 채소들은 모두 같은 길이로 썰면 되지요?

여자: 네. 그 정도면 돼요. 그런데 그렇게 두껍게 썰면 양념이 잘 안 배니까 조금만 더 가늘게 써세요.

④ 남자: 한 손으로는 배춧잎을 잡고 속은 이렇게 안쪽으로 넣는 거 맞지요?

여자: 잘하시는데요. 그 정도면 적당해요. 속은 조금 넣으면 맛이 안 나고 많이 넣으면 텁텁하거든요.

　　2. ④

1단계: 김치를 담그는 상황에서 남자가 배추를 잡고 있고 여자는 옆에서 말하고 있다.

2단계: ① 도마 위에서 양념을 넣고 있지 소금물에 담그는 것은 아니므로 답이 될 수 없다.

② 절인 배추를 물에 헹궈서 짜는 상황은 아니므로 답이 될 수 없다.

③ 그림과 맞지 않는 내용이므로 답이 될 수 없다.

④ 여자의 지시에 따라 남자가 한 손으로 배추를 잡고 양념을 넣고 있으므로 답이 된다.

※ 다음 그림을 보고 가장 적절한 대화를 고르십시오.　　26회 14번

3.

①　　②　　③　　④

① 여자: 우선 대강 칠해요. 어차피 마르고 나면 두세 번 더 칠해야 돼요.

남자: 네. 근데 구석은 칠하기가 쉽지 않은데요. 잘 칠하려고 여러 번 손을 대니까 오히려 자꾸 뭉쳐서 흘러내리고요.

② 여자: 처음부터 홈을 너무 크게 파지 말고 맞춰 보면서 조금씩 파내는 게 좋아요. 안 그러면 나중에 헐거워지니까요.

남자: 네, 그렇게 하고 있어요. 그래도 이제 의자 모양이 좀 나오지요?

③ 여자: 이렇게 햇빛이 강한 데서 말리면 안 되니까 얼른 그늘로 옮기죠. 그냥 두면 나무가 갈라지는 현상이 생기거든요.

남자: 아, 그래요? 빨리 말리려다가 큰일 날 뻔했네요. 여기 괜찮죠?

④ 여자: 막 칠했을 때보다 마르고 나니까 색깔이 훨씬 예쁜 것 같네요. 약간 고급스러운 멋이 있는 게 새것보다 더 좋은데요.

남자: 네. 직접 만드는 재미도 있고, 다 해 놓고 보니 보람도 있네요.

3. ①

1단계: 남자가 의자를 붓으로 칠하는 것을 보며 여자가 말하고 있다.

2단계: ① 의자를 칠하고 있는 그림에 맞는 내용이므로 답이 된다.

　　　②, ③ 그림과 맞지 않는 내용이므로 답이 될 수 없다.

　　　④ 이미 끝난 상황에서 할 수 있는 대화이므로 답이 될 수 없다.

※ 다음 그림을 보고 가장 적절한 대화를 고르십시오.

4.

①   ②   ③   ④

① 여자: 이걸 입에 물고 '후' 하고 불면 되지요?

남자: 네. 그런데 코로 숨을 크게 들이마신 다음에 이걸 물고 숨을 내쉬어야 돼요. 그래야 최대 폐활량이 나오거든요.

② 여자: 여기 오니까 머리가 맑아지는 게, 좋네요. 그래서 사람들이 여기 오나 봐요.

남자: 그렇죠? 근데 숨을 좀 더 크게 들이마셨다가 내쉬어 보세요. 이렇게 하면 훨씬 좋아요.

③ 여자: 조금 있으면 시작이에요. 전 출발 지점으로 갈게요.

남자: 그래요. 얼른 가 보세요. 그리고 숨을 깊이 들이마신 채 단숨에 달려야 기록이 잘 나온다는 거 명심하고요.

④ 여자: 어떡해요? 다음이 제 차례인데 너무 떨려서 못하겠어요.

남자: 그러면 숨을 깊이 들이마셨다가 천천히 내쉬어 보세요. 두 번 정도 반복하면 긴장이 좀 가라앉을 거예요.

정답 4. ②

1단계: 남자는 숲에서 팔을 벌리고 심호흡을 하고 있고 여자는 그것을 따라하고 있다.

2단계: ① 입에 물고 있는 것이 아니므로 답이 될 수 없다.

② 머리가 맑아진다고 한 것으로 보아 장소가 숲인 것을 알 수 있고 그곳에서 심호흡을 하고 있는 내용이므로 답이 된다.

③, ④ 그림과 맞지 않는 내용이므로 답이 될 수 없다.

유형 6 　적절한 행동 고르기　16~18번

전략 1

행동을 할 사람에게 영향을 주는 상대방의 지시, 제안, 권유 등의 내용을 파악한다.

1단계: 선택지를 보고 공통적인 화제를 찾는다.

2단계: 상대방의 지시나 제안, 권유 등의 내용을 파악하여 답을 고른다.

※ 대화가 끝난 후에 여자가 이어서 할 행동으로 알맞은 것을 고르십시오.　24회 17번

1.　① 정해진 제출 시한에 맞춰 기획안을 제출한다.
　　② 기획의 전체 구성과 핵심에 대해 구두로 전달한다.
　　③ 기획안 내용을 줄여 쉽게 읽힐 수 있도록 작성한다.
　　④ 기획안의 전체 구성이 잘 드러나도록 목차를 수정한다.

> 여자: 선배님, 이거 제가 이번에 작성하고 있는 기획안인데요. 시간 되시면
> 　　　한번 봐 주실래요? 매번 결과가 안 좋아서요.
> 남자: 어디 볼까? 음. (종이 넘기는 소리) 우선 목차의 제목이나 구성이
> 　　　구체적으로 무슨 이야기를 하고 싶은지 잘 전달이 안 되네. 목차만
> 　　　보고도 전체 내용을 한눈에 파악할 수 있게 작성해야 하는데 그게
> 　　　부족한 것 같아. 양이 이렇게 많을 때는 그게 더 중요하더라고.
> 여자: 네. 알겠어요. 그 부분을 고쳐 볼게요.

정답　　1. ④

풀이

1단계: 공통 화제는 기획안의 내용이나 제출이다.

2단계: 목차만 보고도 전체 내용을 한눈에 파악할 수 있게 작성해야 한다는 남자의 충고를 듣고 여자가
　　　고쳐 보겠다고 했으므로 ④가 답이 된다.
　　① 여자가 기획안을 고치겠다고 했지 언제까지 제출할지는 말하지 않았으므로 답이 될 수 없다.
　　② 기획안을 작성한다고 했지 구두로 전달한다는 말은 하지 않았으므로 답이 될 수 없다.
　　③ 양이 많다고 한 남자의 말에 여자가 고친다고 했지 줄인다고 한 것은 아니므로 답이 될 수 없다.

※ **대화가 끝난 후에 여자가 이어서 할 행동으로 알맞은 것을 고르십시오.**

2. ① 전시회 기획안을 다시 작성한다.
    ② 기존 전시관의 배치도를 준비한다.
    ③ 전시 주제에 맞는 작품들을 선정한다.
    ④ 작품 크기에 따라 전시 공간을 배정한다.

> 여자: 관장님, 다음 달에 진행될 조각 작품전 관련 자료입니다.
>
> 남자: (서류 넘기는 소리) 음, 테마가 좋은데요. 이대로 진행하면 되겠어요.
>
> 여자: 네. 그런데 조각전이니만큼 공간이 부족할 듯해서요. 로비와 복도도 함께 활용하면 어떨까 합니다.
>
> 남자: 괜찮은 생각이네요. 그럼 작품들부터 뽑아 보고 다시 검토하죠. 그때 공간 배치에 대해서도 구상해 보도록 합시다.
>
> 여자: 네, 알겠습니다. 다시 보고 드리겠습니다.

정답   2. ③

1단계: 공통 화제는 작품 전시이다.

2단계: 작품들을 먼저 뽑아 보고 검토하자는 남자의 말을 여자가 따르기로 했으므로 ③이 답이 된다.

① 이미 작성한 기획안을 보면서 대화를 하고 있으므로 답이 될 수 없다.

② 작품 선정을 한 후에 공간 배치를 구상하자고 했으므로 답이 될 수 없다.

④ 작품에 따른 공간 배정은 나중에 해야 할 일이므로 답이 될 수 없다.

3. ① 김영수 선수의 경기를 참관한다.
　　② 김영수 선수의 훈련 복귀를 지시한다.
　　③ 김영수 선수에게 재계약 의사를 알린다.
　　④ 김영수 선수에게 재활 치료를 권유한다.

> 여자: 음, 김영수 선수 말이에요. 부상으로 지난 시즌은 거의 뛰질 못했고
> 아직 회복도 다 된 거 같지 않던데 재계약을 하는 게 맞는지 모르겠
> 네요. 감독님 생각은 어떻습니까?
>
> 남자: 부상이 회복되지 않아서 지난 시즌 경기를 뛰지는 못했지만 열심히
> 재활 치료를 받고 있는 데다가 재기에 대한 의지도 강하니까 한 번
> 더 기회를 주시는 게 어떻겠습니까?
>
> 여자: 뭐, 다소 걱정이 되기는 합니다만, 감독님 생각이 그렇다니 믿어
> 보도록 하지요.

정답	3. ③

1단계: 공통 화제는 김영수 선수와 관련된 것이다.

2단계: 김영수 선수와의 재계약이 어렵다는 여자의 말에 남자는 다시 한 번 기회를 주자고 했다. 이에 여자
는 걱정이 된다고 했지만 반대하는 것은 아니므로 ③이 답이 된다.
①, ② 말하지 않았으므로 답이 될 수 없다.
④ 지금 재활 치료를 받고 있으므로 답이 될 수 없다.

※ 대화가 끝난 후에 여자가 이어서 할 행동으로 알맞은 것을 고르십시오.　25회 16번

4.　① 병원에 가서 진단서를 받는다.
　　② 제품 회사에 직접 환불을 요청한다.
　　③ 사용한 제품을 고객지원부에 보낸다.
　　④ 구입한 곳에서 새 제품으로 교환한다.

> 여자: 저, 제가 3일 전에 거기 제품을 구입했는데요. 물 끓이다가 갑자기 뚜껑이 '펑' 하고 열려서 손에 화상을 입었거든요. 이런 경우에 어떻게 보상을 받을 수 있죠?
>
> 남자: 고객님, 우선 죄송하다는 말씀부터 드립니다. 그런 경우엔 치료를 받았다는 증빙 자료를 준비하셔서 신청하시면 됩니다.
>
> 여자: 치료비 영수증은 있는데 그걸로는 안 되나요?
>
> 남자: 네. 꼭 진단서를 보내 주셔야 하고요. 제품 영수증과 문제가 된 제품을 저희 고객지원부로 보내 주시면 보상 여부를 결정해서 알려 드리겠습니다.

정답　　4. ①

1단계: 공통 화제는 제품 이상으로 생긴 상황에 따른 대처이다.

2단계: 남자가 제품 영수증과 함께 진단서를 꼭 보내야 한다고 했다. 따라서 여자는 우선 진단서를 받으러 병원에 가야 하므로 ①이 답이 된다.
　② 제품을 고객지원부로 보내라고 했지 직접 오라고 하지 않았으므로 답이 될 수 없다.
　③ 사용한 제품을 보내기 전에 먼저 병원부터 가야 하므로 답이 될 수 없다.
　④ 회사에서 보상 여부를 결정해서 알려 준다고 했지 새 제품과 교환해 준다는 말은 하지 않았으므로 답이 될 수 없다.

※ 대화가 끝난 후에 남자가 이어서 할 행동으로 알맞은 것을 고르십시오.　

5.　① 아이를 데리고 병원으로 간다.

　　② 아이가 입고 있는 옷을 벗긴다.

　　③ 해열제를 찾아서 아이에게 먹인다.

　　④ 물수건으로 아이의 몸을 닦아 준다.

남자: 여보세요. 여보, 오고 있어? 현아가 열이 안 떨어지는데 어떡하지? 해열제를 먹였는데도 열이 안 내려가.

여자: 그래? 어쩌지? 그럼 우선 애 옷을 좀 벗겨.

남자: 뭐? 감긴데 춥게 하면 안 되잖아.

여자: 아니야. 열이 날 때는 시원하게 해서 열을 빨리 내려야 해. 일단 옷을 벗기고 수건에 물 적셔서 몸을 좀 닦아 줘. 그래도 열이 안 내려가면 같이 병원에 가고. 지금 가는 길이니까 우선 내가 말한 대로 하고 있어 봐.

남자: 응, 알았어. 빨리 와.

정답　　5. ②

1단계: 공통 화제는 아픈 아이에 대한 응급 처치에 관한 내용이다.

2단계: 열이 날 때는 빨리 열을 내려야 하기 때문에 우선 애 옷을 벗기라고 했으므로 ②가 답이 된다.

풀이
　① 집에서 응급처치를 해 보고 열이 안 내려가면 같이 병원에 데리고 가자고 했으므로 답이 될 수 없다.

　③ 해열제는 이미 먹였는데도 열이 내려가지 않는다고 했으므로 답이 될 수 없다.

　④ 수건으로 몸을 닦아 주려면 먼저 옷을 벗겨야 하므로 답이 될 수 없다.

6. ① 학교에 가서 복학 신청을 한다.

　　② 대출 신청에 필요한 서류를 준비한다.

　　③ 장학재단 홈페이지에 들어가서 회원 가입을 한다.

　　④ 장학재단 홈페이지 게시판에 문의하는 글을 남긴다.

듣기

> 남자: 여보세요. 제가 다음 학기에 복학을 하는데요. 학자금 대출을 받고 싶어서요. 어떻게 신청해야 하나요?
>
> 여자: 그러세요? 대출 신청은 저희 장학재단 홈페이지에서 회원 가입을 하신 다음에 하시면 됩니다. 그런데 대출은 재학 중인 경우에만 가능하니까 먼저 복학 신청을 하셔야겠네요.
>
> 남자: 그럼 대출 신청할 때 필요한 서류는 뭐예요?
>
> 여자: 홈페이지에 들어가 보시면 자세하게 설명되어 있습니다. 제가 설명 드린 대로 해 보시고 또 궁금한 점이 있으면 전화 주시거나 게시판에 글을 남겨 주세요.

정답　　6. ①

1단계: 공통 화제는 학생의 학자금 대출 신청이다.

2단계: 재학생만 학자금 대출을 받을 수 있다고 했기 때문에 남자는 우선 복학 신청을 해야 하므로 ①이 답이 된다.

풀이
　　② 대출 신청보다 복학 신청이 우선이므로 답이 될 수 없다.

　　③, ④ 복학 신청 후에 할 일이므로 답이 될 수 없다.

유형 7 　제목 붙이기　　19~20번

전략 1

뉴스를 들으면서 중심 내용이 어느 부분에 있는지 파악한다.

1단계: 뉴스의 앞부분에 중심 내용이 있는 경우, 이것을 가장 간결하고 명확하게 표현한 것을 고른다.

2단계: 이어지는 내용은 보충 설명이므로 이와 관련된 선택지는 제외한다.

※ 다음 뉴스를 듣고 알맞은 제목을 고르십시오.　　24회 20번

1.　① 관광지로 탈바꿈, 폐광이 다시 뜬다
　② 광산의 경제적 가치, 16년 만에 재평가
　③ 현대식 채굴 장비 도입, 채산성 높였다
　④ 국제 광물 값 급등, 폐광 재가동 잇따라

> 남자: 1980년대까지 국내 철 생산의 60%를 차지했던 양양 철광이 재가동에 들어갔습니다. 채산성 악화로 문을 닫은 지 16년 만입니다. 이는 최근 철광석을 비롯한 국제 광물 값이 큰 폭으로 오른 게 주요인입니다. 더욱이 채굴 장비가 현대화됨으로써 채산성도 크게 높아지리라 내다보고 있습니다. 주변 광산들도 속속 문을 열고 있어 지역 경제 부흥도 꿈꾸고 있습니다. KBC 뉴스 박민수입니다.

정답　　1. ④

풀이

1단계: 중심 내용은 철광이 재가동에 들어갔다는 것이며, 국제 광물 값이 크게 오른 것이 재가동의 주요인이라고 했으므로 ④가 답이 된다.

2단계: ① 문을 닫았던 철광을 재가동한다고 했지 관광지로 바뀌었다는 말은 하지 않았으므로 답이 될 수 없다.
② 경제적인 이유로 문을 닫았다가 철 가격이 올라 가동이 가능해진 것이므로 답이 될 수 없다.
③ 채산성을 높인다는 말은 재가동 후의 전망이므로 답이 될 수 없다.

※ 다음 뉴스를 듣고 알맞은 제목을 고르십시오.

2. ① 올림픽 빙상장, 바닷물로 얼린다
② 평창, 친환경 올림픽을 표방하다
③ 해양 에너지 개발, 이제 정부가 나선다
④ 국토해양부, 선진국형 개발을 추진하다

듣기

> 여자: 지난 12일 국토해양부가 해양 심층수를 이용해 평창 올림픽 빙상장의 얼음을 얼리는 방안을 추진 중이라고 밝혔습니다. 해양 심층수는 수심 200미터 아래에 존재하는 바닷물을 말하는데요. 수온이 항상 섭씨 2도 이하로 유지되는 특성 때문에 선진국에서는 이미 냉방 시스템에 활용되고 있습니다. 상온의 물보다 낮은 온도의 물로 얼음을 만드는 이 시스템이 도입되면 기존에 비해 에너지 62%, 유지 비용 82%가 절감되는 효과가 있을 것으로 기대됩니다. KBC 뉴스 강지혜입니다.

정답 2. ①

1단계: 중심 내용은 바닷물로 빙상장을 얼린다는 것이며, 이런 방식은 기존보다 에너지 절약 효과가 있다는 말이므로 ①이 답이 된다.

풀이

2단계: ② 평창 올림픽 빙상장을 얼리는 방법에 대해서 말하고 있지 친환경 올림픽을 내세운다는 말은 아니므로 답이 될 수 없다.

③ 해양 심층수, 즉 바닷물을 이용한다는 것이지 해양 에너지 개발이라는 말은 아니므로 답이 될 수 없다.

④ 선진국에서 냉방 시스템에 활용된다고 했지 개발을 추진한다는 말은 아니므로 답이 될 수 없다.

전략 2

1단계: 뉴스의 뒷부분에 중심 내용이 있는 경우, 이것을 가장 간결하고 명확하게 표현한 것을 고른다.

2단계: 앞부분은 상황 설명이나 묘사이므로 이와 관련하여 일부만 맞거나 거리가 먼 선택지는 제외한다.

※ 다음 뉴스를 듣고 알맞은 제목을 고르십시오.

3. ① 서서히 드러나는 숭례문의 위용
   ② 전통 기법으로 다시 태어나는 숭례문
   ③ 숭례문 복원 마무리, 차질 없이 진행
   ④ 숭례문 복구공사 현장, 일반인에 공개

> 여자: 전통 한복을 입은 인부들이 큰 톱으로 나무를 자르고 있습니다. 또 한쪽에서는 정과 망치로 성곽에 올릴 돌을 다듬고 있습니다. 마치 역사 속 현장에 와 있는 것 같은데요. 이곳은 복구공사가 한창인 숭례문 공사 현장입니다. 이렇듯 숭례문 복원은 순전히 전통적인 작업 방식으로 이루어지고 있습니다. 문화재청이 4년 전 이 공사를 시작할 때 표방했던 '전통 기술에 의한 원형 복원'을 실현하고 있는 것입니다. 숭례문이 옛 모습 그대로 그 위용을 드러낼 날을 기대해 봅니다. KBC 뉴스 이미영입니다.

정답   3. ②

풀이

1단계: 앞부분에서는 공사 상황을 묘사하였고, 그 이유에 대해 설명하고 있는 뒷부분이 중심 내용이다. 전통적인 방식으로 숭례문을 복원하고 있다고 했으므로 ②가 답이 된다.

2단계: ① 숭례문 공사가 완료되는 날을 기대하는 것이지 현재 복구 중이어서 그 모습을 짐작할 수 있는 단계는 아니므로 답이 될 수 없다.
③ 복구 공사가 한창이라고 했지 마무리 단계는 아니므로 답이 될 수 없다.
④ 일반인도 볼 수 있는지는 말하지 않았으므로 답이 될 수 없다.

전략 3

1단계: 뉴스에서 중심 내용이 명확하게 나타나지 않는 경우, 끝까지 들은 후 전체 내용을 요약하고 있는 선택지를 찾는다.

2단계: 일부만 맞거나 거리가 먼 선택지는 제외한다.

※ 다음 뉴스를 듣고 알맞은 제목을 고르십시오. 26회 19번

4. ① 국산 소형 항공기, 세계 시장에 도전장
   ② 우리 기술 항공기 수출, 연비가 해답이다
   ③ 항공 산업, 3년 만에 세계 25위로 뛰어올라
   ④ 항공 업계의 블루칩, 소형 항공기를 잡아라

> **여자:** 지난 20일, 개발에 착수한 지 3년여 만에 국내 기술로 제작한 소형 항공기 '나라온'이 공개됐습니다. 세계적으로 소형 항공기 제작 기술을 보유한 국가는 25개국, 한 해 시장 규모는 약 2천 대에 달합니다. '나라온'은 신소재를 사용해 무게를 줄였으며, 이로써 기존 항공기보다 연비를 10%나 끌어올려 시장 경쟁력도 갖췄다는 평가입니다. '나라온'과 함께 항공 산업도 비상할 전망입니다. KBC 뉴스 이미진입니다.

정답   4. ①

풀이

1단계: 국내 기술로 제작한 소형 항공기에 관한 보도이다. 새로 개발한 항공기로 세계 여러 나라의 제품과 경쟁하게 되었다고 했으므로 ①이 답이 된다.

2단계: ② 연비는 항공기 시장에서 경쟁할 수 있는 장점이지 항공기를 수출하기 위한 해결책은 아니므로 답이 될 수 없다.
   ③ 국산 항공기를 개발하는 데 걸린 시간이 3년이며 항공기 제작 기술 보유국이 25개국이라고 했지 순위와는 관련이 없으므로 답이 될 수 없다.
   ④ 소형 항공기의 개발로 시장 경쟁력을 갖추었다고 했지 전체 항공기 시장과 비교한 것은 아니므로 답이 될 수 없다.

유형 8 · 근거 파악하기 + 중심 내용 파악하기 · 21~22번

듣기 전략
첫 번째 듣기에서 '중심 내용 파악하기' 문제를 푼다.
두 번째 듣기에서 '근거 파악하기' 문제를 푼다.

전략
방송이나 강연을 들으면서 먼저 중심 내용을 파악한다. 그것의 근거가 전문가의 견해, 경험이나 조언인지, 해당 분야의 정보나 연구 결과, 구체적인 사례인지 고른다.

※ [1~2] 다음 방송을 듣고 물음에 답하십시오.

24회 21~22번

1. 여자가 자기 의견의 근거로 제시한 것은 무엇입니까?

① 전문가의 의견   ② 해당 분야 서적
③ 관련 연구 결과   ④ 자신의 과거 경험

2. 들은 이야기의 중심 내용은 무엇입니까?

① 첫인상에 의한 성격 파악은 실패 확률이 높다.
② 외모가 뛰어난 사람은 집중 관찰을 받기 쉽다.
③ 긍정적인 평가를 받으려면 외모도 가꾸어야 한다.
④ 책을 고르는 것과 이성을 선택하는 것은 비슷하다.

여자: 첫인상이 매력적인 사람은 왠지 성격도 좋을 것 같죠? 아니라고요? 외모가 뛰어날수록 성격이 나쁘다고요? 과연 어떤 게 맞는 걸까? 최근 한 실험에서 밝혀진 바에 따르면 사람들은 평범한 사람보다 외모가 뛰어난 사람의 성격을 더 잘 파악한다고 합니다. 우리가 책을 고를 때 겉표지를 보고 예쁜 책을 골라 더욱 자세히 읽게 되는 것처럼요. 상대방이 매력적일수록 호기심을 갖고 집중해서 대화를 나누기 때문에 그 사람의 성격을 더욱 정확하게 판단할 수 있다는 거죠. 잘생긴 사람이 성격도 좋은지는 잘 모르겠지만 잘생기고 예쁜 사람일수록 자기를 관찰하는 주변 사람이 많다는 사실. 알고 보니 미남, 미녀로 사는 것도 참 피곤한 일이네요.

풀이

1. '최근 한 실험에서 밝혀진 바에 따르면'이라고 했으므로 ①, ②, ④는 답이 될 수 없다. 따라서 ③이 답이 된다.

2. ① 평범한 사람보다 외모가 뛰어난 사람의 성격을 더 정확하게 판단할 수 있다고 했지 첫인상을 보고 성격을 파악하는 것이 실패 확률이 높다는 말이 아니므로 답이 될 수 없다.
② 책의 겉표지가 예쁜 책을 골라 자세히 읽는 것처럼 상대방이 매력적일수록 호기심을 갖고 집중해서 대화를 나눈다고 했으므로 답이 된다.
③ 미남, 미녀로 사는 것이 피곤한 일이라고 했지 외모를 가꾸어야 한다는 것은 아니므로 답이 될 수 없다.
④ 사람을 외모로 파악하는 것과 책을 고르는 것을 비유했지만 중심 내용이라고 볼 수 없으므로 답이 될 수 없다.

알아두기   선택지에 자주 나오는 표현

- 전문가의 견해 / 의견
- 구체적인 사례
- 매체에 나온 정보 / 해당 분야의 서적
- 직접 연구한 내용 / 기존의 연구 성과 / 최근의 연구 결과
- 주변인의 조언 / 증언
- 설문 조사 결과
- 자신의 과거 경험
- 논문을 분석한 자료

3. 여자가 제시한 의견의 근거로 알맞은 것을 고르십시오.

① 전문가의 의견　　　　　② 최근의 연구 결과
③ 주변 사람들의 증언　　　④ 논문을 분석한 자료

4. 들은 이야기의 중심 내용으로 알맞은 것을 고르십시오.

① 관계가 친밀할수록 상대방의 하품을 더 잘 따라한다.
② 피곤하지 않은데 나오는 하품은 건강 이상 신호이다.
③ 하품이 자연스러운 신체 반응이라는 것은 잘못된 상식이다.
④ 하품은 뇌에 혈액과 산소를 공급해 주어 피로 회복에 도움을 준다.

정답	3. ② 　 4. ①

3. 연구 결과를 본 적이 있다고 했으므로 ①, ③, ④는 답이 될 수 없다. 따라서 ②가 답이 된다.

4. ① 친밀한 사이에서 더 잘 전염된다는 연구 결과를 설명하고 있으므로 답이 된다.
② 하품은 뇌에 혈액과 산소가 부족할 때 자연스럽게 나오는 신체 반응이라고 했으므로 답이 될 수 없다.
③ 잘못된 상식이라는 말은 하지 않았으므로 답이 될 수 없다.
④ 피곤할 때 나오는 자연적인 반응이라고는 했지만 피로 회복이라는 말은 하지 않았으므로 답이 될 수
없다.

유형 9 　세부 내용 파악하기 + 화자의 태도 파악하기 ❶ 23~24번

듣기 전략	첫 번째 듣기에서 '화자의 태도 파악하기' 문제를 푼다. 두 번째 듣기에서 '세부 내용 파악하기' 문제를 푼다.

전략	내용을 듣고 말하는 사람의 태도로 알맞은 것을 고른다. 말하는 사람의 의견에 집중한다. 강연이나 연설은 후반부에 말하는 사람의 의견을 제시하는 경우가 많다. 인터뷰나 대담의 경우 질문에 대한 답변으로 무엇을 강조하는지, 토론의 경우 상대의 의견과 무엇이 다른지 주의해서 듣는다.

※ [1~2] 다음 강연을 듣고 물음에 답하십시오.　　　　　25회 23~24번

1.　들은 내용과 같은 것을 고르십시오.

　　① 지금까지 밝혀진 해양 생물의 종은 5%에 불과하다.
　　② 지금까지 인간은 해양의 대부분 지역을 탐사해 왔다.
　　③ 개체 조사 사업은 소수의 탐사자들에 의해 이루어졌다.
　　④ 개체 조사 사업을 통해 6,000여 종의 해양 생물이 발견되었다.

2.　남자의 태도로 가장 알맞은 것을 고르십시오.

　　① 지속적인 해양 생물 연구의 필요성을 강조하고 있다.
　　② 해양 생물의 종에 대한 연구가 적은 것을 우려하고 있다.
　　③ 개체 조사 사업의 성과가 크지 않다는 점을 비판하고 있다.
　　④ 개체 조사 사업과 관련해 새로운 연구 방안을 제안하고 있다.

남자: 지구의 70%가 바다라고 하죠? 근데 이 중에서 지금까지 인간이 탐사한 곳이 몇 퍼센트나 되는지 아십니까? 불과 5%밖에 되지 않습니다. 이런 미지의 세계를 탐사하기 위해서 시작된 게 바로 해양 생물 개체 조사 사업인데요. 이 조사는 참여한 탐사자들만 해도 2천여 명에 달했던 대규모 프로젝트였죠. 이 조사팀이 10년 동안 발견한 생명체는 무려 6천여 종이나 된다고 합니다. 근데 더 놀라운 건 말이죠, 아직 인간이 파악하지 못한 해양 생물의 종은 그 1,000배가 훨씬 넘는다는 겁니다. 탐사하지 못한 지역이 많다 보니까 전체 종이 얼마나 되는지 어림잡기도 어려워서, 학계에서는 1,000만 종쯤일 것이다 추정만 하고 있는데요. 이 숫자만 봐도 바다 속에 탐구할 것이 얼마나 무궁무진하게 남아 있는지 여러분도 아실 수 있을 겁니다.

정답   1. ④   2. ①

풀이

1. ① 지금까지 탐사한 지역이 전체의 5%이지 해양 생물 종의 수는 아니므로 답이 될 수 없다.
   ② 전체 지역의 일부분만 탐사했을 뿐 대부분의 지역을 탐사한 것이 아니므로 답이 될 수 없다.
   ③ 탐사자가 2천 명에 달했던 대규모 프로젝트라고 했으므로 답이 될 수 없다.
   ④ 10년 동안 발견한 생명체가 무려 6천여 종이 된다고 했으므로 답이 된다.

2. 앞으로 연구를 지속적으로 해야 하는 이유를 설명하고 있으므로 ①이 답이 된다.

   ②, ③ 70%가 바다임에도 불구하고 탐사한 곳은 5%밖에 되지 않는다고 했지 종에 대한 연구가 적은 것을 우려하거나 성과가 적다고 비판하는 것은 아니므로 답이 될 수 없다.
   ④ 말하지 않았으므로 답이 될 수 없다.

선택지에 자주 나오는 표현

요구, 동조, 수긍, 피력, 불안, 의심, 제안, 토로, 체념, 다짐, 강조, 우려, 비판

3.　들은 내용과 같은 것을 고르십시오.

　① 본래의 취지와 다르게 필수 교양 제도를 운영하고 있는 대학이 있다.
　② 필수 교양 제도는 기업에서 필요한 인재를 양성하기 위해 만들어졌다.
　③ 남자는 필수 교양 제도를 폐지하고 취업 과목을 늘려야 한다고 생각한다.
　④ 인문학과 사회 과학, 자연 과학 분야의 필수 교양 과목이 늘고 있는 추세다.

4.　여자의 태도로 가장 알맞은 것을 고르십시오.

　① 상대의 의견을 의심하며 근거 제시를 요구한다.
　② 부연 설명을 하며 상대의 의견에 적극 동조한다.
　③ 상대의 의견을 반박하며 자신의 주장을 피력한다.
　④ 자신의 오해를 인정하며 상대의 의견을 수긍한다.

남자: 대학은 사회에 필요한 인재를 길러 내는 곳입니다. 대학에서 배운 것이 사회로 나가서까지 연결되어야 한다는 거죠. 그런 의미에서 대학이 지정하는 필수 교양 과목에는 전산이나 외국어 등 취업하고 일하는 데 밑바탕이 되는 과목들이 보강돼야 한다고 봅니다.

여자: 필수 교양 제도를 좀 오해하고 계시는 것 같은데요. 이 제도의 취지는 그런 게 아니라 학생들의 기본 교양 수준을 높이자는 것입니다. 인문학이나 사회 과학, 자연 과학 등 여러 학문을 접하면서 학생들이 더 넓은 배경 지식을 갖추고 더 깊은 사고를 하길 바라는 거죠. 일부 대학에서는 말씀하신 것처럼 취업을 위한 과목들이 교양이란 이름으로 자리 잡고 있다고 하던데요. 대학이 취업 사관학교가 아닌 만큼 교육의 초점을 교양인을 양성하는 데 두어야 합니다.

정답 3. ① 4. ③

3. ① 여자가 일부 대학에서 학생들의 교양 수준을 높이기 위해서가 아니라 취업을 위한 과목으로 교양 제도를 운영하고 있다고 했으므로 답이 된다.
   ② 필수 교양 제도는 학생들의 기본 교양 수준을 높이자는 것이지 기업에 필요한 인재 양성을 위해 만들어진 것은 아니므로 답이 될 수 없다.
   ③ 남자는 취업을 위한 과목을 보강하자고 했지 폐지하자는 말은 하지 않았으므로 답이 될 수 없다.
   ④ 학생들이 여러 분야의 학문을 접해 배경 지식을 갖추기를 바라지만 실제로는 취업을 위한 과목들이 자리 잡고 있다고 했으므로 답이 될 수 없다.

4. 상대의 의견과는 반대로 원래 필수 교양 제도의 취지를 살리자고 자신의 주장을 말하고 있으므로 ③이 답이 된다.

   ① 상대의 의견을 의심하기 보다는 오해하고 있는 개념을 바로잡아 주고 있으므로 답이 될 수 없다.
   ② 상대의 의견에 동조하고 있는 것이 아니므로 답이 될 수 없다.
   ④ 상대가 필수 교양 제도를 오해하고 있다고 했지 자신이 오해한 것이 아니므로 답이 될 수 없다.

유형 10 · 세부 내용 파악하기 + 화자의 생각 파악하기   25~26번

듣기 전략 첫 번째 듣기에서 '화자의 생각 파악하기' 문제를 푼다.
두 번째 듣기에서 '세부 내용 파악하기' 문제를 푼다.

전략 내용을 듣고 말하는 사람의 생각으로 알맞은 것을 고른다. 말하는 사람의 생각을 나타내는 표현에 주의하고, 대화나 대담은 마지막 부분에서 말하는 사람의 생각을 알 수 있을 때가 많으므로 집중하여 듣는다.

※ [1~2] 다음 대화를 듣고 물음에 답하십시오.   25회 25~26번

1. 들은 내용과 같은 것을 고르십시오.

   ① 남자는 25년 전에 배우로 연극 극단에 들어갔다.
   ② 남자가 쓴 책에는 음향 기술에 대한 내용이 실려 있다.
   ③ 남자는 25년 동안 극단 운영 방법에 대해 연구해 왔다.
   ④ 남자는 지금까지 배우이자 음향 감독으로 활동해 왔다.

2. 남자의 생각으로 가장 알맞은 것을 고르십시오.

   ① 음향은 연극 무대에서 가장 중요한 요소이다.
   ② 음향 담당자는 작품을 잘 이해할 수 있어야 한다.
   ③ 음향 담당자는 음향 기술을 완벽하게 익혀야 한다.
   ④ 음향을 잘 알기 위해서는 오랜 현장 경험이 필요하다.

여자: 아까 감독님께서 25년 전 음향 감독이 되겠다는 결심을 했다고 말씀하셨는데요. 특별한 계기가 있으셨나요?

남자: 그때 전 연극 극단에 배우로 막 들어가서 무대 뒤에서 일을 돕고 있었는데요. 음향의 작은 차이가 무대 분위기를 완전히 바꿀 수 있다는 걸 알게 됐죠. 그때 제 꿈이 바뀌었습니다.

여자: 그렇군요. 그럼 최근에 내신 책은 25년간 터득한 기술적 노하우에 대한 내용인가요?

남자: 아, 아닙니다. 음향 장비 작동 방법을 다룬 서적은 시중에 많이 나와 있고요. 사실 그런 부분은 현장 경험을 몇 년 하다 보면 자연스레 익혀집니다. 중요한 건 작품을 읽는 눈인데요. 음향 담당자로서 어떻게 작품에 접근해야 작가의 의도를 소리로 잘 전달할 수 있는지, 그동안의 깨달음을 담아내고자 했습니다.

정답   1. ①   2. ②

1. ① 25년 전에 배우로 들어가서 일을 도왔다고 했으므로 답이 된다.
   ② 음향 기술에 대한 부분은 현장 경험으로 알 수 있다고 했으므로 답이 될 수 없다.
   ③ 작품을 읽는 눈이나 작품에 접근하는 방법에 대해 말하고 있지 극단 운영 방법에 대해서는 말하지 않았으므로 답이 될 수 없다.
   ④ 배우로 들어갔지만 꿈이 바뀌었다고 했으므로 지금은 배우가 아님을 알 수 있다. 따라서 답이 될 수 없다.

2. 남자가 책에서 말하고자 한 내용은 음향 담당자로서 작품을 잘 알아야 작가의 의도를 잘 전달할 수 있다는 것이므로 ②가 답이 된다.
   ① 음향의 작은 차이가 무대 분위기를 완전히 바꿀 수 있다고 있다고 했지 연극에서 중요한 요소라고 말한 것은 아니므로 답이 될 수 없다.
   ③ 기술적 노하우는 현장 경험을 통해 자연스레 익혀진다고 했지 완벽하게 익혀야 한다고는 말하지 않았으므로 답이 될 수 없다.
   ④ 현장 경험을 통해 음향 작동 방법을 알 수 있다고 했지 음향 자체를 알게 된다는 말은 하지 않았으므로 답이 될 수 없다.

※ [3~4] 다음 강연을 듣고 물음에 답하십시오.

3. 들은 내용과 같은 것을 고르십시오.

① 기업들은 소극적인 경영 방식으로 고전하고 있다.
② 기업들은 해외 진출을 위해 자금 확보에 나서고 있다.
③ 기업들은 사업 규모와 함께 사업 분야도 넓히고 있다.
④ 기업들은 기술 개발을 위해서 인재 양성에 주력하고 있다.

4. 여자의 생각으로 가장 알맞은 것을 고르십시오.

① 경영자의 의식 변화가 기업의 변화를 이끈다.
② 기술 개발이 해외 진출의 원동력이 될 수 있다.
③ 경영 혁신은 의사소통 체계의 유연성에서 시작된다.
④ 변화에 대처하는 조직 개편이 기업의 성공 전략이다.

들은 내용과 같은 것을 고르십시오.

여자: 최근 들어 많은 기업들이 막대한 자금을 들여 해외 지사를 늘리고 사업 분야를 넓히는가 하면 해외 전문가 영입에도 적극 나서고 있는데요. 이렇게 적극적으로 사업을 확장하는 것은 매우 긍정적이라 할 수 있습니다. 하지만 사업 확장에만 치중하다 보면 자칫 내적인 경영 혁신에 소홀해질 수 있는데요. 이것은 모래 위에 집을 짓는 것과 같습니다. 먼저 조직 내 의사소통 체계를 유연하게 만드는 것이 무엇보다 우선시돼야 합니다. 폐쇄적이고 수동적인 구조로는 진정한 경영 혁신이 이루어질 수 없기 때문입니다. 산업 현장의 목소리는 경영진에게, 경영진의 의지는 다시 현장으로, 이렇게 빠르게 전달되고 공유될 때 변화에 대처할 수 있는 유연함, 결코 부러지지 않는 힘이 생기는 겁니다.

정답　　3. ③　　4. ③

3. ① 많은 기업들이 적극적으로 사업을 확장한다고 했으므로 답이 될 수 없다.

② 막대한 자금을 들여 해외로 사업 분야를 넓히고 있다고 했으므로 답이 될 수 없다.

③ 사업 확장과 사업 분야를 적극적으로 넓히고 있지만 내적 경영 혁신도 중요하다는 말을 하고 있으므로 답이 된다.

④ 말하지 않았으므로 답이 될 수 없다.

4. 경영 혁신을 위해서는 조직 내의 유연한 의사소통 체계가 우선되어야 한다고 했으므로 ③이 답이 된다.

① 유연한 의사소통 체계로 경영 혁신을 이룰 수 있다고 했지 경영자의 의식 변화가 기업의 변화를 이끈다는 말은 하지 않았으므로 답이 될 수 없다.

② 내적 경영 혁신이 더 중요하다고 했으므로 답이 될 수 없다.

④ 조직 내 의사소통 체계에 대해 말하고 있지 조직 개편을 말한 것은 아니므로 답이 될 수 없다.

유형 11 · 세부 내용 파악하기 ＋ 화자의 태도 파악하기 ❷ 27~28번

듣기 전략	첫 번째 듣기에서 '화자의 태도 파악하기' 문제를 푼다. 두 번째 듣기에서 '세부 내용 파악하기' 문제를 푼다.

전략	내용을 듣고 말하는 사람의 태도로 알맞은 것을 고른다. 말하는 사람의 의견을 나타내는 표현에 주의하고, 대담의 경우 질문에 대한 답으로 무엇을 강조하는지, 토론의 경우 상대의 의견과 무엇이 다른지 집중해서 듣는다.

※ [1~2] 다음 논평을 듣고 물음에 답하십시오.   24회 27~28번

1. 들은 내용과 같은 것을 고르십시오.

    ① 한국은 세계 3대 신재생 에너지 개발국이다.
    ② 신재생 에너지는 지속적으로 사용할 수 있다.
    ③ 한국은 신재생 에너지 사업을 작년에 시작했다.
    ④ 신재생 에너지는 효율성이 낮아 외면을 받는다.

2. 남자의 태도로 알맞은 것을 고르십시오.

    ① 지원의 확대를 요구한다.
    ② 사업의 위험성을 경고한다.
    ③ 목표 달성 방법을 설명한다.
    ④ 관련 정책 수립을 촉구한다.

남자: 세계 각국이 신재생 에너지에 눈을 돌리고 있습니다. 신재생 에너지는 햇빛, 물, 지열 등을 변환시켜 이용하는 에너지를 말합니다. 개발 초기에는 화석 에너지에 비해 효율성이 떨어지지만 고갈되지 않고 지속 가능하다는 점에서 가치가 크다고 하겠습니다. 신재생 에너지 사업이 안정적으로 보급되기 위해서는 국가 차원의 장기적 정책과 지원이 필요합니다. 한국의 경우 '국가 에너지 기본 계획'을 수립하고 이를 위한 정책을 추진하고 있지만 지원은 부족한 실정입니다. 지난해 한국의 신재생 에너지 투자 성적은 주요 20개국 가운데 17위에 머물러, '세계 3대 신재생 에너지 강국으로 도약'이라는 거창한 목표가 무색한 성적입니다. 허울뿐인 정책만 내세우지 말고 실질적이고 전폭적인 지원을 할 때입니다.

정답   1. ②   2. ①

1. ① 세계 3대 에너지 강국이라는 목표를 세웠다는 말이지 3대 에너지 개발국이라는 말은 아니므로 답이 될 수 없다.
   ② 신재생 에너지는 고갈되지 않고 지속 가능하여 가치가 크다고 했으므로 답이 된다.
   ③ 지난해의 투자 성적을 말하고 있지 작년에 시작했다고 말하지 않았으므로 답이 될 수 없다.
   ④ 화석 에너지에 비해 효율이 떨어지지만 가치가 크기 때문에 지원이 필요하다고 했으므로 답이 될 수 없다.

2. 실질적이고 전폭적인 지원을 해야 한다고 강조하고 있으므로 ①이 답이 된다.
   ② 신재생 에너지의 위험성은 말하지 않았으므로 답이 될 수 없다.
   ③ 세계 3대 에너지 강국으로 도약한다는 목표를 말하고 있지 이에 대한 방법을 말한 것은 아니므로 답이 될 수 없다.
   ④ 허울뿐인 정책이 아니라 실질적인 지원을 요구하고 있으므로 답이 될 수 없다.

알아두기   **선택지에 자주 나오는 단어**

요구, 경고, 설명, 촉구, 옹호, 수용, 비판, 회의적, 제기, 지적, 환영, 전망

※ [3~4] 다음 토론을 듣고 물음에 답하십시오.

3. 들은 내용과 같은 것을 고르십시오.

① 정부는 지방의 문화 산업 활성화를 위해 투자를 늘렸다.
② 문화 관련 기관은 지방 이전에 대해 협조적인 분위기다.
③ 정부의 이번 정책은 지역의 균등한 발전을 목적으로 한다.
④ 문화 관련 기관은 예술 관련 단체의 반대로 이전이 보류되었다.

4. 남자의 태도로 알맞은 것을 고르십시오.

① 정책이 이대로 무산될까 경계하고 있다.
② 공공 기관의 지방 이전을 환영하고 있다.
③ 문화 관련 기관의 입장을 옹호하고 있다.
④ 정부의 태도 변화에 대해 비판하고 있다.

여자: 올해부터 공공 기관의 지방 이전이 가속화될 겁니다. 이는 지방의 균형 발전을 위해 꼭 필요한 일이지요. 그런데 문화 관련 기관들은 지방 도시로 내려가는 것에 난색을 표하고 있습니다. 수도권과 지방 간의 문화적 격차를 줄이기 위해 힘써야 할 기관들이 오히려 이런 태도를 보이다니, 반성해야 합니다.

남자: 문화 관련 기관이 그러는 데에는 다 이유가 있지요. 예술인과 예술 관련 단체가 수도권에 집중돼 있는 게 현실인데, 기관만 이전한다면 소통이 어려워져서 업무의 효율성이 떨어집니다. 문화적 격차를 줄이는 문제만 해도 기관 이전만이 능사는 아닙니다. 정부에서 문화 소외 지역에 투자를 늘리고 문화 산업과 지방 예술인을 육성한다면 무리한 기관 이전보다 효과가 크지 않을까요?

정답   3. ③   4. ③

3. ① 문화 산업 활성화를 한다면 효과가 있을 것이라고 했지 투자를 한 것은 아니므로 답이 될 수 없다.
   ② 문화 관련 기관들은 난색을 표한다고 했지 협조적인 것은 아니므로 답이 될 수 없다.
   ③ 공공 기관의 지방 이전은 지방의 균형 발전을 위해 꼭 필요한 일이라고 했으므로 답이 된다.
   ④ 문화 관련 기관들이 지방 이전에 대해 부정적이라는 말을 했지 예술 관련 단체가 반대한다는 말은 하지 않았으므로 답이 될 수 없다.

4. 문화 소외 지역에 투자 확대와 지방 예술인을 육성하는 것이 문화 관련 기관의 이전보다 효과가 더 클 것이라고 했으므로 ③이 답이 된다.

   ① 정책이 무산될까 염려하고 있는 것은 아니므로 답이 될 수 없다.
   ② 문화 관련 기관들이 이전을 원하지 않는 것은 이유가 있다고 말하고 있지 환영한다는 말은 아니므로 답이 될 수 없다.
   ④ 말하지 않았으므로 답이 될 수 없다.

유형 12 앞에 나온 내용 고르기 + 화자의 생각 파악하기 29~30번

듣기 전략
첫 번째 듣기에서 '화자의 태도 파악하기' 문제를 푼다.
두 번째 듣기에서 '앞에 나온 내용 고르기' 문제를 푼다.

전략
강의를 듣고 앞에 나온 내용을 추측해야 한다. 강의 앞부분에 이전의 내용을 짐작할 수 있는 단어나 표현, 또는 이전의 내용을 요약하는 문장이 나오므로 주의해서 듣는다.

※ [1~2] 다음 강의를 듣고 물음에 답하십시오.　27회 29~30번

1. 여자의 말 앞에 나온 내용으로 알맞은 것을 고르십시오.

　① 최근 지구촌 곳곳에 불어 닥친 한파
　② 소빙하기에 나타나는 일반적인 현상
　③ 여러 국가에서 겪고 있는 기근 상황
　④ 지난 소빙하기 때 일어났던 기상 이변

2. 여자의 생각과 같은 것을 고르십시오.

　① 특히 유럽 지역이 소빙하기의 위협에 노출되어 있다.
　② 지구가 머지않아 소빙하기를 맞이하게 될지도 모른다.
　③ 소빙하기로의 전환은 오랜 기간에 걸쳐 서서히 이루어진다.
　④ 소빙하기는 빙하기만큼 춥지만 기간이 짧아서 피해가 덜하다.

여자: 왜 자꾸 이런 일들이 생기는 걸까요? 저는 지구가 지금 작은 빙하기, 즉 소빙하기로 가고 있는 게 아닌지 의심됩니다. 소빙하기는 빙하기만큼은 아니지만 혹독한 한파가 몰려오는 시긴데요. 가장 최근의 소빙하기는 1300년대부터 1860년대에 이르는 기간이었죠. 당시 일부 유럽에서는 여름에 눈이 내렸고 스페인 남부에서도 강이 얼어 배를 운항할 수 없었답니다. 농사가 제대로 안돼서 대기근이 발생했고요. 과학자들은 우리가 그 심각성에 대해 미처 깨닫기도 전에 지구에 급격한 온도 변화가 찾아올 수 있다고 합니다. 만약 최근의 이런 일들이 지구가 또다시 소빙하기로 향하고 있다고 말해 주는 거라면 세계는 지금 무방비 상태로 혹한의 위협에 노출된 겁니다.

듣기

<table>
<tr><td>정답</td><td>1. ①　　2. ②</td></tr>
</table>

1. 앞서 생긴 일들 때문에 소빙하기가 아닌지 의심하고 있으므로 한파에 관한 여러 가지 사례가 나왔을 것임을 짐작할 수 있다. 따라서 ①이 답이 된다.

② 소빙하기에 나타나는 일반적인 현상을 유럽 일부 지역의 예를 들어 말하고 있으므로 답이 될 수 없다.
③ 과거에 대기근이 발생했던 적이 있음을 말하고 있으므로 답이 될 수 없다.
④ 지난 소빙하기 때 일어났던 현상들을 말하고 있으므로 답이 될 수 없다.

2. 소빙하기로 가고 있는 것이 아닌지 의심된다고 했으므로 ②가 답이 된다.

① 세계가 혹한의 위협에 노출되었다고 했으므로 답이 될 수 없다.
③ 소빙하기의 심각성을 깨닫기도 전에 급격한 온도 변화가 찾아온다고 했으므로 답이 될 수 없다.
④ 혹독한 한파이지만 빙하기보다는 덜하다고 했지 기간이 짧다고 말한 것은 아니므로 답이 될 수 없다.

※ [3~4] 다음 강의를 듣고 물음에 답하십시오.

3. 여자의 말 앞에 나온 내용으로 알맞은 것을 고르십시오.

① 렘브란트가 그린 작품들
② 렘브란트의 젊은 시절의 삶
③ 렘브란트 작품의 표현 방식
④ 렘브란트가 살던 시대의 배경

4. 여자의 생각과 같은 것을 고르십시오.

① 초라한 자화상에서 화가의 당당함을 엿볼 수 있다.
② 이 자화상은 성공을 과시하고자 하는 의도로 그려졌다.
③ 렘브란트는 작품에서 자신의 모습을 왜곡해서 표현했다.
④ 렘브란트의 비참한 말년은 그의 작품에 나타나 있지 않다.

여자: 그런데 이 그림을 한번 볼까요? 선명한 주름과 총기 잃은 눈, 거무튀튀한 눈 밑 그늘, 말라 버린 피부……. 이 노인, 누굴까요? (쉬고) 이건 그 위풍당당하고 거만했던 화가, 렘브란트의 노년기 자화상입니다. 아까 말한 것처럼 화려하고 성공한 인생을 누린 사람이라고는 믿어지지 않는 몰골이죠. 렘브란트는 이렇게 비참한 말년을 보냈습니다. 흑사병으로 가족을 먼저 떠나보내고 우울증에 걸린 채 파산자로 살았죠. 하지만 이 자화상은 그가 끝까지 화가로서의 자신감을 잃지 않았다는 걸 보여 줍니다. 초라하기 짝이 없는 자신의 모습을 감추려 하지 않고 만인 앞에 그대로 당당하게 드러내고 있지 않습니까? 당대 최고의 화가였던 그가 스스로를 아무것도 아닌 것으로 그릴 수 있다는 거, 정말 대단한 일인 것 같습니다.

정답	3. ②　　4. ①

3. '아까 말한 것처럼'을 통해 렘브란트가 젊었을 때 화려하고 성공한 인생을 살았다는 것을 알 수 있으므로 ②가 답이 된다.

①, ③, ④는 말하지 않았으므로 답이 될 수 없다.

4. 초라한 자신의 모습을 감추지 않고 당당하게 드러내고 있다고 말했으므로 ①이 답이 된다.

② 성공한 인생을 누린 젊은 시절이 아닌 노년기의 모습을 나타낸 자화상이므로 답이 될 수 없다.
③ 작품에서 자신의 노년기를 사실대로 나타내고 있다고 했으므로 답이 될 수 없다.
④ 비참한 말년을 그대로 묘사한 자화상이므로 답이 될 수 없다.

2교시
이해
영역
읽기

유형 분석

	문항 유형	문항 번호
1	신문 기사 제목 보고 내용 파악하기	31~32
2	글의 목적 파악하기	33~34
3	글의 주제문 고르기	35~36
4	글의 주제 고르기	37~38
5	글의 논리적 흐름 파악하기	39~41
6	세부 내용 파악하기	42~44
7	빈칸에 알맞은 말 고르기	45~46
8	중심 내용 고르기 + 빈칸에 알맞은 말 고르기	47~48
9	중심 내용 고르기 + 세부 내용 파악하기	49~50
10	글의 목적 파악하기 + 빈칸에 알맞은 말 고르기	51~52
11	문학 작품 속 인물 파악하기 + 세부 내용 파악하기	53~54
12	앞에 올 내용 고르기 + 세부 내용 파악하기 + 빈칸에 알맞은 말 고르기	55~57
13	제목 고르기 + 세부 내용 파악하기 + 빈칸에 알맞은 말 고르기	58~60

전략 주어진 기사 제목을 보고 그 의미를 잘 나타낸 문장을 찾아야 한다.
명사 또는 앞뒤 내용의 연관 관계를 파악하여 잘 풀어 쓴 것을 고른다.

※ [1~2] 다음은 신문 기사의 제목입니다. 가장 잘 설명한 것을 고르십시오.

1. 24회 31번

> 때 이른 더위, 여름 상품 매출은 연일 상승 곡선

① 더위가 일찍 시작되는 바람에 여름 상품의 가격이 갑자기 올랐다.
② 더위가 일찍 시작됨에 따라 여름 상품의 판매량이 나날이 늘고 있다.
③ 더위가 일찍 시작되는 바람에 여름 상품의 생산이 차츰 많아지고 있다.
④ 더위가 일찍 시작됨에 따라 여름 상품의 판매 시기가 한발 앞당겨졌다.

2. 25회 31번

> 한국 영화 줄줄이 흥행, 극장가 북적

① 한국 영화가 잇따라 흥행에 성공하여 극장가가 붐비고 있다.
② 한국 영화가 한창 흥행하고 있지만 극장가가 예전 같지 않다.
③ 한국 영화가 갑자기 흥행하기 시작하자 극장가가 붐비고 있다.
④ 한국 영화가 점차 흥행에 성공하고 있지만 극장가가 예전 같지 않다.

정답 1. ②   2. ①

1. '때 이른 더위'라는 말은 더위가 일찍 시작되었다는 것이고 '매출은 연일 상승 곡선'이라는 말은 판매가 계속 늘고 있다는 것이다. 앞 문장이 뒤 문장의 이유가 되고 있으므로 '-는 바람에'와 '에 따라'가 모두 가능하지만 '매출의 상승'은 '판매량이 늘고 있다'는 의미와 어울리므로 주로 부정적인 결과에 사용하는 '-는 바람에'는 어울리지 않는다. 따라서 ②가 답이 된다.

2. '줄줄이'는 '연이어', '잇따라'와 같이 어떤 상황이 계속 일어난다는 의미이고 '북적이다'는 사람들이 많이 몰려 붐빈다는 의미이므로 ①이 답이 된다.

※ **[3~4] 다음은 신문 기사의 제목입니다. 가장 잘 설명한 것을 고르십시오.**

3.

유가 급등, 물가 관리 '빨간 불'

① 기름 값이 서서히 올라서 물가를 관리하기가 쉬워질 것으로 예상된다.
② 기름 값이 급격히 올라서 물가 관리에 어려움을 겪을 것으로 예상된다.
③ 기름 값이 서서히 떨어져서 물가를 관리하기가 쉬워질 것으로 예상된다.
④ 기름 값이 급격히 떨어져서 물가 관리에 어려움을 겪을 것으로 예상된다.

4.

딱딱한 졸업식은 이제 그만, 이색 행사 만발

① 특별한 행사들로 인해 앞서 진행되던 졸업식이 중단되었다.
② 특색 없는 졸업식을 반대하는 학생들의 움직임이 증가하고 있다.
③ 재미없는 졸업식 대신 외부 행사에 참여하는 학생들이 늘고 있다.
④ 형식적이던 졸업식이 여러 가지 특별한 행사들로 다채로워지고 있다.

정답 　3. ②　　4. ④

3. '급등'이란 급격하게 오른다는 의미이며 '빨간 불'은 신호등의 빨간불처럼 진전이 안 되고 어렵다는 의미이므로 ②가 답이 된다.

4. 앞뒤 문장은 서로 대조되는 내용으로, 딱딱한 졸업식 대신에 어떤 행사가 이루어지고 있음을 알 수 있다. 행사가 원인이 되어 졸업식이 중단된 것이 아니므로 ①은 답이 될 수 없다. '만발'은 '증가하다', '늘다', '다채롭다'와 바꿔 쓸 수 있지만 행사가 늘어난 것이지 학생들이 증가한 것은 아니므로 ②, ③도 답이 될 수 없다. 따라서 뒤 문장의 의미를 가장 잘 설명한 ④가 답이 된다.

전략
전체적인 내용을 파악하여 글쓴이가 이 글을 왜 썼는지를 찾는다.
선택지에 제시된 목적에 따라 글에 어떤 내용이 나올지 생각해 보면 정답을 찾는 데에 도움이 된다.

※ 다음 글을 쓴 목적으로 가장 알맞은 것을 고르십시오.

1.   24회 34번

> 뮤지컬은 노래, 춤, 연기의 세 가지 요소가 잘 어우러진 종합 공연물이다. 뮤지컬의 전신은 뮤지컬 코미디이다. 제1차 세계 대전 후 대공황을 겪으며 대중들은 유쾌하고 즐거운 문화를 갈망했다. 대중들의 이러한 요구와 잘 맞아떨어진 뮤지컬 코미디는 이후 본격적인 공연 예술로 성장하여 현재의 뮤지컬이 되었다.

① 뮤지컬과 대중문화의 관계를 설명하기 위해
② 뮤지컬 탄생의 역사적 배경을 설명하기 위해
③ 뮤지컬이 갖추어야 할 요건을 설명하기 위해
④ 뮤지컬과 뮤지컬 코미디의 차이를 설명하기 위해

정답   1. ②

풀이

1. 뮤지컬에 대한 설명이다. 뮤지컬의 전신인 뮤지컬 코미디가 제1차 세계 대전 후에 생겨났다는 시대적 배경을 설명하고 있으므로 ②가 답이 된다.

① 뮤지컬이 대중의 요구에 잘 맞아떨어진다고 했지 대중문화와의 관계를 설명한 것은 아니므로 답이 될 수 없다.

③ 뮤지컬의 요소를 노래, 춤, 연기라고 했지 그에 대한 구체적인 요건을 말하지 않았으므로 답이 될 수 없다.

④ 뮤지컬의 전신이 뮤지컬 코미디라고 했지 차이를 설명한 것은 아니므로 답이 될 수 없다.

※ 다음 글을 쓴 목적으로 가장 알맞은 것을 고르십시오.

2.

25회 33번

> 훌륭한 상사는 업무를 추진할 때 그 방향이 명확하다. 불합리한 방법으로 의사를 결정하거나 부하 직원에게 부당한 업무를 지시하지도 않는다. 그리고 부하 직원의 의견과 인격을 존중해 주고 업무를 처리할 때 권위 의식을 내세우지도 않는다. 이렇듯 업무 능력이 뛰어나면서도 동시에 부하 직원을 인간적으로 대하는 상사가 좋은 상사라 할 수 있다.

① 훌륭한 상사의 업무 능력을 설명하기 위해
② 좋은 상사가 갖춰야 할 요건을 설명하기 위해
③ 상사의 합리적 의사 결정 방법을 설명하기 위해
④ 상사가 부하 직원을 대하는 태도를 설명하기 위해

정답   2. ②

2. 좋은 상사가 갖춰야 할 업무 능력이나 부하 직원을 대하는 태도에 대해 이야기하고 있으므로 ②가 답이 된다.

① 훌륭한 상사의 업무 능력을 말하고 있지만 부분적인 내용이므로 답이 될 수 없다.
③ 합리적으로 의사를 결정해야 한다고 말하고 있지만 부분적인 내용이므로 답이 될 수 없다.
④ 부하 직원을 대하는 태도를 말하고 있지만 부분적인 내용이므로 답이 될 수 없다.

3.　　　　　　　　　　　　　　　　　　　　　　　　　　　　26회 34번

> 　한국의 국보 제32호이자 유네스코 세계기록문화유산인 합천 해인사의 대장경판은 흔히 팔만대장경으로 불린다. 불경을 새긴 경판의 수가 무려 81,258장이어서 한문을 잘 아는 사람이 하루에 여덟 시간씩 읽어도 30년 이상 걸린다. 팔만대장경에는 부처님의 가르침과 옛 스님들의 사상뿐만 아니라 인도와 그리스 철학까지 아울러 담겨 있다.

① 팔만대장경의 제작 과정을 설명하기 위해
② 팔만대장경의 역사적 가치를 밝히기 위해
③ 팔만대장경의 철학적 배경을 분석하기 위해
④ 팔만대장경의 규모와 내용을 소개하기 위해

정답　　　3. ④

풀이

3. 글의 앞부분에서 팔만대장경으로 불리는 이유와 읽는 데 걸리는 시간을 통해 어느 정도의 분량인지 말하고 있고, 뒷부분에서는 어떤 내용이 담겨 있는지 설명하고 있다. 따라서 ④가 답이 된다.

① 제작하는 과정에 대한 설명은 없으므로 답이 될 수 없다.
② 국보이자 유네스코 세계기록문화유산이므로 역사적인 가치를 알 수 있으나 이러한 가치를 밝히기 위한 글이 아니라 소개하는 글이므로 답이 될 수 없다.
③ 팔만대장경의 내용 중에 인도와 그리스 철학이 있다는 사실을 소개하였을 뿐 왜 그러한 것이 담겨 있는지 분석한 것은 아니므로 답이 될 수 없다.

※ 다음 글을 쓴 목적으로 가장 알맞은 것을 고르십시오.

4.

28회 33번

> 동양의 종은 종의 바깥 부분을 막대기로 쳐서 소리를 내고 서양의 종은 안에 추가 있어 종 전체를 흔들어 소리를 낸다. 때문에 서양의 종은 동양의 종처럼 크게 만들 수는 없지만 여러 개의 종을 한 조로 하여 다양한 멜로디를 낼 수 있다. 반면 동양의 종은 매달아 치는 것이기 때문에 크게 만들 수 있어 그 소리를 웅장하게 할 수 있다.

① 동서양의 종을 비교하기 위해
② 동서양의 종 모양을 묘사하기 위해
③ 동서양 종의 관계를 분석하기 위해
④ 동서양 종의 유래를 소개하기 위해

정답　　4. ①

4. 동양과 서양의 종이 소리를 내는 방법에 차이가 있으며 그 소리가 어떻게 다른지 비교하고 있으므로 ①이 답이 된다.

② 소리의 차이에 대해 묘사한 부분은 있으나 모양에 대한 묘사는 없으므로 답이 될 수 없다.
③ 동서양 종의 차이를 설명한 것이지 어떤 관계가 있는지는 알 수 없으므로 답이 될 수 없다.
④ 유래에 관한 설명은 전혀 없으므로 답이 될 수 없다.

전략　글에서 말하고자 하는 중심 내용이 담긴 문장과 그것에 대한 배경 또는 추가 설명하는 문장을 구분해야 한다.

※ 다음 글의 주제문으로 가장 알맞은 것을 고르십시오.

1.　24회 35번

> ㉠어린이들은 놀이터에서 시간을 보내며 '함께 어울리는 것의 즐거움'을 배운다. ㉡그래서 놀이터는 언제나 어린이들의 웃음소리로 시끌벅적하다. ㉢이처럼 소중한 공간이 요즘은 어린이들에게 위협적인 존재가 되고 있다. ㉣많은 놀이터의 시설물들이 노후하여 어린이들의 안전사고가 속출하고 있기 때문이다.

① ㉠　　　② ㉡　　　③ ㉢　　　④ ㉣

정답　1. ③

1. 어린이들이 놀이터에서 보내는 즐거움에 대해서 이야기하고 있다. 어린이들의 놀이터가 함께 어울리는 소중한 공간인데 요즘에는 오히려 위협적인 존재가 되었다는 사실을 말하고 있다. 따라서 글쓴이의 의도가 담긴 ③이 답이 된다.

㉠은 어린이에게 있어 놀이터의 의미를, ㉡은 시끌벅적한 놀이터의 모습을, ㉣은 시설물 노후로 인해 안전사고가 많다는 사실을 설명하고 있다.

※ 다음 글의 주제문으로 가장 알맞은 것을 고르십시오.

2.

> ㉠지방은 가장 많은 에너지를 내며 체온 조절과 세포막 형성에 관여하는 영양소이다. ㉡그러나 지방이 각종 성인병의 원인이라는 인식이 퍼지면서 지방이 들어간 음식을 꺼리는 사람들이 많다. ㉢건강을 위해서는 하루 필요 에너지 양의 25%를 지방에서 얻어야 한다. ㉣특히 항상 피곤하고 스트레스를 많이 받는 사람은 더욱 그러하다.

① ㉠　　　　　② ㉡　　　　　③ ㉢　　　　　④ ㉣

정답　　2. ③

2. 여러 영양소 중에서 지방의 필요성에 대해서 이야기하고 있다. 지방이 성인병의 원인이라는 인식 때문에 사람들이 꺼리고 있지만 지방은 하루 필요 에너지를 얻는 중요한 영양소임을 강조하는 ③이 답이 된다.

㉠은 지방이 어떤 영양소인지 말하고 있고 ㉡은 사람들이 지방을 꺼리는 이유에 대한 설명이며 ㉣은 지방이 특히 필요한 대상에 대해 말하고 있다.

※ 다음 글의 주제문으로 가장 알맞은 것을 고르십시오.

3.

27회 35번

> ㉠사람들은 살아가면서 자신의 단점을 감추고자 하는 노력과 장점을 살리고자 하는 노력을 동시에 한다. ㉡그러나 치열한 삶 속에서 두 가지를 다 하는 것은 시간을 낭비하는 일일 수도 있다. ㉢경쟁력 있는 삶을 살아가기 위해서는 장점을 살리는 쪽에 집중해야 한다. ㉣장점은 자신감을 형성하는 데에 도움이 되기 때문이다.

① ㉠   ② ㉡   ③ ㉢   ④ ㉣

  3. ③

3. 사람들은 모두 장점과 단점을 가지고 있으나 경쟁력 있는 삶을 위해서는 장점을 살려야 한다는 이야기를 하고 있으므로 ③이 답이 된다.

㉠, ㉡은 중심이 되는 내용을 말하기 위한 배경이며 ㉣은 앞 문장에 대한 이유이지 중심 내용은 아니므로 답이 될 수 없다.

※ 다음 글의 주제문으로 가장 알맞은 것을 고르십시오.

4. 28회 35번

> ㉠책꽂이에 빼곡히 꽂혀 있는 책들 가운데 보지 않는 책들을 어떻게 처리해야 할지 고민하는 사람들이 많다. ㉡버리자니 아깝고 가지고 있자니 책꽂이가 비좁아 관리가 힘들기 때문이다. ㉢이럴 때는 책의 활용도를 높이기 위해 다른 사람과 책을 바꿔 보는 것이 좋다. ㉣나에게 필요 없는 책들이 다른 사람에게는 필요할지도 모르니 말이다.

① ㉠　　　　　② ㉡　　　　　③ ㉢　　　　　④ ㉣

읽기

정답　4. ③

4. 책꽂이의 책을 처리하기 위해 고민하는 사람들에게 책꽂이를 어떻게 하면 잘 관리할 수 있을지에 대해 말하고 있다. 보지 않는 책들을 어떻게 처리할 것인지 방법을 제시한 ③이 답이 된다.

㉠은 중심이 되는 내용을 말하기 전의 배경이며 ㉡, ㉣은 앞 문장에 대한 이유이지 중심 내용은 아니므로 주제가 될 수 없다.

> **전략 1**   선택지를 바탕으로 제시문을 읽으면서 글쓴이가 나타내고자 하는 가장 중요한 내용을 찾아야 한다. 선택지 중 제시문에 나오지 않거나 일부만 맞는 내용은 답이 될 수 없다.

※ 다음 글의 주제로 가장 알맞은 것을 고르십시오.

1. 24회 38번

> 남자는 특정한 물건을 잘 찾지 못하지만 여자는 상대적으로 남자보다 쉽게 찾는다. 이것은 남자와 여자가 각각 다른 방식으로 환경에 적응한 데서 비롯되었다. 남자는 특정 목표물을 볼 수 있도록 시야가 좁게 조정되어 왔다. 좁은 시야는 사냥과 같이 멀리 있는 사물을 정확하게 보는 데 적합하기 때문이다. 반면, 여자는 아이를 보살피고 집을 수호해야 했기 때문에 집 주변을 감시할 수 있도록 시야가 넓게 조정된 것이다.

① 남자와 여자는 서로 경쟁하며 살아간다.
② 남자와 여자의 삶의 방식은 선천적으로 다르다.
③ 남자와 여자의 시야 차이는 환경에 순응한 결과이다.
④ 남자와 여자의 시야는 감시와 보호에 적합하도록 발달했다.

정답   1. ③

1. 남자와 여자의 차이에 대해 비교하고 있다. 남자가 특정 물건을 잘 찾지 못하고, 여자가 쉽게 찾게 된 까닭에 대해 '다른 방식으로 환경에 적응한 데서 비롯되었다.'라고 했으므로 ③이 답이 된다.

① 남자와 여자가 경쟁한다는 내용은 말하지 않았으므로 답이 될 수 없다.
② 삶의 방식이 선천적으로 다른 것이 아니고 남자는 사냥을 하고, 여자는 아이를 보살피는 후천적인 환경에 순응한 결과이므로 답이 될 수 없다.
④ 여자가 감시와 보호에 적합하다고 했으므로 답이 될 수 없다.

※ 다음 글의 주제로 가장 알맞은 것을 고르십시오.

2.　　　　　　　　　　　　　　　　　　　　　　　　　　27회 38번

> 　역사적 사건은 종종 선언과 함께 시작된다. 예를 들어 프랑스 혁명은 프랑스 인권 선언으로 시작됐고, 3·1 운동은 독립 선언과 함께 시작됐다. 역사적 선언뿐 아니라 개인적으로도 선언은 매우 뜻있는 일이다. 혼자 다짐하는 경우에는 나만의 약속이므로 상황에 따라 실천에 옮기지 않을 수도 있지만 선언은 공개적인 표명이므로 행동이 이어져야 한다. 다른 사람 앞에서 나의 결심을 드러내는 것은 혼자 다짐하는 것과는 큰 차이가 있는 것이다.

① 개인적 선언과 역사적 선언은 차이가 있다.
② 선언은 실천하겠다는 의지를 나타내는 말이다.
③ 실천 유무가 다짐과 선언을 구분하는 기준이다.
④ 공개적인 약속 못지않게 혼자의 다짐도 중요하다.

정답　　2. ②

2. 선언이 매우 뜻있는 것은 실천에 옮기지 않을 수도 있는 나만의 약속이 아니라 행동이 따라야 하는 공개적인 표명이기 때문이다. 선언이 혼자 다짐하는 것과 어떤 차이가 있는지를 잘 설명하고 있는 ②가 답이 된다.

① 역사적인 선언뿐 아니라 개인적 선언도 뜻있다고 했으므로 답이 될 수 없다.
③ 다짐은 실천하지 않을 수도 있다고 했지 실천하지 않는 것은 아니다. 실천의 유무로만 다짐과 실천을 구분할 수는 없으므로 답이 될 수 없다.
④ 혼자의 다짐보다 공개적인 약속이 뜻있는 이유를 말하고 있으므로 답이 될 수 없다.

3.

28회 37번

> 말을 하면서 사용하는 몸짓언어는 의도하지 않아도 상대방에게 어떤 의미를 전달하게 된다. 이야기 도중 내용을 강조하기 위해 손을 치켜드는 것, 이해가 되지 않을 때 미간을 찡그리는 것과 어깨를 으쓱 올리는 행동 등은 대화자 간의 의사소통의 흐름을 관리하고 조절해 준다. 몸짓언어를 잘 파악하는 사람은 상대의 마음을 잘 읽을 수 있어 보다 나은 소통자가 될 수 있다.

① 몸짓언어는 원활한 의사소통을 하는 데 도움이 된다.
② 하나의 몸짓언어에 담긴 다양한 의미를 알아야 한다.
③ 과도한 몸짓언어는 대화에 오히려 방해가 될 수 있다.
④ 의사소통을 할 때는 몸짓의 의미를 먼저 파악해야 한다.

   3. ①

3. 몸짓언어를 잘 파악하는 사람은 보다 나은 소통자가 될 수 있다고 했으므로 ①이 답이 된다.

풀이
② 하나의 몸짓언어에 담긴 다양한 의미를 제시한 것이 아니라 여러 가지 몸짓언어의 예를 들었으므로 답이 될 수 없다.
③ 몸짓언어가 대화자 간의 의사소통의 흐름을 관리하고 조절해 준다고 했으므로 방해가 되는 것이 아니라 오히려 도움을 준다고 할 수 있다. 따라서 답이 될 수 없다.
④ 몸짓언어는 말을 하면서 의미를 전달하는 것이지 의사소통 전에 파악하는 것은 아니므로 답이 될 수 없다.

※ 다음 글의 주제로 가장 알맞은 것을 고르십시오.

4.　　26회 37번

> 　최근 고객 서비스의 제공 범위를 분명히 제시하는 기업이 늘고 있다. 서비스 제공에 앞서 가능한 것과 불가능한 것을 구분해 알려 줌으로써 처음부터 고객이 불가능한 서비스에 기대를 갖지 않게 하려는 것이다. 이렇게 제한 사항을 둠으로써 고객이 실망하는 일이 줄고 결과적으로 고객 만족도가 높아진다는 생각이다. 그러나 진정으로 고객을 만족시키기 위해서는 고객의 기대를 능가하는 서비스를 하려는 노력이 언제나 가장 우선해야 한다.

① 고객의 기대를 낮춤으로써 고객의 만족도를 높일 수 있다.

② 고객을 만족시키려면 고객을 실망시키지 않도록 해야 한다.

③ 고객을 만족시키려면 고객의 기대를 뛰어넘는 서비스를 해야 한다.

④ 고객의 기대에 맞춰 서비스를 다양화하면 고객의 만족도를 높일 수 있다.

정답　　4. ③

4. 기업들의 고객 서비스에 대해 이야기하고 있다. 기대를 뛰어넘는 서비스를 하는 것이 진정한 고객 만족이라고 했으므로 ③이 답이 된다.

풀이

① 고객이 기대를 갖지 않게 하는 것은 진정한 고객 만족이 아니라고 했으므로 답이 될 수 없다.

② 실망이 줄면 고객 만족도가 높아진다는 것은 기업의 생각이므로 답이 될 수 없다.

④ 기대를 넘어서는 서비스를 하려는 노력이 필요하다고 했지 서비스를 다양화해야 한다는 말은 하지 않았으므로 답이 될 수 없다.

전략　제시문을 읽고 전체 내용을 파악한 후에 보기로 주어진 문장을 넣었을 때 의미상 자연스러운 곳을 찾아야 한다. 이때 접속어를 통해 문장의 앞뒤 관계를 파악하는 것이 중요하다.

※ 다음 글에서 〈보기〉의 문장이 들어가기에 가장 알맞은 곳을 고르십시오.

1.　24회 39번

> 지문은 손가락 안쪽 면에 있는 무늬를 말한다. (㉠) 지문의 모양은 사람마다 다르기 때문에 범죄 수사에 자주 활용된다. (㉡) 지문은 굴곡을 이루고 있는데 이것이 손의 미끄럼을 방지해 준다. (㉢) 컵을 잡았을 때 컵이 빠져나가지 않도록 해 주는 것이 지문의 역할이다. (㉣)

〈보 기〉

하지만 인간에게 지문이 있는 이유는 다른 데 있다.

① ㉠　　　② ㉡　　　③ ㉢　　　④ ㉣

정답　1. ②

1. 지문의 정의와 역할에 대해 이야기하고 있다. 사람마다 지문이 달라 범죄 수사에 활용되는 것이 지문의 첫 번째 역할이다. 그 다음 역할에 대해 설명하기 전에 〈보기〉의 문장이 들어가야 가장 자연스러우므로 ②가 답이 된다.

※ 다음 글에서 〈보기〉의 문장이 들어가기에 가장 알맞은 곳을 고르십시오.

2. 25회 41번

　　한국 영공을 지나는 항공기를 통제하는 제2항공교통센터 건설 부지가 최종적으로 확정됐다. (㉠) 현재 국내에는 항공교통센터가 한 곳만 설치되어 있는 실정이다. (㉡) 그런데 테러 등의 비상 상황이 발생할 경우 한국 영공을 지나는 국내외 항공기 운항이 마비될 수 있다는 우려가 계속 제기돼 왔다. (㉢) 그러자 정부는 제2항공교통센터의 건설 작업을 당초 일정보다 시일을 앞당겨 추진하게 되었다. (㉣)

〈보 기〉

실제 작년 말에 항공교통센터의 시스템에 장애가 발생해 항공기 이십여 대의 이륙이 지연되는 사태가 발생한 바 있다.

① ㉠　　　　② ㉡　　　　③ ㉢　　　　④ ㉣

---

　　2. ③

2. 항공교통센터에 대해 이야기하고 있다. 항공기 운항의 마비를 가져올 수 있는 비상 상황을 이야기하고 있는 문장 뒤에 구체적인 예로 〈보기〉의 문장이 들어가는 것이 가장 자연스럽다. 따라서 ③이 답이 된다.

3.

26회 40번

> 어떤 것을 열심히 하고자 할 때 '이를 악물고 죽기 살기로 하겠다.'는 표현을 쓴다. 하지만 이런 행동은 치아 건강에 매우 좋지 않다. (㉠) 치아는 떨어져 있어야 치아와 주위 근육에 무리를 주지 않는다. (㉡) 이때 통증은 쉽게 사라지지만, 치아 자체에는 돌이킬 수 없는 타격을 줄 수 있다. (㉢) 씹을 때마다 치아가 시큰거리고, 심한 경우 치아에 금이 갈 수도 있다. (㉣)

〈보 기〉

> 30초만 치아를 악물고 있어도 금세 안면 근육에 피로가 오며 근육통이나 두통이 생기게 된다.

① ㉠　　　　　② ㉡　　　　　③ ㉢　　　　　④ ㉣

정답　　3. ②

3. 치아 건강에 대해서 이야기하고 있다. 〈보기〉에서 근육통이나 두통을 말하고 있으므로 '통증'을 언급한 문장 앞에 들어가야 자연스럽다. 따라서 ②가 답이 된다.

풀이

※ 다음 글에서 〈보기〉의 문장이 들어가기에 가장 알맞은 곳을 고르십시오.

4.

> 한낮에는 머리 위의 태양빛이 대기층을 수직으로 통과하기 때문에 대기를 통과하는 거리가 짧다. (㉠) 그런데 태양이 지평선 부근에 있는 저녁이나 아침에는 태양빛이 우리에게 도달할 때까지 대기층을 더 오래 통과한다. (㉡) 따라서 아침이나 저녁에 대기층을 통과하는 빛은 더 많은 공기와 부딪쳐 흩어진다. (㉢) 공기 중의 수증기와 먼지가 이런 효과를 더욱 크게 하여 해가 뜨고 질 때 태양빛은 더욱 붉어진다. (㉣)

〈보 기〉

이로 인해 태양빛은 노란색에서 주황색으로, 그리고 붉은색으로 변한다.

① ㉠   ② ㉡   ③ ㉢   ④ ㉣

4. ③

4. 태양빛이 변하는 현상에 대해 이야기하고 있다. 〈보기〉에서 태양빛이 여러 가지로 변한다는 말을 하고 있으므로 이러한 변화가 생기는 이유를 모두 설명하고 난 뒤에 들어가야 자연스럽다. 마지막 문장은 이러한 효과를 보충 설명하고 있으므로 답은 ③이 된다.

※ 다음 글에서 〈보기〉의 문장이 들어가기에 가장 알맞은 곳을 고르십시오.

5. 27회 39번

사진을 촬영할 때 무의식적으로 가로로 찍게 되는 경우가 많다. (㉠) 가로 사진이 세로 사진보다 안정된 느낌을 주며 카메라의 구조상 가로로 촬영하는 것이 편하기 때문이다. (㉡) 그렇지만 때에 따라서는 세로로 찍는 것이 효과적일 때도 있다. (㉢) 가로로 찍느냐 세로로 찍느냐는 단순히 사진 모양을 결정하는 것이 아니라 좋은 사진을 찍기 위한 하나의 원리라고 할 수 있다. (㉣)

〈보 기〉

가로 사진은 주변 분위기가 잘 표현되는 반면 세로 사진은 촬영 대상이 더 돋보이는 특징이 있다.

① ㉠   ② ㉡   ③ ㉢   ④ ㉣

정답 5. ③

5. 사진 촬영 방법에 대해 이야기하고 있다. 〈보기〉의 문장은 가로 사진과 세로 사진의 특징을 비교하고 있다. 따라서 가로와 세로로 찍는 경우 뒤에 들어가는 것이 자연스러우므로 ③이 답이 된다.

※ 다음 글에서 〈보기〉의 문장이 들어가기에 가장 알맞은 곳을 고르십시오.

6.

우유를 데우다 보면 우유 표면에 얇은 막이 생기는 것을 발견할 수 있다. (㉠) 40도 이상의 온도에서 열을 가할 때 우유 표면에 단백질과 지방이 응고되면서 생기는 것이다. (㉡) 이것은 열로 인해 단백질이 응고된 것일 뿐 인체에는 해가 되지 않으므로 먹어도 무방하다. (㉢) 대신 우유에서 막을 걷어 내면 원래보다 조금 묽어진다. (㉣)

〈보 기〉

비만이 걱정이라면 단백질과 지방을 조금이라도 줄일 수 있도록 막을 없애고 마시는 편이 낫다.

① ㉠　　　　② ㉡　　　　③ ㉢　　　　④ ㉣

정답　　6. ③

6. 우유를 데울 때 막이 생기는 이유와 막의 성분, 막을 없앨 경우의 차이에 대해 이야기하고 있다. 〈보기〉의 문장은 막을 없애고 마실 경우의 효과에 관한 것이다. 막을 먹어도 무방하지만 막을 없애고 마시는 것은 어떤 경우인지, 막을 같이 마시는 것과 없애고 마시는 것에 어떤 차이가 있는지를 이야기하는 것이 글의 흐름에 가장 자연스러우므로 ③이 답이 된다.

전략 제시문을 읽고 전체 내용을 파악한다. 선택지를 보고 제시문에서 관련된 내용을 확인한다. 이때 제시문에 나오지 않은 내용은 답이 될 수 없다.

※ 다음을 읽고 내용이 같은 것을 고르십시오.

1.   24회 44번

> 분수 설계자는 분수를 하나의 예술 작품으로 승화시키는 일을 한다. 이들은 음악 분수, 바닥 분수, 인공 폭포 등 다양한 형태의 시설을 설계하고 디자인한다. 이들에게 분수는 단지 물이 뿜어져 나오는 구조물이 아니다. 그림을 그려 넣어 미술관 같은 분수로, 조명을 비추어 생동하는 분수로, 음악을 틀어 연주하는 분수로 작품화하는 것이다. 분수는 우리에게는 단지 조형물일 뿐이지만 분수 설계자에게는 하나의 작품인 것이다.

① 음악 분수는 빛과 리듬으로 물을 솟아오르게 한다.
② 분수를 설계하는 일은 예술 작품을 만드는 것이다.
③ 미술관에 설치된 분수들은 주로 그림이 그려져 있다.
④ 분수를 설계하여 도시를 자연 친화적으로 바꿀 수 있다.

정답   1. ②

1. 분수의 설계자에 대해 이야기하고 있다. 이들은 분수를 단지 설계하고 디자인하는 것이 아니라 작품화한다고 했으므로 ②가 답이 된다.

① 음악 분수는 음악을 틀어 연주하는 분수라고 했지 빛과 리듬으로 물을 솟아오르게 한다는 말은 하지 않았으므로 답이 될 수 없다.
③ 미술관 같은 분수라고 했지 미술관에 설치된 분수라는 말은 하지 않았으므로 답이 될 수 없다.
④ 분수를 설계하는 것은 하나의 작품을 만드는 일이라고 했지 도시를 자연친화적으로 바꿀 수 있다는 말은 하지 않았으므로 답이 될 수 없다.

※ 다음을 읽고 내용이 같은 것을 고르십시오.

2.

25회 43번

> 　선비는 조선 시대에 유교적 이념을 생활 속에서 구현하던 사람이다. 선비에게는 학문에 정진하는 일 외에도 가정을 다스리는 일과 손님을 접대하는 일이 중시되었다. 선비는 부모를 받들어 공경하고 또 예의를 갖춰 조상신을 모심으로써 친족 공동체의 유대 의식을 강화했다. 또한 손님을 잘 접대함으로써 사회 공동체에서 인간관계를 넓히는 데 노력하였다. 집에 손님이 많이 드나드는 것이 곧 가문이 융성하다는 것을 의미한다고 여겼기 때문이다.

① 선비는 제사를 통해 친족 간의 관계를 돈독히 했다.
② 선비는 현실의 유교적 관습을 개혁하려고 노력했다.
③ 선비는 사회 공동체보다 가정을 우선적으로 생각했다.
④ 선비는 손님 접대를 통해 가문을 융성하게 만들려고 했다.

2. ①

2. 조선 시대 선비에 대해 이야기하고 있다. 선비는 조상신을 모심으로써 친족 공동체 유대 의식을 강화한다고 했으므로 ①이 답이 된다.

　② 선비는 유교적 이념을 생활 속에서 구현하던 사람이라고 했으므로 답이 될 수 없다.
　③ 사회 공동체와 가정을 비교하지 않았으므로 답이 될 수 없다.
　④ 선비는 손님을 접대하여 인간관계를 넓히려고 했지 가문을 융성하게 하려고 한 것은 아니므로 답이 될 수 없다.

※ 다음을 읽고 내용이 같은 것을 고르십시오.

3.

> 　앞으로는 신용 카드 해지가 한결 수월해질 전망이다. 금융위원회는 카드 해지 시도 시 카드 회사들이 상담원 연결을 지연시키거나 연회비 면제, 포인트 적립을 제안하여 카드 유지를 유도하는 행위를 금지하기로 했다. 특히 1년 이상 사용하지 않은 휴면 카드는 카드사가 고객에게 해지 여부를 물어야 하며, 고객의 응답이 없으면 사전 통보를 거쳐 자동으로 해지할 수 있게 했다.

① 향후 신용 카드 연장 절차가 간소화될 전망이다.
② 지금까지는 신용 카드 해지를 전화로 신청할 수 없었다.
③ 앞으로 휴면 카드 보유 건수가 늘어날 것으로 예상된다.
④ 이제부터 고객의 동의가 없어도 휴면 카드 해지가 가능하다.

정답　　3. ④

풀이

3. 신용 카드 해지에 대해 이야기하고 있다. 고객의 응답이 없을 경우, 사전 통보를 거쳐 자동으로 해지할 수 있다고 했으므로 ④가 답이 된다.

① 해지에 대해 이야기하고 있지 연장을 말하는 것은 아니므로 답이 될 수 없다.
② 전화 연결이 지연된다고 했지 신청할 수 없었다는 말은 아니므로 답이 될 수 없다.
③ 휴면 카드의 해지 절차가 간소화되어 보유 건수가 줄어들 것으로 전망할 수 있으므로 답이 될 수 없다.

※ 다음을 읽고 내용이 같은 것을 고르십시오.

4.

> 가상의 공간에서 진행되는 외국어 수업이 학습자들의 관심을 끌고 있다. 여러 사람이 사이버 공간에 들어와 자신의 캐릭터를 만들고 서로 만나 외국어로 의사소통을 한다. 현실에서 소극적이고 부끄러움을 많이 타는 사람들도 가상의 공간에서는 익명성이 보장되므로 마음껏 자신의 생각이나 의견을 표현한다. 이 가상 수업은 게임처럼 여겨져서 흥미를 잃지 않고 계속할 수 있다는 장점도 있다.

① 학습자들은 이 가상 수업에 실명으로 참여해야 한다.
② 이 수업은 재미있는 게임으로 구성되어 지루하지 않다.
③ 가상 공간보다 실제 교실이 외국어 학습에 더 효과적이다.
④ 이 수업에는 평소 활발하지 않은 사람들도 적극적으로 참여한다.

정답   4. ④

4. 가상 공간에서의 외국어 수업에 대해 이야기하고 있다. 소극적인 사람들도 마음껏 생각이나 의견을 표현한다고 했으므로 ④가 답이 된다.

풀이

① 익명성이 보장된다고 했으므로 답이 될 수 없다.
② 게임처럼 여겨진다고 했지 게임으로 구성되었다는 말은 아니므로 답이 될 수 없다.
③ 가상 공간에서의 수업이 관심을 끌고 있는 이유에 대해 말하고 있으므로 답이 될 수 없다.

※ 다음을 읽고 내용이 같은 것을 고르십시오.

5.

27회 43번

> 할미꽃은 구부러진 줄기의 모습이 허리 굽은 할머니를 연상시키고 열매를 가득 덮은 흰색 털이 할머니의 흰머리를 떠올리게 해서 할미꽃이란 이름을 가지게 되었다고 한다. 또한 입에서 입으로 전해지는 이야기에 따르면 정성껏 키워 시집보낸 손녀를 그리워하다가 홀로 쓸쓸히 숨을 거둔 할머니의 무덤 옆에 할미꽃이 피어났다고 한다. 이 꽃의 꽃말인 '슬픈 추억' 역시 허리 굽은 백발 할머니의 쓸쓸하고 슬픈 모습을 연상시킨다.

① 할미꽃은 강인한 한국의 전통적 할머니상을 상징한다.
② 할미꽃의 꽃말은 쓸쓸한 할머니의 모습을 떠올리게 한다.
③ 할머니의 무덤에 놓여 있는 꽃이 할미꽃 전설의 소재가 되었다.
④ 할미꽃과 관련된 이야기는 예로부터 전해지는 역사 속 사실이다.

정답　5. ②

5. 할미꽃에 대해 이야기하고 있다. 할미꽃의 꽃말인 '슬픈 추억'이 할머니의 쓸쓸하고 슬픈 모습을 연상시킨다고 했으므로 ②가 답이 된다.

풀이

① 허리가 굽어 쓸쓸하고 슬픈 모습을 연상시킨다고 했지 강인한 할머니상을 말하는 것은 아니므로 답이 될 수 없다.
③ 할머니의 무덤 옆에 피어난 것이지 놓여 있는 것이 아니므로 답이 될 수 없다.
④ 입으로 전해지는 이야기이지 역사 속의 사실이 아니므로 답이 될 수 없다.

※ 다음을 읽고 내용이 같은 것을 고르십시오.

6.

> 인간을 비롯한 모든 생물은 세포라는 기본 단위로 구성되는데, 이 세포는 매우 작아 눈으로는 식별할 수 없다. 세포가 이렇게 작은 크기로 존재하는 것은 세포의 사멸에 의한 피해가 크지 않도록 하기 위해서이다. 만약 세포가 주먹만큼 크다면 우리 신체는 사고나 질병 등으로 인해 세포 하나가 죽을 경우 주먹만 한 부위의 손실을 입게 된다. 이럴 경우 세포 한두 개를 잃는 것만으로도 생존에 타격을 입을 수 있다.

① 세포 크기와 세포의 생존은 상관관계가 없다.
② 질병에 대한 저항력은 세포의 크기가 클수록 강하다.
③ 세포를 한두 개 잃는 것으로도 생명이 위험해질 수 있다.
④ 세포의 크기가 작은 것은 생물의 생존에 유리하기 때문이다.

정답　6. ④

6. 세포에 대해 이야기하고 있다. 세포가 작은 크기로 존재하는 것은 세포의 사멸에 의한 피해가 크지 않도록 하기 위한 것이며, 이는 생존에 유리하기 때문이라는 말과 바꿀 수 있으므로 ④가 답이 된다.

① 세포 크기와 생물 생존의 상관관계에 대한 내용이므로 답이 될 수 없다.
② 세포의 크기가 클수록 사고나 질병으로 인한 피해가 커질 것이므로 답이 될 수 없다.
③ 세포를 한두 개 잃었을 때 생명이 위험해지는 것은 세포 크기가 크다고 가정했을 때의 결과이지 사실이 아니므로 답이 될 수 없다.

전략　빈칸 앞뒤의 내용과 선택지의 표현을 보고 무엇을 찾아야 하는지 파악한다. 제시문에 있는 내용을 풀어 쓰거나 유사한 표현으로 바꿔 쓴 것을 찾는다.

※ 다음을 읽고 (　　　)에 들어갈 내용으로 가장 알맞은 것을 고르십시오.

1.　24회 46번

> 한옥의 공간적 특징 중 하나로 (　　　　　　　) 점을 꼽을 수 있다. 한옥의 문을 모두 열면 각목으로 짠 상자 뼈대처럼 되는데, 여기서부터 문을 하나씩 닫을 때마다 집은 끊임없이 다양하게 변한다. 뚫리고 막히는 방향과 정도를 마음대로 조절할 수 있다. 이쪽을 막고 저쪽을 뚫을 수도 있고, 이쪽저쪽 다 막고 요쪽만 뚫을 수도 있다. 가히 가변형의 최고봉이라 할 만하다.

① 꼭 짜여서 사방에 빈틈이 없다는
② 간단한 방법으로 조립하기에 용이한
③ 자유자재로 구조 변형이 가능하다는
④ 요모조모 따져 보고 매매할 수 있다는

정답　1. ③

1. 한옥의 특징에 대해서 이야기하고 있다. 빈칸을 포함하는 문장이 그 뒤에 나오는 한옥에 대한 설명을 모두 포함하는 중심 문장이며 뒷부분에서 다양하게 변하는 한옥의 특징을 이야기하고 있으므로 ③이 답이 된다.

① 빈틈이 없다는 말은 하지 않았으므로 답이 될 수 없다.
② 간단하다거나 조립한다는 말은 하지 않았으므로 답이 될 수 없다.
④ 한옥의 매매에 대한 말은 하지 않았으므로 답이 될 수 없다.

※ 다음을 읽고 (   )에 들어갈 내용으로 가장 알맞은 것을 고르십시오.

2.

> 　비 오는 날이면 부침개 집과 칼국수 집이 잘된다고 한다. 부침개 반죽을 잘 달아오른 프라이팬에 넣을 때 치직거리며 기름 튀는 소리는 창문에 들이치는 빗소리와 닮았고, 칼국수 끓일 때 김이 퐁퐁 나면서 나는 소리는 빗방울이 떨어지는 소리와 유사하기 때문이다. 이처럼 소리는 두뇌의 연상 기억력을 자극한다. 청각은 두뇌의 상상력을 동원해 (　　　　　　) 떠올리게 만든다.

① 소리에서 느껴지는 음식의 맛을
② 소리에서 생성되는 여러 장면들을
③ 소리에서 유발되는 음식의 냄새를
④ 소리에서 음식에 사용된 재료들을

정답　　2. ②

2. 비 오는 날에 부침개와 칼국수 집이 잘 되는 이유에 대해 이야기하고 있다. 프라이팬에서 기름 튀는 소리는 빗소리와 닮았고, 김이 날 때 나는 소리는 빗방울 떨어지는 소리와 유사하다고 했으므로 소리로 상상할 수 있는 여러 장면을 말하고 있는 것이다. 따라서 ②가 답이 된다.

① 맛을 이야기하고 있는 것은 아니므로 답이 될 수 없다.
③ 소리와 청각을 이야기하고 있는 것이지 냄새, 즉 후각을 말하는 것은 아니므로 답이 될 수 없다.
④ 재료를 말하고 있는 것은 아니므로 답이 될 수 없다.

※ 다음을 읽고 (   )에 들어갈 내용으로 가장 알맞은 것을 고르십시오.

3.
27회 45번

> 레슬링 선수들의 귀는 모양이 비틀어지고 일그러져 하나도 성한 것이 없다고 한다. 매일매일 뼈를 깎는 고통을 참으며 체육관 바닥에 수없이 뒹굴고 얼굴을 부딪치며 훈련했기 때문이다. 세계적으로 유명한 운동선수나 예술가들도 지금의 자리에 오르기까지는 오랜 시간 남모르는 고통과 피나는 노력이 있었을 것이다. 성취는 (   ). 아무리 재능이 뛰어난 사람이라도 성실함이 없으면 성공할 수 없는 것이다.

① 타고난 능력 또한 중요하다
② 노력만으로 되는 것은 아니다
③ 어릴 때부터의 소질도 중요하기 때문이다
④ 하루아침에 그냥 이루어지지 않기 때문이다

3. ④

3. 성공한 사람들의 피나는 노력에 대해 이야기하고 있다. 빈칸 뒤의 문장에서 재능이 뛰어나더라도 성실하지 못하면 성공할 수 없다고 했기 때문에 ④가 답이 된다.

① 타고난 능력이 아무리 뛰어나도 성실함이 없으면 성공할 수 없다고 했기 때문에 답이 될 수 없다.
② 선천적 재능과 성실한 노력이 함께해야 한다고 했기 때문에 답이 될 수 없다.
③ 소질은 재능을 말하는 것이므로 답이 될 수 없다.

※ **다음을 읽고 (　　　)에 들어갈 내용으로 가장 알맞은 것을 고르십시오.**

4.　　　　　　　　　　　　　　　　　　　　　　　　　　　　　　28회 45번

> 　상품의 가격을 20,000원이 아니라 19,900원 혹은 19,000원으로 제시하면 단지 백 원, 천 원밖에 차이가 나지 않는데도 소비자들은 20,000원짜리에 비해 많이 싸다고 느끼게 된다. 이것은 사람들이 (　　　　　　　　　　) 심리를 가지고 있기 때문이다. 사람들은 대개 숫자를 왼쪽에서 오른쪽으로 읽기 때문에 숫자를 볼 때 좌측에 놓인 숫자에 집중하게 된다고 한다. 20,000원짜리 상품이 19,000원으로 바뀌면 천 원의 차이가 아니라 첫 자리인 만 원의 변화로 인식해 마치 가격이 크게 떨어졌다고 느끼게 되는 것이다.

① 왼쪽 자리 수에 민감하게 반응하는
② 반복되는 숫자에 호기심을 갖게 되는
③ 끊임없이 상품의 가격을 비교하게 되는
④ 큰 것보다 오히려 작은 변화에 더 집중하는

정답　　4. ①

4. 숫자를 인지하는 사람들의 심리에 대해 이야기하고 있다. 사람들은 숫자를 왼쪽에서 오른쪽으로 읽기 때문에 좌측의 숫자에 더 집중한다고 했으므로 ①이 답이 된다.

② 반복되는 숫자에 호기심을 갖는 것이 아니라 변화에 집중하는 것이므로 답이 될 수 없다.
③ 가격 변화를 어떻게 인식하느냐에 대한 것이지 가격을 비교한다는 말은 아니므로 답이 될 수 없다.
④ 변화의 크기와는 상관없으므로 답이 될 수 없다.

중심 내용 고르기 전략　글쓴이가 가장 하고 싶은 말을 찾아야 한다. 선택지와 비교하여 제시문에 나오지 않거나 일부만 맞는 내용은 답이 될 수 없다.

※ [1~2] 다음을 읽고 물음에 답하십시오.　　25회 47~48번

　　한국 전통 마을의 입구에는 마을을 수호하는 상징물인 '솟대'라는 나무 장대가 있다. 이와 유사한 무속 상징물이 동북아 일대에서도 공통적으로 나타난다. 시베리아의 한 지역에는 마을로 들어가는 길목에 세워진 무속 나무, 즉 '무목'을 세워 놓은 곳이 많다. 무목과 솟대는 그 재료와 상징성의 측면에서 매우 유사하다. 이것을 통해 한반도와 시베리아가 문화의 바탕을 공유하고 있거나 서로 영향을 주고받았을 가능성이 있음을 짐작할 수 있다. 즉 고대 역사에서 시베리아 지역과 한반도 지역의 문화가 (　　　　　　　) 문화가 아닐 수 있다는 말이다. 한국의 고대 문화가 생각보다 훨씬 넓은 지역과 공통의 문화적 바탕을 공유하였을지도 모르는 것이다.

1. 이 글의 중심 내용으로 가장 알맞은 것을 고르십시오.

① 동북아 일대의 고대 문화 발달은 마을 지역 단위를 중심으로 한다.
② 동북아 일대의 고대 역사에서 무속 문화는 매우 중요한 가치가 있다.
③ 무속적 상징물에서 한반도와 시베리아의 문화적 유사성을 발견할 수 있다.
④ 고대 역사 연구를 넓은 지역으로 확대해야 한국 문화 형성 과정을 알 수 있다.

2. (　　　)에 들어갈 내용으로 알맞은 것을 고르십시오.

① 새롭게 주목받고 있는
② 외부 세력의 영향을 받은
③ 독자적으로 발전한 별개의
④ 보편성을 보여 주는 전형적인

풀이

1. 한국 마을의 '솟대'라는 상징물에 대해서 이야기하고 있다. 이것과 유사한 상징물이 시베리아에 공통적으로 나타난다는 것이 중심 내용이므로 ③이 답이 된다.

① 마을 입구마다 상징물이 있다고 했지 마을 단위로 문화가 발달한다는 말은 하지 않았으므로 답이 될 수 없다.

② 동북아 일대에 유사한 문화가 있다고 했지 중요한 가치를 지닌다는 말은 하지 않았으므로 답이 될 수 없다.

④ 고대 한국 문화가 넓은 지역과 문화적 바탕을 공유했다고 했지 문화 형성 과정에 대한 말은 하지 않았으므로 답이 될 수 없다.

2. 한국의 '솟대'와 시베리아의 '무목'이 재료와 상징성의 측면에서 유사한 점을 가지고 있어 한국과 시베리아가 문화의 바탕을 공유하거나 서로 영향을 주고받은 것으로 보인다고 했다. 빈칸 뒤의 문장이 부정문이므로 앞서 말한 내용과 반대되는 내용이 와야 한다. 따라서 ③이 답이 된다.

① 서로 공유하고 있다고 했지 새롭게 주목 받은 것은 아니므로 답이 될 수 없다.

② 외부 세력의 영향을 받은 것이 아니므로 답이 될 수 없다.

④ 한국과 시베리아의 비교이지 보편성을 보여주는 것은 아니므로 답이 될 수 없다.

※ **[3~4] 다음을 읽고 물음에 답하십시오.**

길을 걷다가 도로의 바닥에 그려진 그림을 보면 뭔가 좀 비딱하고 이상하게 보이는 경우가 있다. 그러나 이 그림은 단지 (   ) 그림이 잘못된 것은 아니다. 일정한 거리를 둔 상태에서 바라보는 운전자 입장에서는 모든 부분이 잘 부합하고 비율도 맞아떨어진 정상적인 그림이기 때문이다. 도로 위의 그림이 어느 관점에서 보느냐에 따라 달리 보이는 것처럼 세상 일도 바라보는 관점에 따라 달리 보일 수 있다. 따라서 세상의 모든 일에는 나와 다른 각도를 가진 관점이 있을 수 있으며 그것이 옳을 수도 있다는 것을 알아야 한다. 나의 눈으로 바라보는 세상이 꼭 진실인 것만은 아니기 때문이다.

3. 이 글의 중심 내용으로 가장 알맞은 것을 고르십시오.

① 도로 위의 그림은 운전자의 입장에서 그려져야 한다.
② 서로의 시각 차이를 좁혀 나가기 위해 노력해야 한다.
③ 매사에 자신과 다른 다양한 관점이 있음을 인정해야 한다.
④ 그림을 정확히 이해하려면 정해진 위치에서 바라봐야 한다.

4. (   )에 들어갈 내용으로 가장 알맞은 것을 고르십시오.

① 단순화하여 표현한 것일 뿐
② 여러 관점들을 배려한 것일 뿐
③ 눈에 띄도록 크게 그려져 있을 뿐
④ 보행자의 입장에서만 이상해 보일 뿐

풀이

3. 도로 바닥에 그려진 그림에 비유하여 세상의 모든 일에는 다양한 관점이 있을 수 있으며 내 입장만 옳은 것은 아니라는 것이 중심 내용이므로 ③이 답이 된다.

① 운전자의 입장에서 보면 정상적이지만 보행자의 눈에는 이상하게 보일 수도 있다는 것을 통해 사물을 보는 다양한 관점을 말하고 있으므로 답이 될 수 없다.

② 다양한 관점을 인정해야 한다는 것이지 그 차이를 좁히기 위해 노력하라는 말은 아니므로 답이 될 수 없다.

④ 보는 시각에 따라 달리 보이는 그림을 비유한 것이지 그림 감상에 대한 내용이 아니므로 답이 될 수 없다.

4. 빈칸 앞에서 길을 걷다가 그림을 봤을 때 이상하게 보인다고 했으므로 운전자와 반대되는 보행자의 입장을 말한 ④가 답이 된다.

① 단순화하여 표현한 것이 아니라 정상적인 그림이 보는 시각에 따라 달리 보이는 것이므로 답이 될 수 없다.

② 한쪽에서 보면 이상해 보이는 것이 다른 쪽에서 보면 정상으로 보이는 것이지 여러 관점을 배려한 것은 아니므로 답이 될 수 없다.

③ 제시문의 내용과는 거리가 먼 말이므로 답이 될 수 없다.

중심 내용 고르기 전략　글쓴이가 가장 하고 싶은 말을 찾아야 한다. 선택지와 비교하여 제시문에 나오지 않거나 일부만 맞는 내용은 답이 될 수 없다.

※ [1~2] 다음을 읽고 물음에 답하십시오.　25회 49~50번

　　세계에서 가장 살기 좋은 도시는 어디일까? 최근 다양한 기관들이 세계의 도시 경쟁력을 평가하고 있는데 흥미로운 점은 세부 평가 기준의 차이에도 불구하고 선진국의 대도시들이 모두 상위권에 놓여 있다는 것이다. 이는 경쟁력을 평가하는 핵심 기준이 경제적 능력과 사회 기반 시설에 집중되었기 때문이다. 그러나 삶의 질을 기준으로 실시한 도시 평가에서는 선진국 대도시들이 30위권 밖으로 밀려나는 결과가 나타났다. 이 평가에서는 경제 중심의 틀에서 벗어나 친환경, 복지, 교육, 치안, 역사성 등 사회 전반에 걸친 유·무형의 기준이 사용되었다. 진정 살기 좋은 도시는 물질적인 측면과 더불어 다양한 삶의 질에 관한 기준으로 함께 평가할 때 제대로 가려낼 수 있을 것이다.

1. 이 글의 중심 내용으로 가장 알맞은 것을 고르십시오.

① 도시를 평가할 때 평가 기준을 일관성 있게 적용해야 한다.
② 도시를 평가해 순위를 매기는 방식은 앞으로 지양해야 한다.
③ 도시민의 삶의 질이 높아야 살기 좋은 도시로 평가될 수 있다.
④ 다양한 도시 평가 기준에 부합해야 살기 좋은 도시라 할 수 있다.

2. 이 글의 내용과 같은 것을 고르십시오.

① 선진국의 대도시는 친환경적인 사회 기반 시설을 갖추고 있다.
② 경제적 수준이 높은 도시는 삶의 질이 높은 도시로 평가되었다.
③ 역사성이 있는 도시는 대부분의 도시 평가에서 결과가 좋게 나타났다.
④ 물질적 기준으로 평가했을 때 선진국 대도시의 순위가 높게 나타났다.

풀이

1. 살기 좋은 도시에 대해서 이야기하고 있다. 살기 좋은 도시는 경제적 능력과 사회 기반 시설과 같은 물질적인 측면과 더불어 다양한 삶의 질의 기준도 평가되어야 한다. 따라서 ④가 답이 된다.

① 다양한 평가 기준에 부합해야 한다고 했지 일관성에 관한 말은 하지 않았으므로 답이 될 수 없다.
② 평가 기준에 대해서 이야기했지 순위를 매기는 방식을 지양한다는 말은 하지 않았으므로 답이 될 수 없다.
③ 삶의 질만 가지고 평가할 수는 없으므로 답이 될 수 없다.

2. ① 선진국 대도시가 친환경적인 사회 기반 시설을 갖추었다는 말은 하지 않았으므로 답이 될 수 없다.
② 경제적 수준이 높은 도시가 삶의 질이 낮게 평가되었다고 했으므로 답이 될 수 없다.
③ 역사성에 대한 평가 결과는 나타나 있지 않으므로 답이 될 수 없다.
④ 물질적 기준으로 평가했을 때에는 선진국 대도시의 순위가 높게 나타났으므로 답이 된다.

※ **[3~4] 다음을 읽고 물음에 답하십시오.**

> 수집가 누구나 처음에는 물건에 대한 욕망 때문에 수집에 발을 들여놓는다. 그러나 수집은 단순히 모아 놓기만 하는 것이 아니다. 수집한 물건을 감상하는 기쁨도 누릴 줄 알아야 하고 수집한 물건에서 새로운 지식이나 역사를 발견하고 배우는 재미도 느껴야 하는 것이다. 여기에 그 성과를 함께 나누기까지 한다면 금상첨화일 것이다. 수집품을 단지 소유하는 것에 그치지 않고 대중과 함께 즐기고자 내놓을 때 수집품은 개인의 소유물에서 벗어나 많은 이들에게 사랑받는 문화물이 되며 수집의 기쁨은 더 커지게 된다.

3. 이 글의 중심 내용으로 알맞은 것을 고르십시오.

① 수집은 수집품을 통해 새로운 지식을 얻는 활동이다.
② 수집품을 다 같이 즐김으로써 수집의 즐거움이 더해진다.
③ 수집은 소유에서 시작해 나눔의 단계를 거치기 마련이다.
④ 진정한 수집은 감상에 대한 기본 지식이 선행되어야 한다.

4. 이 글의 내용과 같은 것을 고르십시오.

① 수집은 물건에 역사적 의미를 부여한다.
② 수집은 숨은 문화물을 발견해 내는 것이다.
③ 수집품 감상은 수집의 가장 큰 즐거움이다.
④ 수집은 수집품에 대한 욕심으로 시작하게 된다.

풀이

3. 수집의 의미에 대해 이야기하고 있다. 처음에는 물건에 대한 욕망 때문에 수집을 시작하지만, 소유하는 것에서 그치지 않고 대중과 함께 즐기고자 내놓을 때 즐거움이 더 커진다는 것이 중심 내용이므로 ②가 답이 된다.

① 수집품을 통해 지식을 얻는 것은 하나의 즐거움일 수 있지만 수집의 진정한 의미는 아니므로 답이 될 수 없다.

③ 글에서 말하는 나눔은 수집품을 다른 사람들도 볼 수 있게 하는 것이지 수집한 물건들을 일일이 나누자는 것이 아니므로 답이 될 수 없다.

④ 수집한 물건을 감상하는 기쁨을 누릴 줄 알아야 한다고 했지만 감상에 대한 기본 지식이 필요하다고는 하지 않았으므로 답이 될 수 없다.

4. ① 수집품에 담긴 역사적 의미를 발견하는 것이지 의미를 부여한다고 할 수는 없으므로 답이 될 수 없다.

② 수집품을 대중과 함께 즐길 때 사랑 받는 문화물이 되는 것이지 새롭게 문화물을 발견하는 것이 아니므로 답이 될 수 없다.

③ 수집품이 개인의 소유를 벗어나 많은 사람들에게 사랑 받을 때 수집의 즐거움이 더 커진다고 했으므로 답이 될 수 없다.

④ 수집가는 누구나 처음에는 물건에 대한 욕망으로 수집을 시작하게 된다고 했으므로 답이 된다.

읽기

글의 목적 파악하기 전략
전체적인 내용을 파악하여 글쓴이가 이 글을 왜 썼는지를 찾는다.
선택지에 제시된 목적에 따라 글에 어떤 내용이 나올지 생각해 보면 정답을 찾는 데에 도움이 된다.

※ [1~2] 다음을 읽고 물음에 답하십시오.

24회 51~52번

소설가 '박완서'는 우리 시대의 가장 평범한 이야기꾼이었다. 작품 속에서 그의 시선은 늘 낮은 곳을 향해 있었다. 야망과 권력을 추구하는 사람보다 거대한 힘 앞에서 저항하지 못하고 스러져 가는 민초의 삶에 초점을 맞췄다. 논리 정연한 지식인의 목소리보다 재래시장에서 부침개를 뒤집는 노파의 작은 목소리에 귀를 기울이고, 앞서 나가는 사람보다 뒤처진 사람에게, 일등보다 꼴찌에게 마음에서 우러난 갈채를 보냈다. 그의 작품에서 만나는 인물들에서 (   ) 이웃을 느낄 수 있는 이유는 바로 그 때문일 것이다. 문학은 우리의 삶이다. 평범한 이들의 삶을 있는 그대로 드러내 보여 주는 작품은 그래서 가치가 있다.

1. 필자가 이 글을 쓴 목적을 고르십시오.

① 작가가 가지는 시대적 의미를 재조명하기 위해
② 작가가 주목한 인물들의 성격을 소개하기 위해
③ 작가의 작품 세계와 인물 유형을 설명하기 위해
④ 작가의 삶의 방식과 그의 작품을 비교하기 위해

2. (   )에 들어갈 내용으로 알맞은 것을 고르십시오.

① 소박하고 정겨운
② 애처롭고 병약한
③ 강인하고 철저한
④ 정갈하고 담백한

정답   1. ③   2. ①

풀이

1. 소설가 '박완서'에 대해서 이야기하고 있다. 작품 속에서 그의 시선은 낮은 곳을 향해 있었고 작품에서 만나는 인물들은 이웃처럼 느낄 수 있다고 했으므로 ③이 답이 된다.

① 시대적인 의미는 말하지 않았으므로 답이 될 수 없다.
② 인물의 유형을 이야기했지 성격을 말한 것은 아니므로 답이 될 수 없다.
④ 작가의 삶의 방식은 나타나 있지 않으므로 답이 될 수 없다.

2. 작품 속에 나타난 인물의 유형이 시장에서 음식 파는 노파, 뒤처진 사람, 꼴찌와 같은 이웃이라는 말에는 소박하고 정이 있다는 의미가 담겨 있으므로 ①이 답이 된다.

'국민참여재판'에 직접 참여하여 피고의 유죄 여부와 형량에 대해 재판부와 함께 판단을 내리는 일반인을 배심원이라고 한다. 배심원은 만 20세 이상의 한국 국민이라면 누구나 될 수 있으나 군인이나 법조인 같은 특정한 직업군은 배제된다. 배심원은 무작위로 선발되며 그들의 개인 정보는 철저히 비밀에 붙여진다. 배심원은 재판 중에 사건에 대해 궁금한 점이 있으면 판사에게 질문지를 제출해 질문할 수 있다. 재판 과정의 마지막에는 배심원들이 따로 모여 이야기하고 의견을 모으게 된다. 그런데 다른 나라에서는 배심원들의 의견이 재판 결과로 바로 이어지는 데 반해 한국의 국민 참여 재판에서는 배심원들의 의견이 (　　　　　　　　　　). 그래서 판사의 판결이 배심원들의 결론과 다를 수 있다.

3. 필자가 이 글을 쓴 목적을 고르십시오.

① 배심원이 될 수 있는 자격을 알리기 위해
② 배심원의 신문 참여 과정을 설명하기 위해
③ 배심원의 구성과 재판 참여 방식을 설명하기 위해
④ 배심원이 재판에 참여하게 된 시기를 알리기 위해

4. (　　　)에 들어갈 내용으로 알맞은 것을 고르십시오.

① 만장일치로 조율된 것이 아니다
② 재판의 민주적 정당성을 높일 수 있다
③ 국민의 의견을 대표하여 신뢰도가 높다
④ 고려되기는 하되 결정적인 효력이 없다

풀이

3. 배심원이 되기 위한 자격과 배심원 구성 그리고 재판 참여 방법을 이야기하고 있으므로 ③이 답이 된다.

① 자격을 말하고 있긴 하지만 일부 내용이므로 답이 될 수 없다.
② 참여 과정을 말하고 있긴 하지만 일부 내용이므로 답이 될 수 없다.
④ 말하지 않았으므로 답이 될 수 없다.

4. 빈칸 뒤의 내용에서는 배심원들의 결론과 판사의 판결이 다를 수 있다고 했다. 빈칸 앞에서 다른 나라는 배심원의 의견이 재판 결과로 바로 이어진다고 했으므로 이와 반대되는 내용이 어울린다. 따라서 배심원들의 의견이 고려되긴 하지만 결정권은 없다는 ④가 답이 된다.

① 마지막에 배심원들이 따로 모여 의견을 모은다고 했지 만장일치로 조율한다는 말은 하지 않았으므로 답이 될 수 없다.
② 다른 나라의 경우 재판의 민주적 정당성이 낮다고 할 수는 없으므로 답이 될 수 없다.
③ 말하지 않았으므로 답이 될 수 없다.

읽기

문학 작품 속 인물 파악하기 전략

문학 작품의 일부분이 제시문으로 나온다.
글 속에 나타난 인물의 심정이나 태도를 파악한다.

※ **[1~2] 다음을 읽고 물음에 답하십시오.** 24회 53~54번

현관을 들어서서 한참 어리둥절하다가 그는 겨우 수부*에 가서 교장실이 어디냐고 물었다. 누구냐고 되묻는 것을 명함을 내주며 자기는 이번에 이 학교 독일어 선생으로 새로 임명된 사람이라고 대답하니 그제서야 사무원은 몸을 납신하고 "아 그러서요" 하면서 이 복도를 오른쪽으로 꺾어 바로 둘째 방이 교장실이라고 일러 주었다.

교장실은 넓고 화려하였다. 교장은 그 넓은 방 한복판에 커다란 테이블을 앞에 놓고 두툼한 회전의자 위에 버티고 앉아 있었다. 마치 김만필이 들어 오기를 기다리고 있었던 것이나 싶이. 이왕에 김만필은 교장을 그의 사택 으로 찾아간 일이 사오 차나 있었지만 그때에는 김에게 대하는 태도가 몹시 친절한 데다가 교장의 생김생김이 쭈그렁 밤송이 같았으므로 마치 시골집 행랑아범이나 대하듯이 몹시 만만했는데 이날 아침 교장실에 와서 그는 교장이요 자기는 일개 시간강사로서 마주 대하니 고개가 저절로 숙여 지는 것을 어쩔 수 없었다.

*수부(受付): 접수, 여기서는 '안내 창구'라는 뜻.

---

1. 교장을 대하는 김만필의 태도로 가장 알맞은 것을 고르십시오.

① 거만하다 ② 쌀쌀맞다
③ 위축되어 있다 ④ 원망하고 있다

2. 이 글의 내용과 같은 것을 고르십시오.

① 김만필은 전에 교장을 만났었다.
② 교장은 김만필을 알아보지 못했다.
③ 사무원은 교장실까지 김만필과 동행했다.
④ 교장은 김만필을 마음에 들어하지 않았다.

풀이

출처: 유진오(1935), 『김강사와 T교수』

1. 교장을 만나는 강사 김만필의 자세는 고개가 절로 숙여진다고 했으므로 '기를 못 펴다'는 의미를 가진 ③이 답이 된다.

　① '잘난 체하며 다른 사람을 무시하다'는 의미이다.
　예 그의 거만한 태도에 기분이 나빴지만 친구의 얼굴을 봐서 참았다.
　② '따뜻하고 정다운 느낌이 없이 차갑다'는 의미이다.
　예 아이가 너무 쌀쌀맞아서 친구를 잘 사귀지 못한다.
　④ '못마땅하게 여기거나 미워하다'는 의미이다.
　예 제 잘못인데 누구를 원망하겠습니까.

2. ① 김만필은 교장을 사택에서 사오 차 만났다고 했으므로 답이 된다.
　② 사무원이 김만필을 알아보지 못한 것이므로 답이 될 수 없다.
　③ 동행하지 않고 교무실의 위치를 알려 주었으므로 답이 될 수 없다.
　④ 교장이 김만필을 마음에 들어하지 않았는지는 알 수 없으므로 답이 될 수 없다.

개울 건너 바우네 참외밭에서 경환이란 놈이 나비 잡는 채를 휘두르며 날뛰고 있다. 그까짓 송장 나비를 잡으려고 그러는 것이 아닐 텐데 경환이는 그 나비를 쫓아 구두 신은 발로 지금 한창 참외가 열기 시작하는 넝쿨을 함부로 질겅질겅 밟으며 이리 뛰고 저리 뛰고 한다. 일부러 그러는 것이 분명하다. 나비를 잡는 척 참외밭으로 몰아넣고 참외 넝쿨을 결딴내는 것이리라. 바우는 눈이 뒤집혔다. 더욱이 그 참외밭은 장차 햇곡식 나기 전까지의 바우 집 식구들의 식량을 거기다 예산하고 있는 것이요, 바우 자기도 잘 열면 책 열 권쯤 사 달래려고 벼르고 있던 터다. 바우는 나는 듯 개울을 건너 뒤로 쫓아가 한 번 등줄기를 후리고 그리고
"인마, 눈 없어! 이거 못 봐!"
하고 낭자한 그 자취를 손으로 가리키며
"넌 남의 집 농사 결딴내두 상관없니, 인마?"
그러나 경환이는
"우리 집 땅 내가 밟았기루 무슨 상관야."
하고 기가 막히다는 듯 피이 하고 고개를 옆으로 돌린다.

3. 이 글에 나타난 바우의 심정으로 알맞은 것을 고르십시오.

  ① 괘씸하다   ② 민망하다
  ③ 곤혹스럽다   ④ 거북스럽다

4. 이 글의 내용과 같은 것을 고르십시오.

  ① 바우네는 경환이네 땅에서 참외 농사를 짓고 있다.
  ② 경환은 바우네 참외밭에서 참외를 몰래 가지고 갔다.
  ③ 바우는 구두를 신은 발로 다 익은 참외를 밟아 버렸다.
  ④ 참외밭에는 참외가 한창 무르익어 수확을 앞두고 있다.

풀이

출처: 현덕(1932), 『나비를 잡는 아버지』

3. 바우는 참외밭에서 일부러 뛰고 있는 경환을 보고 눈이 뒤집혀서 뛰어가 경환의 등줄기를 후렸다. 따라서 '모욕적으로 느껴지거나 예절에 어긋나 밉고 분하다'는 의미의 ①이 답이 된다.

② '쑥스럽거나 미안하고 부끄럽다'는 의미이다.

예 성인이 되어서도 부모님께 용돈을 타 쓰는 것이 민망하다.

③ '이럴 수도 저럴 수도 없어 안타깝다'는 의미이다.

예 두 사람은 만나기만 하면 싸워 주위 사람들을 곤혹스럽게 만든다.

④ '자연스럽지 못하거나 자유롭지 못한 느낌이 있다'는 의미이다.

예 여러 사람과 한 방을 쓰는 것이 거북해서 혼자 살 방을 구하기로 했다.

4. ① 경환은 참외밭을 밟은 것 때문에 화를 내는 바우에게 자기 집 땅을 자기가 밟았으니 상관하지 말라고 했으므로 답이 된다.

② 참외를 가지고 간 것이 아니라 참외 넝쿨을 밟은 것이므로 답이 될 수 없다.

③ 참외밭을 밟은 것은 경환이므로 답이 될 수 없다.

④ 한창 참외가 열리기 시작한다고 했으므로 답이 될 수 없다.

참고

- **24회: 유진오(1935), 『김강사와 T교수』**

  1930년대 일제 탄압이 더욱 심해지면서 양심을 지키기 어려워진 나약한 지식인들이 살아남기 위해 현실과 타협하는 태도와 과정을 보여 주는 내용이다. 작가 자신의 체험이 바탕이 된 자전적 소설이라고 할 수 있다.

- **25회: 오정희(1993), 『소음 공해』**

  1인칭 주인공 시점을 통해 이웃에 무관심한 현대인들의 삶에 대한 비판을 담고 있는 단편 소설이다.

- **26회: 김유정(1936), 『동백꽃』**

  농촌을 배경으로 인생의 봄을 맞이하여 성장해 가는 소년, 소녀의 사랑 이야기를 담고 있다. 여러 번의 닭싸움을 통해 두 사람의 갈등과 화해가 이루어지는 심리적 전개가 소설적 재미를 더해 주며, 마름의 딸과 소작인의 아들이라는 신분적 차이를 웃음으로 처리하고 있다.

- **27회: 현덕(1932), 『나비를 잡는 아버지』**

  지주의 아들 경환이가 쫓던 나비를 소작농의 아들인 바우가 일부러 놓아 주었다가 마음고생을 하게 되는 이야기를 그렸다. 1930년대 시골 아이들의 하루와 당시 농촌의 풍경. 세상살이의 고단함 등을 엿볼 수 있다.

- **28회: 공지영(2002), 『부활 무렵』**

  선량하고 가난한 파출부 자매를 이용해 먹으려는 주인 여자와 목회자의 씁쓸한 이야기를 다룬 단편소설로 한국소설문학상 대상 수상 작품이다.

앞에 올 내용 고르기 전략

첫 번째 문장을 잘 읽고 앞뒤에 어떤 내용이 올지를 생각해야 한다.
앞에 올 내용이 뒤에 오는 내용과 반대되는 것이거나 뒤의 내용 일부를 가리키는 경우가 있다.

※ [1~3] 다음을 읽고 물음에 답하십시오.   26회 55~57번

> 이와 같은 발견으로 2009년에 미국과 유럽 연합은 토성의 두 위성에 새로운 우주선을 보내는 계획을 발표했다. 이 계획의 1차 목적은 토성의 위성인 타이탄의 대기와 또 다른 위성 엥켈라두스의 땅속을 조사함으로써 이 위성들이 어떻게 만들어졌으며 어떤 변화가 있었는지를 밝히는 것이다. 타이탄은 대기를 가진 것으로 예상되고 엥켈라두스는 땅속에 바다가 있는 것으로 추측된다. 이 위성들은 생물이 존재할 가능성이 있는 위성들로서 결국 이 계획의 최종 목적은 (   ) 데 있는 셈이다.
>
> 이 계획은 2020년 우주선 발사를 목표로 하고 있으며 발사 9년 후 토성 근처에 도착할 예정이다. 그 후 4년에 걸친 기본 조사가 끝나고 기계나 전송 시스템 등에 문제가 없다면 조사를 더 연장할 것으로 보인다.

1. 이 글의 앞에 올 내용으로 가장 알맞은 것을 고르십시오.

① 토성 위성들의 표면이 서로 비슷하다는 분석 결과
② 토성 위성들의 온도가 상승하고 있다는 분석 결과
③ 토성 위성들이 지구로 다가오고 있다는 관측 결과
④ 토성 위성들에서 공기와 물의 흔적을 포착한 관측 결과

2. 이 글의 내용과 같은 것을 고르십시오.

① 이 계획은 위성들이 생긴 과정부터 밝힐 것이다.
② 땅속 조사는 지구에 부족한 자원을 찾기 위한 조사이다.
③ 우주선은 위성의 표면 물질을 수집해 지구로 보낼 것이다.
④ 우주선을 보내는 시기와 연구 기간은 아직 결정되지 않았다.

3. (　　　)에 들어갈 내용으로 가장 알맞은 것을 고르십시오.

① 두 위성의 자원을 분석하는
② 생물 생존의 조건을 연구하는
③ 지구 바깥의 생명체를 탐색하는
④ 토성과 두 위성의 유사점을 찾는

정답　　1. ④　　2. ①　　3. ③

1. 토성의 위성에 대해 이야기하고 있다. 첫 문장에 '이와 같은 발견'이라고 했는데 바다와 대기를 가진 것으로 추측된다고 했으므로 ④가 답이 된다.

①, ②, ③은 뒤의 내용과 관계가 없으므로 답이 될 수 없다.

2. ① 계획의 1차 목표는 토성의 위성에서 대기와 땅속을 조사하여 생성 과정과 변화를 밝히는 것이라고 했으므로 답이 된다.
② 땅속에 바다가 있는지 조사한다고 했으므로 답이 될 수 없다.
③ 위성의 표면 물질에 대한 말은 하지 않았으므로 답이 될 수 없다.
④ 2020년 우주선 발사를 할 예정이며 9년에 걸쳐 도착하여 4년을 연구한다고 했으므로 답이 될 수 없다.

3. '이 위성들은 생물이 존재할 가능성이 있는 위성들'이라고 했으므로 ③이 답이 된다.
① 대기와 땅속 바다를 조사한다고 했지 자원을 분석한다고 하지 않았으므로 답이 될 수 없다.
② 생물 생존을 연구하는 것이 아니라 생물의 존재 가능성을 조사하는 것이므로 답이 될 수 없다.
④ 토성과 위성 간의 유사점을 찾는 것은 아니므로 답이 될 수 없다.

※ [4~6] 다음을 읽고 물음에 답하십시오.

    대형 유리 건물은 이러한 최근 경향을 반영해 주는 단적인 예로 현대적이고 세련된 느낌은 주지만 에너지 효율이 매우 떨어진다. 유리 건물은 단열 효과가 매우 떨어지며 건물 내부 중앙에는 자연 채광과 환기가 잘되지 않아 일반 대형 건물보다 에너지 손실이 크다. 그런데 이런 단점을 보완해 주는 장치가 하나 있다. 건물의 (　　　　　　　　　　　　) 일명 '친환경 수직 통로'이다. 이것은 건물의 한가운데를 지하에서 옥상까지 수직으로 뚫어 만든 터널로서, 건물 내에 햇빛이 잘 들게 하고 공기의 흐름을 원활하게 해 준다. 건물 옥상에 설치된 반사경이 터널을 통해 햇빛을 지하까지 전달하기 때문에 기존의 유리 건물보다 채광 효과가 뛰어나다. 또 '친환경 수직 통로' 바로 앞에 엘리베이터를 설치하면 별도의 조명을 설치하지 않아도 돼 에너지 절감 효과를 얻을 수 있다.

4. 이 글의 앞에 올 내용으로 가장 알맞은 것을 고르십시오.

① 에너지 절감 장치를 활용하는 고효율 건축 경향
② 디자인보다 공간의 활용도를 고려하는 건축 경향
③ 친환경 특수 자재를 사용해 가치를 높이는 건축 경향
④ 사용자들의 쾌적한 생활보다 외관에 치중하는 건축 경향

5. 이 글의 내용과 같은 것을 고르십시오.

① 유리 건물은 실내 온도를 일정하게 유지해 주는 장점이 있다.
② 반사경은 건물 외벽의 유리에 비친 빛을 실내로 반사시켜 준다.
③ 친환경 수직 통로 쪽에 엘리베이터를 설치하면 전력을 아낄 수 있다.
④ 친환경 수직 통로는 공기가 건물 밖으로 빠져 나가는 것을 막아 준다.

6. (　　　)에 들어갈 내용으로 알맞은 것을 고르십시오.

① 외장재 비용을 절감해 주는
② 구석구석에 햇빛이 비치게 하는
③ 공간을 효율적으로 쓸 수 있게 하는
④ 내부 온도를 날씨에 따라 조절해 주는

풀이

4. 첫 번째 문장에서의 '이러한 최근 경향을 반영해 주는 단적인 예'가 앞에 올 내용이 된다. 현대적이고 세련된 느낌을 주지만 에너지 효율은 떨어진다고 했으므로 ④가 답이 된다.

① 비효율적이라고 했으므로 답이 될 수 없다.
② 디자인에 더 비중을 둔다고 했으므로 답이 될 수 없다.
③ 본문에는 있지만 앞에 올 내용은 아니므로 답이 될 수 없다.

5. ① 유리 건물은 단열 효과가 떨어져 에너지 손실이 크다고 했으므로 답이 될 수 없다.
② 반사경은 수직 통로를 통해 햇빛을 지하까지 전달한다고 했지 실내로 반사한다고는 하지 않았으므로 답이 될 수 없다.
③ 친환경 수직 통로는 햇빛이 잘 들게 하여 별도의 조명을 설치하지 않아도 되기 때문에 통로 앞에 엘리베이터를 설치할 경우 에너지 절약이 된다고 했으므로 답이 된다.
④ 친환경 수직 통로는 공기의 흐름을 원활하게 해 준다고 했지 막아 준다고는 하지 않았으므로 답이 될 수 없다.

6. 친환경 수직 통로를 한마디로 정의하는 말이 와야 한다. 수직 통로는 햇빛이 통하는 길이라는 말이므로 ②가 답이 된다.

① 에너지 절감이 된다는 말이지 외장재를 절감하는 것이 아니므로 답이 될 수 없다.
③ 말하지 않았으므로 답이 될 수 없다.
④ 채광 효과가 뛰어난 것이지 온도를 조절하는 것이 아니므로 답이 될 수 없다.

전략 제시문을 읽고 중심 내용을 파악한다. 중심 내용을 간략하게 줄여 쓰거나 포함하고 있는 표현을 찾는다. 제시문에 나오지 않았거나 일부만 맞는 내용은 답이 될 수 없다.

※ [1~3] 다음을 읽고 물음에 답하십시오.   25회 58~60번

　　전 세계적으로 고래는 약 80여 종이 서식하는데 일부 지역에서는 자연 상태의 고래를 관찰할 수 있는 생태 고래 관광이 행해지고 있다. 고래 관광 사업자들은 고래를 생존 상태로 활용하는 것이 (　　　　　　　　　) 해양 생물 보호라는 측면에서도 의미가 있다고 주장한다. 환경 운동가들도 고래 개체 수가 감소하는 상황에서 고래 관광이 포경 사업보다 경제적 측면에서나 환경 보호 측면에서 모두 유익하다며 이에 동조하고 있다.

　　그러나 각종 시설과 유조선, 기후 변화 등으로 해양 생태계가 악화되는 현 시점에서, 고래를 관광 상품으로 활용하는 것이 생태 자원을 과연 올바르게 보전하는 것인가에 대해서는 아직 논란의 여지가 있다. 실제로 고래 관광으로 인해 고래의 행동 양식이나 이동 방향, 번식 주기 등의 변화가 생겼다는 보고가 있기 때문이다.

1.　이 글의 제목으로 가장 알맞은 것을 고르십시오.

　① 고래 관광, 사업성 드러나　　② 고래 관광, 해양 산업의 미래
　③ 고래 관광, 고래 생태에 안전한가　④ 고래는 관광 자원, 포경 사업 중단해야

2.　이 글의 내용과 같은 것을 고르십시오.

　① 포경 행위로 인해 고래의 번식 주기가 달라지고 있다.
　② 환경 운동가들은 고래 관광 사업 철폐를 요청하고 있다.
　③ 고래 서식지에 따라 관광이 이루어지지 않는 지역이 있다.
　④ 고래 관광을 통해 80여 종에 달하는 고래를 직접 볼 수 있다.

3. (　　　)에 들어갈 내용으로 알맞은 것을 고르십시오.

① 고래 고기를 먹는 것에 비해 더 안전할 뿐만 아니라
② 기존의 포경 사업에 비해 상업적 이윤이 클 뿐만 아니라
③ 고래에 대해 과학적으로 연구할 수 있을 뿐만 아니라
④ 기존의 해양 산업보다 투자비가 덜 소요될 뿐만 아니라

<table>
<tr><td>정답</td><td>1. ③　　　2. ③　　　3. ②</td></tr>
</table>

1. 고래 관광에 대해 이야기하고 있다. 해양 생태계가 악화되고 있는 시점에서 고래 관광이 고래의 생활에 변화를 주었다고 했으므로 ③이 답이 된다.

① 경제적인 측면뿐 아니라 환경 보호 측면도 유익하다고 했으므로 답이 될 수 없다.
② 고래의 생활에 변화가 생겼다고 했지 해양 산업의 미래라고 하지 않았으므로 답이 될 수 없다.
④ 포경 산업보다 낫다고 했지 중단해야 한다고 하지 않았으므로 답이 될 수 없다.

2. ① 포경 행위가 아니라 고래 관광으로 번식 주기가 달라진다고 했으므로 답이 될 수 없다.
② 환경 운동가들도 고래 관광에 동조하고 있다고 했으므로 답이 될 수 없다.
③ 일부 지역에서만 고래를 관찰할 수 있다고 했으므로 답이 된다.
④ 전 세계적으로 80여 종이 서식하고 일부 지역에서 관광할 수 있다고 했지 80여 종을 직접 볼 수 있다고 하지 않았으므로 답이 될 수 없다.

3. 빈칸 뒤 내용에서 고래를 생존 상태로 활용하는 것이 포경 사업보다 유익하다고 했으므로 ②가 답이 된다.

①, ③ 고래 관광 사업자들의 주장으로 어울리지 않으므로 답이 될 수 없다.
④ 경제적인 측면에서 낫다고 했지 투자비가 덜 든다는 말은 하지 않았으므로 답이 될 수 없다.

　　인류 문명의 발달 과정에서 집단 가무의 발명은 획기적인 사건이었다. 다 함께 소리를 지르고 율동적으로 몸을 움직임으로써 박자를 맞추는 행위는 집단 내에 강력한 협동과 조화를 낳는 놀라운 효과를 발휘했다. 즉 축제 때에 함께 노래하고 춤을 춤으로써 참가자들은 (　　　　　　　　　　　). 또 전쟁 중에 전사들은 집단 가무를 통해 일시적으로 죽음의 공포를 넘고 전체 집단을 지키기 위해 기꺼이 온몸을 던지는 용기를 얻었다. 이처럼 집단 가무는 부족을 하나로 묶어 주는 마법과 같은 힘을 발휘하였다.

　　인류 문명이 발전하면서 집단 가무는 종교 의식에 쓰이거나 인간 내면의 섬세한 감성을 표현하는 식으로 훨씬 더 세련되고 고상한 기능을 맡았다. 그럼에도 집단 가무는 여전히 군악대의 행진곡이나 단체 응원 등에 남아 인류 역사 초기에 담당했던 기본적인 역할을 보여 주고 있다.

4. 이 글의 제목으로 가장 알맞은 것을 고르십시오.

① 집단 가무, 단합의 원천　　　② 집단 가무, 문명의 시작
③ 집단 가무, 축제의 기원　　　④ 집단 가무, 원시적 몸짓

5. 이 글의 내용과 같은 것을 고르십시오.

① 집단 가무의 본래적 기능은 문명의 발달에도 살아남았다.
② 집단 가무는 종교적·예술적으로 발전하는 데 실패했다.
③ 집단 가무는 인간 내면의 감정 표현을 위해 발명되었다.
④ 집단 가무의 움직임은 개개인의 감정을 섬세하게 표현했다.

6. (　　　)에 들어갈 내용으로 가장 알맞은 것을 고르십시오.

① 정신적인 해방감을 느끼고 긴장을 풀었다
② 정서적인 연대감을 느끼고 갈등을 해소했다
③ 즐거움을 느끼며 개인적인 감정을 표현했다
④ 축제를 즐기고 전쟁의 죄책감에서 벗어났다

4. 집단 가무에 대해 이야기하고 있다. 집단 가무가 부족을 하나로 묶어 주는 힘을 발휘했다고 했으므로 ①이 답이 된다.

② 집단 가무는 인류의 문명 발달 과정에서 생긴 것이지 문명의 시작은 아니므로 답이 될 수 없다.

③ 축제 때에 함께 노래하고 춤을 추는 것은 집단 가무가 화합의 기능이 있기 때문이지 집단 가무 자체가 축제의 기원은 아니므로 답이 될 수 없다.

④ 집단 가무는 인류 역사 초기부터 지금까지 사용되고 있으므로 답이 될 수 없다.

5. ① 집단 가무가 세련되고 고상한 기능을 맡게 되었지만 여전히 인류 역사 초기에 담당했던 기본적인 역할을 보여 준다고 했으므로 답이 된다.

② 문명이 발전하면서 종교 의식에 쓰이거나 인간 내면의 섬세한 감성을 표현하게 되었다고 했으므로 답이 될 수 없다.

③ 집단의 협동과 조화를 위해 발명되었다가 인간 내면의 감성을 표현하는 것으로 발전한 것이므로 답이 될 수 없다.

④ 집단 가무가 인간 내면의 감정을 표현하지만 개개인의 감정을 표현한다고 하지는 않았으므로 답이 될 수 없다.

6. 집단 내에 강력한 협동과 조화를 낳고 부족을 하나로 묶어 주는 힘이 있다고 했으므로 축제 때에도 연대감을 느끼게 해 준다고 할 수 있다. 따라서 ②가 답이 된다.

① 말하지 않았으므로 답이 될 수 없다.

③ 인간 내면의 감정을 표현한다고 했지 개인적인 감정이라는 말은 하지 않았으므로 답이 될 수 없다.

④ 전쟁의 공포를 넘고 부족을 지키기 위한 용기를 얻는다고 했지 죄책감에서 벗어난다는 말은 하지 않았으므로 답이 될 수 없다.

Part 2.

모의고사
실전 문제

1교시
표현 영역
- ☐ 어휘·문법 Vocabulary·Grammar
- ☐ 쓰기 Writing

2교시
이해 영역
- ☐ 듣기 Listening
- ☐ 읽기 Reading

실전 모의고사 1회

한국어능력시험

Test of Proficiency in Korean

일반한국어능력시험(S-TOPIK)

고급(Advanced)

1교시   **표현** (어휘 및 문법, 쓰기)

수험번호(Application No.)		
이름 (Name)	한국어(Korean)	
	영어(English)	

유 의 사 항
Information

1. 시험 시작 지시가 있을 때까지 문제를 풀지 마십시오.

   Do not open the booklet until you are allowed to start.

2. 수험번호와 이름은 수험표와 같도록 정확하게 적어 주십시오.

   Write your name and application number on the answer sheet same as on your test voucher.

3. 답안지를 구기거나 훼손하지 마십시오.

   Do not fold the answer sheet; keep it clean.

4. 답안지의 이름, 수험번호 및 정답의 기입은 컴퓨터용 펜을 사용하여 주십시오.

   Use the optical mark reader(OMR) pen only.

5. 정답은 답안지에 정확하게 표시하여 주십시오.

   Mark your answer accurately and clearly on the answer sheet.

   marking example   ① ● ③ ④

6. 문제를 읽을 때에는 소리가 나지 않도록 하십시오.

   Keep quiet while answering the questions.

7. 질문이 있을 때에는 손을 들고 감독관이 올 때까지 기다려 주십시오.

   When you have any questions, please raise your hand.

어휘 및 문법 (1~30번)

※ [1~5] 다음 (   )에 알맞은 것을 고르십시오. (각 3점)

1. (   )이 약한 어린이나 노약자는 가벼운 환경 변화에도 질병을 일으키기 쉽다.
   ① 면역   ② 갈등   ③ 대응   ④ 세력

2. 대형 마트의 영업 규제에도 전통 시장이나 소규모 상인들의 사정은 (   ) 나아지지
   않고 있다.
   ① 더구나   ② 꾸준히   ③ 아무리   ④ 그다지

3. 올해 가요계의 가장 (   ) 특징은 가창력이 뛰어난 신인 가수들이 많이 등장했다는
   사실이다.
   ① 까다로운   ② 두드러진   ③ 안타까운   ④ 부지런한

4. 환경 단체들은 폐수를 무단으로 강물에 흘려보낸 기업들을 (   ).
   ① 동반했다   ② 제공했다   ③ 금지했다   ④ 고발했다

5. 영화가 막 시작되었기 때문에 다른 관객들에게 방해될까 봐 (   ) 들어갔다.
   ① 살금살금   ② 우왕좌왕   ③ 또박또박   ④ 오순도순

※ [6~9] 다음 (   )에 알맞은 것을 고르십시오.

6. 우리가 지금 이렇게 (   ) 무슨 할 말이 더 남아 있을까요. (3점)
   ① 헤어질지니   ② 헤어진 나머지
   ③ 헤어지기는커녕   ④ 헤어지는 마당에

7. 다음 주에 있을 논문 발표에서 실수를 (　　　) 걱정이 앞선다. (3점)

    ① 한다면 모를까　　　　　　　② 하지나 않을까

    ③ 하고도 남지만　　　　　　　④ 한다면야 좋지만

8. 달궈진 다리미가 쓰러질 때 엄마가 바로 옆에 (　　　) 하마터면 아이가 크게 다칠 뻔했다. (4점)

    ① 있었을 뿐더러　　　　　　　② 있었음으로 인해

    ③ 있었기에 망정이지　　　　　④ 있었음에도 불구하고

9. 그는 회사가 멀어서 새벽에 출근을 하느라고 항상 아침을 (　　　). (4점)

    ① 거를 턱이 없다　　　　　　　② 거르기 나름이다

    ③ 거를 리 만무하다　　　　　　④ 거르기 일쑤이다

※ [10~11] 다음 밑줄 친 부분과 의미가 가장 비슷한 것을 고르십시오.

10. 적당한 스트레스는 건강에 <u>이롭게</u> 작용한다는 실험 결과가 나왔다. (3점)

    ① 유익하게　　　② 신속하게　　　③ 능통하게　　　④ 예민하게

11. 목표를 세우고 끊임없이 노력하지 않는다면 꿈을 <u>이루는</u> 것은 불가능하다. (4점)

    ① 수호하는　　　② 도모하는　　　③ 결합하는　　　④ 실현하는

※ [12~14] 다음 밑줄 친 부분과 바꾸었을 때 의미가 가장 비슷한 것을 고르십시오.
　　(각 3점)

12. 전혀 마음에 들지 않는 사람과 <u>결혼할 거라면</u> 차라리 혼자 사는 게 낫겠어요.
　　① 결혼할지언정　　　　　　　② 결혼할라치면
　　③ 결혼할 바에야　　　　　　　④ 결혼할 테지만

13. 언제나 믿고 격려해 준 가족들이 <u>없었다면</u> 결코 성공하지 못했을 것이다.
　　① 없는 양　　　② 없었던들　　　③ 없으나마　　　④ 없는 한편

14. 선거에서 <u>떨어진다고 해도</u> 부정한 방법으로 당선되고 싶은 생각은 절대로 없다.
　　① 떨어지느니　　② 떨어지기에　　③ 떨어질망정　　④ 떨어지거늘

※ [15~16] 다음 밑줄 친 부분이 틀린 것을 고르십시오. (각 4점)

15. ① 초등학생밖에 되지 않은 아이의 생각이 <u>여간</u> 어른스럽다.
　　② 어머니께서는 평생을 <u>오로지</u> 가족들을 위해 희생하셨다.
　　③ 돈을 빌려 달라는 내 부탁에 그는 <u>선뜻</u> 큰돈을 내 주었다.
　　④ 아침저녁으로 일교차가 커지자 감기 환자들이 <u>부쩍</u> 늘었다.

16. ① 연구원들은 신약 개발을 위한 마지막 실험에 <u>박차를 가하고</u> 있다.
　　② 아는 사람이 <u>줄행랑을 놓은</u> 덕분에 제품을 쉽게 판매할 수 있었다.
　　③ 도박은 중독성이 있기 때문에 한번 빠져들면 <u>손을 씻기</u>가 무척 어렵다.
　　④ 지난해 <u>고배를 마셨기</u> 때문에 최선을 다해 노력했으나 또다시 실패했다.

※ **[17~18] 다음 (   )에 공통으로 들어갈 단어를 고르십시오. (각 3점)**

17.

> 그는 사람들의 권유에 (   ) 대통령 선거에 출마하게 되었다.
> 연휴라서 그런지 고속도로에 차가 (   ) 꼼짝을 못하고 있었다.
> 남자 10명이 힘을 쓰자 큰 바위가 조금씩 뒤로 (   ) 시작했다.

① 막히다　　　② 박히다　　　③ 밀리다　　　④ 가리다

18.

> 감기 때문에 목이 (   ) 크게 말할 수가 없다.
> 5년 동안 (   ) 회비로 동창들과 여행을 다녀왔다.
> 밀가루에 뜨거운 물을 (   ) 잘 주물러야 좋은 반죽이 된다.

① 넣다　　　② 붓다　　　③ 모으다　　　④ 마르다

※ **[19~20] 다음을 읽고 물음에 답하십시오.**

> 　외국의 한 건강 잡지의 기사에 따르면 살면서 가장 힘든 일 중의 하나가 유아를 다루는 일이며 그중에서도 신경질적인 아이를 다루는 것이 특히 어렵다고 한다. 대부분의 부모는 아이가 신경질을 부리는 이유를 제대로 파악하지 못하거나 그 이유가 엉뚱하기 때문에 일일이 대처하기가 매우 힘들다. 이런 경우에는 아이에게 따지거나 가르치려 하지 말라고 (　㉠　)하고 있다. 어른들의 기준으로 판단하고 (　㉡　) 무조건 꼭 안아 주고 사랑한다는 말을 많이 해 주는 것이 더욱 효과적이라는 것이다.

19. ㉠에 알맞은 것을 고르십시오. (4점)

① 조언　　　② 동조　　　③ 반성　　　④ 논쟁

20. ㉡에 알맞은 것을 고르십시오. (3점)

① 설명하거니와　　　　　　② 설명하기로서니

③ 설명하기보다는　　　　　④ 설명한다고 해서

사회생활을 하다 보면 부탁을 하거나 받는 일이 빈번하게 발생하곤 한다. 그것이 내가 해 줄 수 있는 일이라면 상관없지만, 때로는 감당하기 어려운 경우도 있다. 이때 상대의 부탁을 거절하는 편이 낫다는 것을 (㉠) 안 된다고 말하는 것이 결코 쉬운 일은 아니다. 좋은 사람으로 인식되고 싶은 욕구가 잠재의식 속에서 강하게 작용할수록 거절에 부담을 느껴 (㉡)하는 경우가 많다. 하지만 들어줄 수 없는 부탁은 안 되는 이유를 말하고 정중하게 거절하는 것이 바람직한 인간관계를 지속하는 데에 도움이 된다.

21. ㉠에 알맞은 것을 고르십시오. (4점)

    ① 알고 있고서야   ② 알고 있는 대신에

    ③ 알고 있는 반면에   ④ 알고 있다손 치더라도

22. ㉡에 알맞은 것을 고르십시오. (3점)

    ① 좌충우돌   ② 위풍당당   ③ 전전긍긍   ④ 유유자적

※ **[23~24] 다음을 읽고 물음에 답하십시오.**

서울과 춘천을 잇는 최대 시속 180km의 경춘선 준고속열차 ITX가 개통 1주년을 맞았다. 40분이면 서울과 춘천을 오갈 수 있게 되어 옛 무궁화호 열차보다 수송 인원이 증가해 하루 평균 이용객이 1만 2천 명에 달하는 등 (　ㄱ　) 있다. 이러한 경춘선 ITX 덕분에 지난해 춘천을 방문한 관광객이 15%나 늘어났다. 하지만 인근 대학가에서 자취를 하던 서울 학생들이 집에서 통학을 하게 되는 경우가 (　ㄴ　) 시민들도 쇼핑과 문화생활을 수도권에서 하는 바람에 지역 상권이 위축되고 있어 명암이 엇갈리고 있다.

23. ㄱ에 알맞은 것을 고르십시오. (4점)

　　① 꼬리를 물고　　　　② 각광을 받고

　　③ 골탕을 먹고　　　　④ 가슴을 치고

24. ㄴ에 알맞은 것을 고르십시오. (3점)

　　① 많아진다면야　　　② 많아진 데다가

　　③ 많아지는 대로　　　④ 많아진다 한들

※ [25~27] 다음을 읽고 물음에 답하십시오.

지난해 3월에 있었던 전남 해안 일대의 주택가 침수 및 어선 전복 사고와 5월 충남 서해안에서 관광객들이 목숨을 잃게 된 사고는 모두 이상파랑이 원인인 것으로 밝혀졌다. 이상파랑이란 잔잔하던 바다에서 갑자기 10m 안팎의 높은 파도가 (㉠) 금세 아무 일도 (㉡) 잠잠해지는 현상이다. 주로 3월부터 5월 사이에 수심 50m 부근에서 생기는 파동인 천해파와 저기압이 비슷한 속도와 방향으로 나란히 이동할 때 발생한다. 기상청에 따르면 봄철에는 천해파와 더불어 이동성 저기압이 서해를 지나면서 파동을 더욱 증폭시키기 때문에 주의를 요한다고 한다. 특히 주변이 트인 곳에서는 파동의 에너지가 (㉢) 장애물이 생기면 파도가 급격히 높아지기 때문에 이상파랑 현상이 발생할 경우 해수욕장보다 갯바위나 방파제 근처가 훨씬 위험하다고 경고했다.

25. ㉠에 알맞은 것을 고르십시오. (3점)

① 진을 빼다가   ② 활개를 치다가

③ 다리를 놓다가   ④ 기세를 떨치다가

26. ㉡에 알맞은 것을 고르십시오. (4점)

① 없었을진대   ② 없었다는 듯이

③ 없었으리만치   ④ 없었다고는 하되

27. ㉢에 알맞은 것을 고르십시오. (3점)

① 발휘되지만   ② 부각되지만

③ 배제되지만   ④ 분산되지만

※ [28~30] 다음을 읽고 물음에 답하십시오.

매년 10월 10일은 임산부의 날이다. 아기가 태어날 때까지의 10개월과 가을 추수의 풍요로움을 상징하는 달인 10월의 의미를 담은 것이다. 결혼 기피라든가 고령 임신, 저출산이라는 사회적 현상 속에서도 아이를 원하거나 건강한 아이를 얻고 싶어 하는 부부들에게 각종 태교법은 여전히 주요 관심사이다. 그중에서도 관심을 (㉠) 있는 것이 바로 '숲 태교'이다. 울창한 숲의 향기와 새소리를 태아가 느끼게 (㉡) 자연과 가까이 하며 심신을 안정시킬 수 있는 태교법이다. 숲 태교는 국제적 연구를 통해서도 그 효과를 인정받고 있는데 태교에 가장 이상적인 환경은 스트레스가 없는 환경이다. 즉 푸르른 자연과 함께 호흡할 수 있는 울창한 숲이 이러한 조건을 충족시킨다는 얘기다. (㉢)라는 말도 있듯이 소중한 아기를 위해 더 좋은 환경과 감성을 찾아 주는 것이 모든 부모들의 염원이 아닐까 싶다.

28. ㉠에 알맞지 <u>않은</u> 것을 고르십시오. (3점)

    ① 얻고   ② 끌고   ③ 붙잡고   ④ 모으고

29. ㉡에 알맞은 것을 고르십시오. (3점)

    ① 해 주는 것이야말로   ② 해 주는 것은 차치하고

    ③ 해 주는 것은 고사하고   ④ 해 주는 것으로 말미암아

30. ㉢에 알맞은 것을 고르십시오. (4점)

    ① 수박 겉 핥기   ② 떡 본 김에 제사

    ③ 아닌 밤중에 홍두깨   ④ 같은 값이면 다홍치마

쓰기 (31~44번)

※ **[31~34] 빈칸에 가장 알맞은 것을 고르십시오. (각 4점)**

31. 가: 회사 일로 갑자기 출장을 가게 되어서 제가 기르는 고양이를 맡길 데가 없네요.
　　죄송하지만 고양이를 하루만 맡아 주실 수 없을까요?

　　나: 어쩌지요? ＿＿＿＿＿＿＿＿＿＿＿＿＿＿＿＿＿＿.

　① 저도 고양이를 좋아하는데 정말 잘 됐네요

　② 저야말로 고양이를 한 마리 키우고 싶었거든요

　③ 제가 집에 일찍 들어갈 때 고양이를 맡아 드릴게요

　④ 저도 일이 많아서 오늘은 집에 못 들어갈 것 같아요

32. 가: 자전거는 전신 운동에 도움도 되고 친환경적인 교통수단이지만 버스나 지하철로
　　갈아탈 때에는 불편해요.

　　나: 그렇기는 하지만 ＿＿＿＿＿＿＿＿＿＿＿＿＿＿＿＿＿＿.

　① 환경을 지키는 데 도움이 되니까 불편할 법도 하네요

　② 환경을 보호하려면 어느 정도 불편한 것은 감수해야지요

　③ 갈아탈 때 불편한 데다가 운동에도 도움이 될까 싶네요

　④ 갈아타는 것은 불편하니까 자전거를 안 타는 것이 좋겠어요

33. 가: 요즘 공무원들의 비리 사건이 끊이지 않네요. 이럴수록 법이 더 엄격하게 적용되어야
　　할 것 같아요.

　　나: ＿＿＿＿＿＿＿＿＿＿＿＿＿＿＿＿ 그런 범죄가 근절될 수 있을까요?

　① 법을 엄격하게 적용한다고 해서

　② 법을 제대로 적용할 수 있다면야

　③ 법이 엄격하게 적용될 수 있도록

　④ 법이라면 모두 해결할 수 있으니까

34. 가: 잠을 푹 자지 못하는 상태가 지속되면 기억력과 집중력이 떨어지기 쉽대요.

　　나: 그래요? ___________________________________.

　　① 수면 부족은 기억력이나 집중력과는 상관이 없거든요

　　② 집중력이 떨어지기 전에 잠을 충분히 잘 걸 그랬어요

　　③ 수면 부족이 기억력과 집중력에도 영향을 미치는군요

　　④ 기억력과 집중력을 높이는 방법이 있을지 모르겠어요

※ [35~36] 밑줄 친 부분을 같은 의미로 바꾸어 쓴 것을 고르십시오. (각 4점)

35. 자연재해를 미리 예방하기 위한 대비책 마련이 중요하다. 사고가 발생한 후 상황을 수습하는 것은 당장 눈앞의 위기만 모면하려는 것과 다를 바가 없다.

　　① 위기 탈출의 방법을 모색하려는

　　② 위기를 피하려는 생각이 없다는

　　③ 코앞의 위험은 피할 수 없다는

　　④ 코앞에 닥친 어려움만 피해 보려는

36. 최근의 여행 상품이나 관련 서적들은 삶을 즐기는 자세를 최우선으로 두고 행복을 누리는 것을 포기하면 안 된다고 말한다. 그러나 성공과 행복만을 향해 달리기보다는 고통 속에서도 삶의 의미를 찾을 줄 아는 것이 중요하다.

　　① 성공과 행복을 얻을 수 없을지라도 포기하지 말고

　　② 성공과 행복을 이루기 위해서만 몰두할 것이 아니라

　　③ 성공과 행복을 원한다고 모두 얻을 수는 없기 때문에

　　④ 성공과 행복을 이룰 수 있으면 몰라도 그렇지 않은 이상

37. 다음은 '학부모 모니터 요원 모집'에 대한 공고문과 관련 기사문입니다.
    ①~④ 중에서 공고문의 내용과 일치하는 것을 고르십시오.

학부모 모니터 요원 모집

1. 목적: 학부모의 다양한 의견을 교육 정책에 반영
2. 모집 대상 및 인원: 초·중·고교생 학부모 10명
3. 신청 기간: 2013. 9. 20. ~ 2013. 10. 20.
4. 신청 방법: 교육청 홈페이지에서 지원서를 내려 받아 이메일로 접수
5. 선정 결과 발표: 2013. 11. 1. (홈페이지 공고)
6. 활동 기간: 발표일로부터 1년간
7. 혜택: 교통비 및 활동비 지급(우수 활동자에게는 자녀 장학금 지급)
8. 문의: ☎ 02-1234-5678

   korea2013@korea.go.kr.

서울시교육청

서울시교육청에서는 학부모 모니터 요원을 모집한다. ①교육 정책을 수립하고 시행하는 과정에서 시민들의 다양한 의견을 반영하기 위한 것이다. ②초·중·고교생 학부모라면 누구나 지원 가능하며, 9월 20일부터 한 달간 신청하면 된다. ③지원서는 교육청 홈페이지에 들어가 작성한 후 이메일 또는 우편으로 제출하면 된다. 선정 결과는 11월 1일에 발표하며 활동 기간은 2014년 10월까지이다. ④활동자 전원에게는 활동비와 자녀 장학금을 지급한다. 그 외의 문의는 전화나 이메일을 통해 가능하다.

38. 다음은 '인간개발지수와 연도별, 국가별 순위'에 관한 결과를 정리한 자료입니다. ①~④ 중에서 자료의 내용과 일치하지 않는 것을 고르십시오.

2013 인간개발지수(HDI) 순위

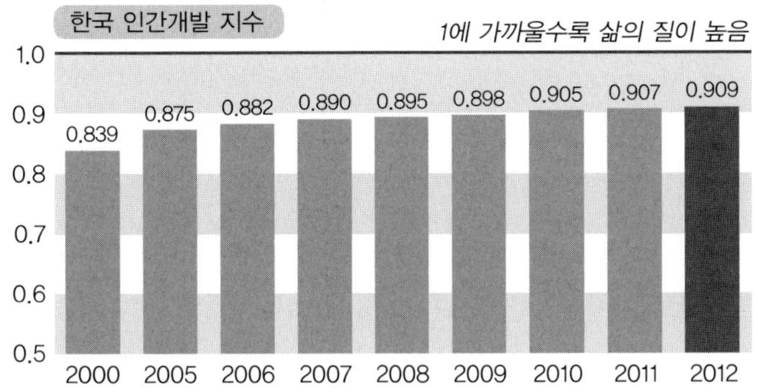

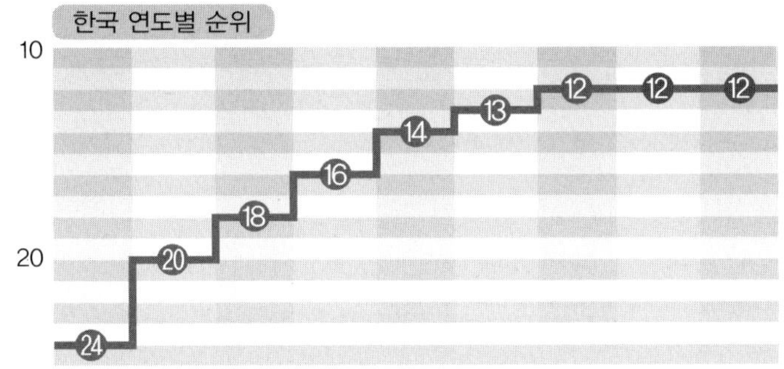

국가별 순위

2013	
순위	국가명
1	노르웨이
2	호주
3	미국
4	네덜란드
5	독일
6	뉴질랜드
7	아일랜드
8	스웨덴
9	스위스
10	일본
11	캐나다
12	한국

*인간개발지수(HDI)=유엔개발계획(UNDP)이 국가별 국민소득, 교육수준, 평균수명, 유아 사망률 등을 종합 평가해 매년 발표.

자료/유엔개발계획(UNDP) 연합뉴스

↓

유엔개발계획(UNDP)이 발표한 '2013 인간개발지수(HDI)'를 보면 ① 2012년 한국의 인간개발지수는 0.909로 국가별 순위에서 12위를 차지했다. 인간개발지수란 유엔개발계획이 매년 국가별 국민소득, 교육수준, 평균수명, 유아 사망률 등을 종합적으로 평가해 발표하는 지수이다. 한국은 ② 2000년에는 20위권 밖에 머물렀지만 2005년부터 2009년까지 꾸준히 순위가 상승했다. ③ 그리고 2010년부터 3년 동안 지속적으로 0.9 이상을 획득했다. 한국보다 인간개발지수 지수가 높은 국가 중에서는 ④ 노르웨이가 1위를 기록했으며, 호주, 미국에 이어 독일, 스웨덴, 캐나다 등이 10위 안에 들었다.

※ [39~40] 다음 글을 읽고 (   ) 안에 가장 알맞은 표현을 고르십시오.
(각 4점)

39.
> 몸이 아프면 병원에 가는 것이 당연하다. 그런데 요즘 병원에서는 음악 치료를 권하는 경우가 있다. 사람을 근본적으로 치유할 수 있는 방법 중 하나가 바로 음악이며 단순히 듣는 것에서 그치지 말고 직접 악기를 다뤄 보는 것이 좋다는 것이다. 연주에 집중하다 보면 자연스럽게 (   ) 이러한 상태를 이용해 심리 치료를 하는 것이 바로 음악 치료이다. 하지만 아무 음악이나 듣고 아무 악기나 배운다고 다 치료가 되는 것은 아니다. 자신의 상황과 조건에 맞는 악기를 배워야 비로소 제대로 음악을 즐길 수 있게 된다.

① 긴장이 풀리고 평소보다 마음도 열리기 때문에

② 긴장이 더욱 심화되어 결국 병원에 가야 하므로

③ 긴장하게 되어 음악에 빠져들 수 없다고 하니까

④ 긴장 상태를 유지하게 되면서 마음이 강해지는 터라

40.
> 흔히 고액 기부라고 하면 평생 모은 재산을 사회에 헌납하는 형태를 떠올린다. 하지만 꾸준한 기부 습관이 그러한 결과로 이어지기도 한다. 한 모금 단체에서 고액 기부자 모임의 회원들을 대상으로 조사한 결과 이들은 기부를 시작한 지 20여 년이 지난 후에 비로소 고액을 기부하게 되었다고 한다. 처음부터 큰돈을 낸 사람도 있었지만 만 원이나 십만 원 단위에서 시작하여 지속적으로 실천한 경우가 대부분이었다. 그리고 마침내 평균 1억 원이 넘는 금액을 기부하기에 이르렀다. 부자가 갑자기 고액을 내는 게 아니라 (   ) 과정을 밟은 것이다.

① 부자가 된 후에 비로소 기부하기로 결심하는

② 부자가 되기를 오랫동안 기다렸다가 내려고 하는

③ 부자가 아닐 때부터 조금씩 내다가 고액을 기부하게 되는

④ 부자가 되기 전에 조금씩 낸 까닭에 끝까지 기부해야 하는

※ [41] 제시된 표현을 <u>순서대로 모두</u> 사용해서 〈   〉의 주제에 대한 문장을 만드십시오. (한 문장, 40~60자) (10점)

〈진정한 부자〉

물질적으로 풍족하다 / 가진 것이 없다 / 도움이 필요하다 / 기꺼이 내어 주다

(   )

※ [42~43] 다음 글을 읽고 (   ) 안에 알맞은 말을 쓰십시오. (각 10점)

42.
> 　상상력이란 경험하지 못한 현상이나 사물에 대해 머릿속으로 그려 보는 능력이다. 비행기나 전화 등이 발명되고 여러 법칙들이 발견되는 과정들을 보면 이러한 상상력으로 시작되어 연구가 이루어지고 수많은 실패를 거듭한 끝에 그 결과를 얻게 되었음을 알 수 있다. 그러므로 상상력은 발명과 발견의 어머니라고 할 만하다. 이런 점에서 볼 때 과학자들은 대부분 (　　　　　　　　　) 사람들이라고 할 수 있다.

43.
> 　최근 들어 자신이 좋아하는 분야라면 돈을 아끼지 않는 젊은이들이 늘어나고 있다. 사회·경제적 상황이 불확실해짐에 따라 미래에 투자하는 것보다 현재의 가치에 집중하려는 경향을 띠는 것이다. 이들은 회사와 가정을 위해 자신을 희생하기보다는 사생활이나 취미를 더 중요시하는 경향이 있다. 그렇기 때문에 평소에는 씀씀이가 크지 않다가도 관심 있는 제품을 구입할 때에는 망설이지 않는다. 열심히 일해서 번 돈을 여행이나 수집을 위해 다 써 버리기도 한다. 내 집을 마련하기 위해 장기적으로 저축을 하는 것보다는 (　　　　　　　　) 더 가치 있는 소비라고 여기는 것이다.

※ [44] 다음을 읽고 700~800자로 글을 쓰십시오. (30점)

44. 우리는 광고의 홍수 속에서 살고 있습니다. 우리 사회는 모든 것이 광고와 연관되어
   있다고 해도 과언이 아닐 것입니다. '광고와 사회의 연관성'에 대해 자신의 견해를
   서술하십시오. 단, 아래에 제시한 내용이 모두 포함되어야 합니다.

<광고와 사회의 연관성>

(1) 광고의 목적은 무엇인가?

(2) 광고는 그 시대와 어떤 연관성을 가지는가?

(3) 광고가 시대를 반영하고 있음을 보여 주는 예로는 어떤 것이 있는가?

＊원고지 쓰기의 예

	현	재	의		한	국		증	시	는		불	안	정	한		시	기	에
있	으	며		원	인	은		두		가	지	로		볼		수		있	다

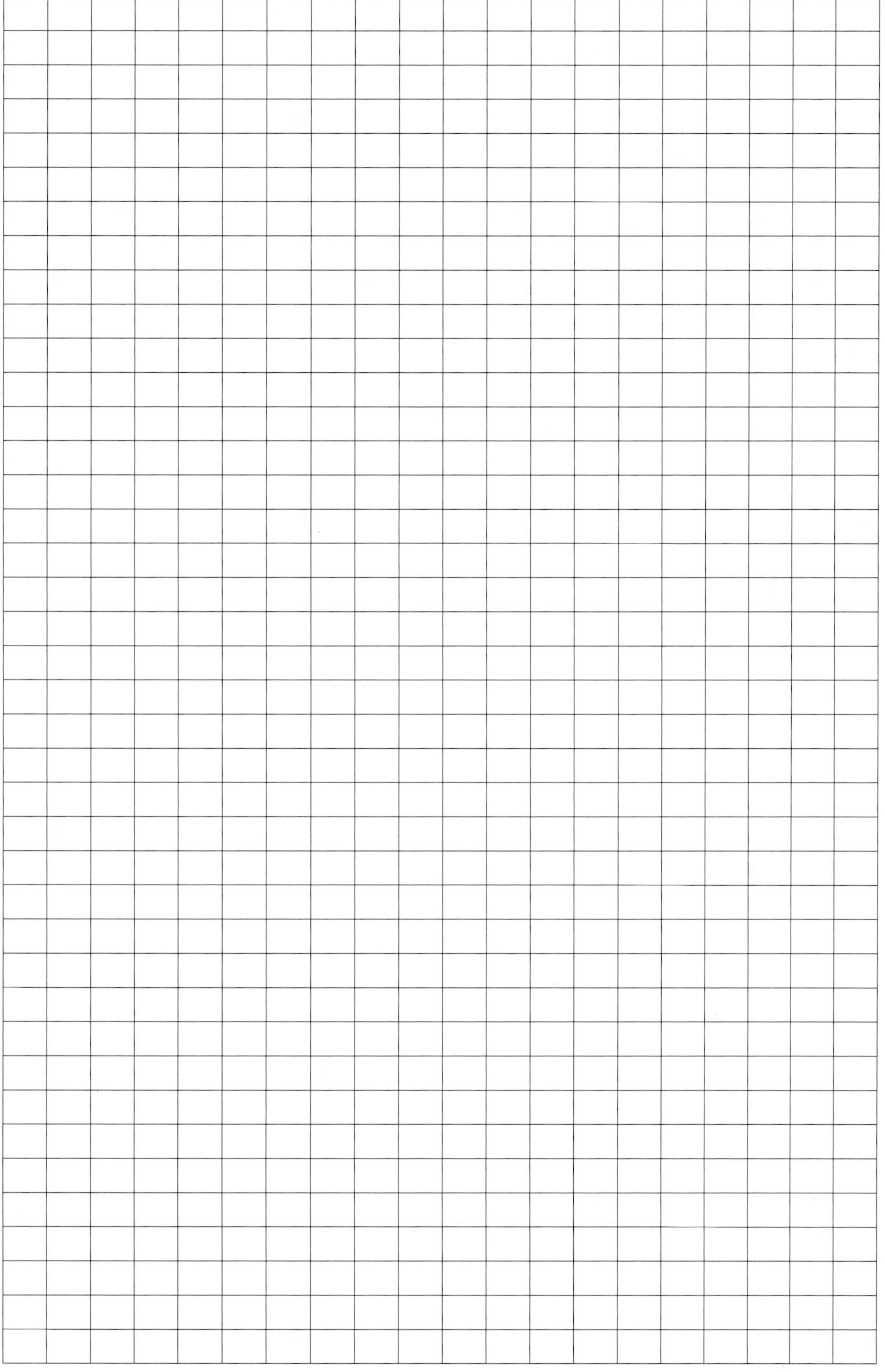

한국어능력시험

Test of Proficiency in Korean

일반한국어능력시험(S-TOPIK)

고급(Advanced)

2교시 | **이해** (듣기, 읽기)

수험번호(Application No.)	
이름 (Name)	한국어(Korean)	
	영어(English)	

유 의 사 항
Information

1. 시험 시작 지시가 있을 때까지 문제를 풀지 마십시오.

   Do not open the booklet until you are allowed to start.

2. 수험번호와 이름은 수험표와 같도록 정확하게 적어 주십시오.

   Write your name and application number on the answer sheet same as on your test voucher.

3. 답안지를 구기거나 훼손하지 마십시오.

   Do not fold the answer sheet; keep it clean.

4. 답안지의 이름, 수험번호 및 정답의 기입은 컴퓨터용 펜을 사용하여 주십시오.

   Use the optical mark reader(OMR) pen only.

5. 정답은 답안지에 정확하게 표시하여 주십시오.

   Mark your answer accurately and clearly on the answer sheet.

   marking example 

6. 문제를 읽을 때에는 소리가 나지 않도록 하십시오.

   Keep quiet while answering the questions.

7. 질문이 있을 때에는 손을 들고 감독관이 올 때까지 기다려 주십시오.

   When you have any questions, please raise your hand.

듣기 (1~30번) 

※ [1~4] 두 사람이 대화하고 있습니다. 이어질 내용으로 가장 알맞은 것을 고르십시오.
(각 3점)

1. ① 그러니까 커피 마시러 외출을 자주 하는 것이 좋겠어요.

 ② 그렇게 커피가 몸에 좋다면 앞으로 더 많이 마셔야겠네요.

 ③ 그래서 저도 커피 전문점에서 항상 얻어 와서 쓰고 있어요.

 ④ 그리고 보니 커피 찌꺼기도 여기저기 쓸모가 많은 거였군요.

2. ① 역시 구내식당보다는 학교 앞 식당이 싸고 더 맛있다니까.

 ② 아마도 비싼 음식이 더 맛있을 거라고 생각하기 때문이겠지.

 ③ 앞으로는 여러 식당을 잘 비교해 보고 선택해야 할 것 같아.

 ④ 그럼 나도 이제 밖에서 먹지 말고 구내식당에서 먹어야겠네.

3. ① 이러다가는 동네에 서점 하나 남지 않겠어요.

 ② 온라인 판매까지 하면 더욱 편리해지겠네요.

 ③ 동네 서점들이 앞으로는 장사가 잘 되겠지요.

 ④ 대형 서점이 우리 동네에 들어오면 좋겠어요.

4. ① 동전을 빨리 교환할 수 있는 방법을 알아봐야겠어요.

 ② 은행에 가지 않고 동전을 교환할 수 있는 방법은 없어요.

 ③ 오전에는 시간이 없는데 앞으로 어떻게 할지 걱정이에요.

 ④ 번거로운 일이니까 바쁘지 않을 때만 가능하다는 얘기군요.

※ [5~7] 다음은 무엇에 대해 이야기하고 있습니까? 가장 알맞은 것을 고르십시오.

5. (3점)

① 양파의 섭취 방법　　　　　② 양파 홍보와 미용법

③ 양파의 성분과 효능　　　　④ 양파 껍질의 조리법

6. (4점)

① 아이의 성장 과정　　　　　② 아이의 예절 교육

③ 아이의 버릇 관찰　　　　　④ 아이의 행동 변화

7. (4점)

① 방송사 음악 프로그램의 시청률 하락 원인

② 방송사 음악 프로그램의 정보 수집 경로

③ 인터넷 시대의 음악 프로그램 홍수 현상

④ 음악 프로그램을 시청하는 팬들의 유형

※ [8~10] 다음을 듣고 들은 내용과 같은 것을 고르십시오.

8. (3점)

① 가족과 함께 식사를 하면 정신 건강에 도움이 된다.

② 규칙적인 식사를 해야 가족끼리 행복해질 수 있다.

③ 가족들과 식사를 못해서 아이들의 건강 문제가 심각하다.

④ 일주일에 한 번 하는 식사만으로는 안정감을 주지 못한다.

9. (3점)

① 아파트가 단독주택에 비해 효율성이 떨어진다.

② 공동주택은 편리함과 문제점을 함께 가지고 있다.

③ 이웃과의 불화로 아파트에서 떠나는 사람들이 많다.

④ 요즘 사람들은 아파트를 훨씬 더 선호하는 경향이 있다.

10. (4점)

   ① 품앗이가 끝날 때마다 노동의 대가를 지급했다.

   ② 품앗이를 하는 구성원들은 노동력을 중요시했다.

   ③ 품앗이는 필요할 때마다 가까운 사람들끼리 조직하였다.

   ④ 품앗이에서는 나이나 성별에 따라 노동력이 다르다고 보았다.

※ [11~13] 다음을 듣고 남자가 어떤 생각을 하고 있는지 맞는 것을 고르십시오.

11. (3점)

   ① 꽃이나 나무의 아름다움을 보기 위해 산에 가야 한다.

   ② 봄철 등산은 위험하기 때문에 주의를 기울일 필요가 있다.

   ③ 산 정상에 오르는 것보다 그 과정을 즐기는 마음이 필요하다.

   ④ 산을 정복하기 위해서는 도전 정신과 전투력이 있어야 한다.

12. (4점)

   ① 인터넷 쇼핑몰을 운영해야 대박을 터트릴 수 있다.

   ② 일자리 창출을 위해 청년 창업 지원을 늘려야 한다.

   ③ 요즘 대학생들은 자신의 사업을 하기 위해 취업을 거부한다.

   ④ 현장 경험과 철저한 준비가 있어야 창업에 성공할 수 있다.

13. (3점)

   ① 자신의 의견을 끝까지 굽히지 않고 주장해야 한다.

   ② 의사소통은 상대방의 표현을 잘 듣는 것이 중요하다.

   ③ 성공적인 의사소통을 위해서는 유연한 태도가 필요하다.

   ④ 자신의 생각을 정확하게 표현하고 전달하는 것이 좋다.

※ [14~15] 다음 그림을 보고 가장 적절한 대화를 고르십시오. (각 4점)

14.

①   ②   ③   ④

15.

①   ②   ③   ④

※ [16~18] 대화가 끝난 후에 여자가 이어서 할 행동으로 알맞은 것을 고르십시오.

16. (3점)
　① 학과 사무실로 간다.　　　② 컴퓨터를 고치러 간다.
　③ 식당으로 밥 먹으러 간다.　④ 수강 신청을 하러 학교에 간다.

17. (3점)
　① 남자와 함께 차를 밀어 본다.
　② 차 주인의 연락처를 찾아 전화한다.
　③ 집집마다 찾아가서 차 주인을 알아낸다.
　④ 차 주인을 찾기 위해 안내 방송을 한다.

18. (4점)
　① 물을 한 컵 마신다.
　② 의사가 준 약을 먹는다.
　③ 채소와 과일을 사러 간다.
　④ 처방전을 가지고 약국으로 간다.

※ [19~20] 다음 뉴스를 듣고 알맞은 제목을 고르십시오. (각 4점)

19. ① 출산 휴가, 남녀평등의 원칙
　　② 사회 분위기 쇄신, 답은 없는가
　　③ 아빠의 달 도입, 일석이조의 효과
　　④ 일자리 창출, 이대로 과연 괜찮은가

20. ① 가게 운영 노하우, 지속적인 교육 필요
　　② 작은 가게의 성공 비결, 고객 감동이 핵심
　　③ 소비자의 제품 선택, 기업의 활동 방향 정해
　　④ 기업의 사회 공헌 활동, 새로운 변화를 모색해

※ [21~22] 다음 강연을 듣고 물음에 답하십시오. (각 3점)

21. 여자가 제시한 의견의 근거로 알맞은 것을 고르십시오.

    ① 전문가의 견해   ② 구체적인 사례

    ③ 직접 연구한 내용   ④ 최근의 연구 결과

22. 들은 이야기의 중심 내용으로 알맞은 것을 고르십시오.

    ① 비만은 전적으로 환경적인 영향을 받는다.

    ② 비만인 아이들은 부모도 비만인 경우가 많다.

    ③ 자녀의 비만은 부모의 생활 습관과 관련이 깊다.

    ④ 나이가 들수록 안 좋은 생활 습관은 바꾸기 힘들다.

※ [23~24] 다음 대담을 듣고 물음에 답하십시오. (각 3점)

23. 들은 내용과 같은 것을 고르십시오.

    ① 왜곡된 기사와 소문들은 믿을 만한 가치가 없다.

    ② 연예인의 사생활은 공개되어야 대중들이 좋아한다.

    ③ 연예인 사생활 침해에 대한 찬반 의견이 엇갈리고 있다.

    ④ 소문이 퍼지기 전에 당사자들에게 해명 기회를 줘야 한다.

24. 여자의 태도로 가장 알맞은 것을 고르십시오.

    ① 상대방의 의견을 강하게 반박하고 있다.

    ② 예를 들어 자신의 주장을 피력하고 있다.

    ③ 추가 설명을 하며 상대의 의견에 동조하고 있다.

    ④ 연구 결과를 들어 자신의 의견을 설명하고 있다.

※ [25~26] 다음 대화를 듣고 물음에 답하십시오. (각 3점)

25. 들은 내용과 같은 것을 고르십시오.

① 생태계의 질서가 깨지는 것이 문제가 되고 있다.

② 외래종 수입으로 농가의 소득이 증가하고 있다.

③ 외래종으로 인해 먹이사슬이 균형을 찾아가고 있다.

④ 인간의 목적을 위해서 자연 생태계를 활용해야 한다.

26. 남자의 생각으로 가장 알맞은 것을 고르십시오.

① 농가 소득이 감소하게 되면 큰 문제이다.

② 자연 생태계에 인간이 개입해서는 안 된다.

③ 생태계 파괴가 심각한 것은 외래종 때문이다.

④ 시간이 걸리더라도 생태계를 회복해야 한다.

※ [27~28] 다음 대담을 듣고 물음에 답하십시오. (각 3점)

27. 들은 내용과 같은 것을 고르십시오.

① 학생들은 글쓰기의 주제가 어려워서 불만이다.

② 경험과 관심사를 활용해 논술을 준비해야 한다.

③ 일상생활의 경험부터 자유롭게 써 보는 것이 좋다.

④ 학생들이 주제를 정하지 못하면 교사가 주는 것이 좋다.

28. 남자의 태도로 가장 알맞은 것을 고르십시오.

① 지속적인 글쓰기 연습에 대해 회의적이다.

② 논술을 위한 글쓰기 교육을 비판하고 있다.

③ 글쓰기에 앞서 다양한 경험을 요구하고 있다.

④ 학생들이 마음대로 글을 쓰는 것을 지적하고 있다.

※ [29~30] 다음 강의를 듣고 물음에 답하십시오.

29. 여자의 말 앞에 나온 내용으로 알맞은 것을 고르십시오. (3점)

    ① 한옥이 가진 구조적인 문제점

    ② 아파트와 한옥 생활의 차이점

    ③ 한옥의 환기 구조 개선의 필요성

    ④ 한옥과 현대 건축 기술 간의 부조화

30. 여자의 생각과 같은 것을 고르십시오. (4점)

    ① 현대의 건축 기술은 어떤 문제든지 해결해 준다.

    ② 한옥에 살아 보지 않으면 불편하다고 생각할 수 있다.

    ③ 한옥의 장점을 알게 되려면 불편하더라도 견뎌야 한다.

    ④ 호흡기 질환에 걸리는 이유는 공기가 부족하기 때문이다.

읽기 (31~60번)

※ [31~32] 다음은 신문 기사의 제목입니다. 가장 잘 설명한 것을 고르십시오.
(각 3점)

31.

수도권 거주자 절반 "집값 올해가 바닥"

① 수도권 인구 반 정도가 올해의 집값이 가장 싸다고 했다.

② 서울에 사는 사람들 대부분이 집값 때문에 걱정하고 있다.

③ 수도권에 사는 사람들은 집값이 내려가길 기다리고 있다.

④ 올해에 집값이 가장 많이 올라서 수도권에서 살기 힘들다.

32.

"농사나 짓지" 하다 큰코다칠라

① 귀농 생활은 몸은 힘들지만 해 볼 만한 일이다.

② 농사를 짓는 일은 위험해서 항상 부상이 따른다.

③ 농사를 짓는다고 말하면 코를 크게 다칠 수 있다.

④ 귀농에 대해 쉽게 생각하다가는 낭패를 볼 수 있다.

※ [33~34] 다음 글을 쓴 목적으로 가장 알맞은 것을 고르십시오. (각 3점)

33.

> 산악 사고는 폭우, 폭풍, 번개, 폭설, 낙석 등 자연적 요인과 방심, 부주의, 판단 미숙, 준비 및 정보 부족, 경험 및 기술 부족 등의 인위적 요인으로 인해 발생할 수 있다. 현대사회에서는 일기예보를 통한 등산로 통제, 장비의 발달 등으로 인해 자연적 요인만으로 산악 사고가 발생할 일은 거의 없다. 사고는 대부분 인위적 요인으로 인해 발생하거나 자연적 요인과 인위적 요인이 맞물려 발생한다. 그러므로 산을 즐기는 사람이 사고에 대한 경각심만 가지고 있어도 대부분의 산악 사고를 방지할 수 있다.

① 등산의 효율성과 안전성에 대해 강조하려고

② 등산할 때의 경험과 기술에 대해 교육하려고

③ 산악 사고의 원인과 예방에 대해 설명하려고

④ 산에서 일어날 수 있는 위험에 대해 알려주려고

34.

> 통신 시설이 발달하기 전에는 지방에서 긴급한 사태가 발생한 경우 그 사실을 중앙에 빨리 알리는 방법으로 봉수를 활용하였다. 봉수는 근대 이전까지 전 세계적으로 널리 사용되었다. 한국의 경우, 조선 시대에는 전국의 봉수가 집결되는 곳이 남산이었는데 밤에는 불, 낮에는 연기를 이용하여 위기 상황을 전달하였다. 평상시에는 하나를 올렸으며 두 개일 경우 적이 나타났음을 의미했다. 다섯 개가 모두 올라가면 적군과 접전하고 있음을 알리는 것이었다.

① 봉수가 담당한 역할을 설명하기 위해

② 봉수가 전달되는 과정을 밝히기 위해

③ 긴급 사태를 알리는 방법을 소개하기 위해

④ 불과 연기의 개수에 따른 의미를 전하기 위해

※ [35~36] 다음 글의 주제문으로 가장 알맞은 것을 고르십시오.

35. (3점)

> ㉠ 모든 사람들이 '예'라고 할 때 '아니요'라고 말할 수 있는 데에는 대단한 용기가 필요하다. ㉡ 인간관계에 있어서는 상대방에 대한 배려와 이해도 중요하지만 때로는 자기를 주장할 수 있는 용기가 있어야 한다. ㉢ 상대방이 마음을 상할까 봐 자신의 생각을 포기하거나 굽히는 태도는 지나친 배려이며 용기 부족이다. ㉣ 이러한 태도는 동등한 관계가 아니라 어느 한 쪽이 일방적인 상하 관계를 만들어 낼 위험이 크다.

① ㉠   ② ㉡   ③ ㉢   ④ ㉣

36. (4점)

> ㉠ 당뇨병은 혈당의 분해를 돕는 호르몬의 분비량이 부족하거나 정상적으로 기능하지 않아 생기는 질환이다. ㉡ 당뇨병이 생기면 혈중 포도당의 농도가 높아지며 고혈당 상태가 계속될 경우 여러 합병증을 일으키게 된다. ㉢ 치료를 위해 정기적으로 혈당을 측정하고 적절한 운동과 식이요법을 병행할 필요가 있다. ㉣ 체중이 많이 나갈 경우 체중을 줄이는 것도 당뇨병 관리와 예방에 도움이 된다.

① ㉠   ② ㉡   ③ ㉢   ④ ㉣

※ [37~38] 다음 글의 주제로 가장 알맞은 것을 고르십시오. (각 4점)

37.

> 과거에는 남녀가 첫 데이트를 한 후 다시 만나기까지 사흘 정도 기다리는 여유가 있었다. 하지만 최근 조사 결과에 따르면 이 기간은 36시간 이내로 크게 단축되었다. 이동통신 기술의 발달로 인해 시간과 장소에 구애 받지 않고 휴대 전화를 사용하므로 상대가 마음에 든다면 언제든 연락이 가능하기 때문이다. 관심을 두고 있는 상대방이 이틀이 지나도 연락이 없다면 만남에 대한 미련을 버려야 할 것 같다.

① 만남이 성공하려면 서로에게 얼마나 미련을 가지느냐에 있다.

② 남녀 관계에 있어서 상대방에 대한 관심이 무엇보다 중요하다.

③ 이동통신 기술의 발달에 따라 언제 어디서든 연락이 가능해졌다.

④ 이동통신 기술의 발달은 사람들의 인내심에 영향을 미치고 있다.

38.

> 꿈은 날짜와 함께 적어 놓으면 목표가 되고, 목표를 잘게 나누면 계획이 되며 계획을 실행에 옮기면 꿈이 실현된다는 말이 있다. 마음속으로 꿈만 꾸고 있다면 그것은 그저 꿈에 지나지 않는다. 하지만 구체적으로 표현하고 드러내게 되면 그것이 목표가 된다. 그것을 이루기 위해 노력하는 동안 어느새 꿈이라는 목표에 한층 다가갈 수 있을 것이다.

① 꿈을 꾸는 것은 목표를 이루는 일이다.

② 꿈은 숨겨 두게 되면 마음의 상처가 된다.

③ 꿈은 구체적인 목표를 세워야 실현 가능하다.

④ 꿈을 이루기 위해서는 날짜를 써 놓아야 한다.

※ [39~41] 다음 글에서 〈보기〉의 문장이 들어가기에 가장 알맞은 곳을 고르십시오.
(각 3점)

39.

> 　자녀가 말을 잘 듣지 않을 때 활용할 수 있는 방법으로 '계약서 쓰기'라는 게 있다. (㉠) 적당한 시기를 선택해 아이가 주체가 되어 계약서를 작성하게 하는 것이다. (㉡) '계약서 쓰기'는 잘못했을 때 아이가 스스로 받을 벌을 정하기 때문에 자신의 행동을 어느 정도 조절할 수 있는 효과가 있다. (㉢) 또한 자기가 결정한 벌이므로 일방적으로 야단을 맞을 때와 달리 수치심을 느끼지 않게 된다. (㉣)

―――〈보 기〉―――

예를 들면 잘못한 상황에 따라 게임 안 하기, 용돈 덜 받기 등 아이가 받아야 할 벌을 스스로 결정하도록 한다.

① ㉠　　　　② ㉡　　　　③ ㉢　　　　④ ㉣

40.

> 　훌쩍거리며 기침을 하면 흔히 감기라고 생각하고 가볍게 넘기기 쉽다. (㉠) 그러나 이런 경우에 봄철 꽃가루 알레르기가 아닌지 의심해 볼 필요가 있다. (㉡) 심해지면 천식이나 폐렴으로 발전하기도 한다. (㉢) 꽃가루는 아침 시간대에 많이 퍼져 있으므로 오전에는 되도록 야외 활동을 피하고, 외출 후에는 반드시 다른 옷으로 갈아입는 것이 좋다. (㉣)

―――〈보 기〉―――

알레르기 질환이 있는 사람은 꽃가루가 호흡기를 통해 몸속으로 들어가면 콧물을 흘리거나 재채기와 같은 증상이 나타난다.

① ㉠　　　　② ㉡　　　　③ ㉢　　　　④ ㉣

41.

> 위험 속에서 신체를 지켜주는 방탄복을 만들기 위한 실은 무엇보다 가늘어야
> 한다. (㉠) 가늘수록 섬유의 조직이 치밀해져 총알이 방탄복을 뚫지 못하게
> 된다. (㉡) 방탄복에 사용되는 실은 같은 무게의 강철보다 훨씬 더 튼튼해야
> 한다. (㉢) 과학자들은 최근에 머리카락의 100분의 1의 굵기에 불과하지만
> 강도는 강철의 100배 정도인 실을 개발했다. (㉣)

─〈보 기〉─

> 실이 가늘기만 하고 튼튼하지 못하면 아무 소용이 없기 때문이다.

① ㉠ ② ㉡ ③ ㉢ ④ ㉣

※ [42~44] 다음을 읽고 내용이 같은 것을 고르십시오.

42. (3점)

> 재활용이라고 하면 우리는 분리수거를 떠올리곤 한다. 다 쓴 물건을 본래의
> 용도로 다시 사용할 수 있게끔 부활시키는 것 정도로 여긴다. 하지만 최근에는
> 재활용의 개념이 달라지고 있다. 오래된 사다리를 책장으로 개조한다거나
> 예전의 낡은 미닫이 TV장을 수족관으로 만드는 것이 그 예이다. 버려지는
> 제품을 단순히 재활용하는 차원을 넘어 디자인 요소를 가미해 보다 높은
> 가치를 지닌 제품으로 재창조하는 것이다.

① 재활용의 개념이 재창조로 바뀌고 있다.

② 디자인을 가미해야 가치 있는 상품이 된다.

③ 다시 사용할 수 있게 하는 것이 재창조이다.

④ 재활용의 목적은 신제품을 만들어 내는 것이다.

43. (4점)

>   푸드뱅크란 개인이나 기업으로부터 기부 받은 물품을 푸드마켓을 통해 소외된 계층에 지원하는 사업을 말한다. 전국에서 하루 평균 25만여 가정이 푸드마켓을 통해 식품부터 생활용품까지 다양한 제품을 제공 받고 있다. 이중 개인이 기부한 물품들은 현장의 요구에 따라 필요할 때마다 전달된다. 한편 기업들은 생산량의 일정 부분을 기부하기로 약속하고 공급하기 때문에 필요한 시기와 수량, 종류에 맞게 계획적으로 물품을 분배할 수 있다는 장점이 있다.

① 푸드마켓에서는 다양한 식품과 생활용품을 판매하고 있다.

② 소외 가정에서 필요한 물건은 개인적으로 전달해 주면 된다.

③ 기업에서 받는 물품은 분배 날짜와 종류를 미리 정할 수 있다.

④ 푸드뱅크에서 필요한 물품을 요청하면 기업이 생산하여 전달한다.

44. (4점)

>   옛날 여성들은 보통 자신의 머리를 땋아서 묶어 올리는 방법으로 머리를 아름답게 꾸몄다. 하지만 자신의 머리만으로 꾸미는 데에는 한계가 있어 부분적으로 다른 사람의 머리카락으로 만든 가발을 사용하곤 했다. 이러한 머리 장식을 가체라고 하였으며, 그 크기에 따라 신분의 높이를 나타내기도 했다. 조선 시대에는 머리카락을 부모에게서 받았다고 생각하여 함부로 자르지 않았으므로 가체의 수요가 늘자 가격이 급등하는 등 사회적인 문제가 되기도 했다.

① 신분의 높낮이에 따라 다양한 모양의 가체가 유행했다.

② 가체는 사람의 머리카락과 비슷할수록 비싸게 거래되었다.

③ 가체는 자신의 머리에 올려서 모양을 내기 위해 사용되었다.

④ 조선 시대에는 가체를 만들 머리카락이 귀해서 자신의 머리를 잘랐다.

※ [45~46] 다음을 읽고 (   )에 들어갈 내용으로 가장 알맞은 것을 고르십시오.

45. (3점)

> 　계절이 바뀔 때마다 옷 정리는 언제나 골칫거리이다. 특히 춥고 긴 겨울이 지나고 따뜻한 봄이 오면 칙칙하고 무거운 옷들을 넣어 두고 산뜻하고 가벼운 봄옷을 꺼내게 된다. 정리의 첫 걸음은 '버리는 것'부터 시작해야 한다. 비싼 옷이라서 또는 언젠가 입을지도 모른다는 생각에 그냥 모셔 두는 옷이나 2, 3년 내에 한 번도 입지 않은 옷들은 (　　　　　　　　　) 용기와 결단이 필요하다.

① 과감하게 처분할 수 있는

② 다시 새 옷을 사 입을 수 있는

③ 버리지 못해 전전긍긍하게 되는

④ 차마 버릴 수 없어서 끌어안고 있는

46. (4점)

> 　고수레란 야외로 놀이를 나가서 음식을 먹기 전에 조금 떼어 공중으로 던지는 것을 말한다. 이렇게 하면 해로운 일을 막을 수 있다는 민간 신앙에서 비롯되었다. 옛날에 고씨 성을 가진 사람이 있었는데, 마음이 좋아 주변 사람들에게 두루 선행을 베풀어 사람들은 그를 매우 존경했다고 한다. 그 후부터 음식이 생기면 먼저 (　　　　　　　　　) '고씨례' 하고 음식을 조금씩 던졌다고 전한다. 이 '고씨례'가 후에 고수레로 변했다고 하는 유래가 있다.

① 자연에 대한 고마움으로

② 고씨에게 감사의 뜻으로

③ 고씨를 직접 만나러 가서

④ 죽은 사람을 기리는 마음으로

※ [47~48] 다음을 읽고 물음에 답하십시오.

> 비교적 젊은 나이임에도 불구하고 최근의 일을 잘 기억하지 못하거나 약속을 자주 잊어버린다면 일단 치매를 의심해 봐야 한다. 치매는 뇌 기능의 손상으로 인해 생기며, 기억력 감퇴와 지적 능력 손상을 가져온다. 병이 진행되면 가족이나 주변 사람을 알아보지 못하고 혼자서 일상생활을 하기 힘들어진다. 확실한 원인이 아직 밝혀지지 않은 만큼 조기에 발견하여 치료를 받음으로써 진행 속도를 늦추는 것이 중요하다. 이러한 치매는 (   ) 최근에는 젊은 세대에서도 많이 발병하기 때문에 초기에 적극적으로 치료를 받을 필요가 있다.

47. 이 글의 중심 내용으로 가장 알맞은 것을 고르십시오. (4점)

    ① 기억력이 떨어지는 원인을 찾아야 치매 치료가 가능하다.

    ② 치매는 유전적인 요인이 많으므로 가족력을 살펴봐야 한다.

    ③ 젊은 나이에 치매가 발병한다면 적극적으로 치료를 받아야 한다.

    ④ 치매는 일찍 발견할 경우 치료를 통해 증상을 완화시킬 수 있다.

48. (   )에 들어갈 내용으로 가장 알맞은 것을 고르십시오. (3점)

    ① 치료를 하는 것이 불가능하다지만

    ② 초기에 발견하는 것이 매우 힘들지만

    ③ 대개 노년기에 나타나는 경우가 많지만

    ④ 사람들이 치매라고 드러내는 것을 꺼리지만

※ [49~50] 다음을 읽고 물음에 답하십시오. (각 4점)

피타고라스는 세상의 모든 근원이 수에 있다고 보았다. 그는 가장 안정감 있고 균형 있는 비율을 1:1.1618이라고 했으며 이를 황금비로 여겼다. 이러한 황금비는 고대 건축과 미술 등에서 찾아 볼 수 있는데 대표적인 예로는 이집트의 피라미드, 그리스의 파르테논 신전 등이 있다. 뿐만 아니라 조개껍데기의 무늬나 꽃씨, 꽃잎의 배열 등 자연 속에도 황금비가 존재한다. 황금비는 시각적으로 편안하여 안정감을 느낄 수 있다. 때문에 신용카드나 명함, 텔레비전 화면이나 영화관의 스크린 등 일상 생활에서 인식할 수 있는 대부분의 사물들에 적용되고 있다.

49. 이 글의 중심 내용으로 가장 알맞은 것을 고르십시오.

① 사람이 손길이 닿은 분야는 모두 황금비를 가진다.

② 사물은 황금비로 되어야 시각적으로 편안함을 느낀다.

③ 황금비는 현대인의 생활 속에서 폭넓게 사용되고 있다.

④ 황금비는 가장 자연스럽고 안정적인 조화를 보여 준다.

50. 이 글의 내용과 같은 것을 고르십시오.

① 황금비는 피타고라스의 실험을 통해 발견되었다.

② 고대 건축물에서 황금비를 구현한 예를 찾을 수 있다.

③ 자연 현상 속에 숨어 있는 황금비는 찾아내기 힘들다.

④ 황금비는 현대에 와서야 전반적으로 활용이 가능해졌다.

환경부가 발표한 수도법 일부 개정안에 따르면 신축 건물에 설치하는 변기와 수도꼭지 등의 물 사용량 기준이 강화된다. 이를 위반하게 될 경우, 건축주에게 300만 원 이하의 과태료가 부과된다. 양변기는 1회 물 사용량을 최대 15리터에서 6리터로 줄이고 소변기는 최대 4리터에서 2리터로 기준을 변경했다. 개정된 수도법을 적용하여 기존 1회당 13리터를 사용하던 양변기를 6리터 절수형으로 바꾸면 한 가구에서 사용하는 물을 연간 약 37톤 가까이 줄일 수 있다. 나아가 전체 가구의 5%가 교체하면 전국적으로 연간 3134만 톤의 (   ) 예상된다.

51. 필자가 이 글을 쓴 목적을 고르십시오.

　① 수도법의 개정을 알리기 위해

　② 수돗물 절약법을 설명하기 위해

　③ 양변기의 절수를 강조하기 위해

　④ 건축주에게 세금을 부과하기 위해

52. (　　　)에 들어갈 내용으로 알맞은 것을 고르십시오.

　① 수돗물 낭비가 심해질 것으로

　② 수돗물은 다시 만들기 힘들 것으로

　③ 수돗물을 절약하는 것이 가능할 것으로

　④ 수돗물의 사용량을 늘일 수 있을 것으로

※ **[53~54] 다음을 읽고 물음에 답하십시오. (각 3점)**

여동생과 헤어져 집에 오는 동안 그는 술집을 두 군데 더 들렀다. 어쩌면 엄마일지도 모르는 파란 슬리퍼를 신고 있었다는, 어찌나 걸었는지 슬리퍼에 발등이 패어 뼈가 보일 지경이었다는 사람이 눈앞에 어른거릴 때마다 술을 한 잔씩 더 마셨다. 실내등이 켜진 거실에 정적이 흘렀다. 엄마가 가져다 놓은 성모상이 그를 응시했다. 그는 비척거리며 안방으로 가려다가 아버지가 기거하고 있는 딸의 방문을 슬며시 밀어보았다. 딸의 침대 아래 요를 깔고 등을 모로 세우고 잠든 아버지의 모습이 보였다. 그는 방안으로 들어가 밀려나간 이불을 끌어당겨 아버지를 덮어주고 가만히 문을 닫고 나왔다. 부엌으로 들어가 식탁에 놓인 물병을 기울여 컵에 물을 따라 마시고 집 안을 둘러보았다. 아무것도 변한 게 없다. 냉장고 돌아가는 소리도 여전하고 설거지를 뒤로 미루기 좋아하는 아내가 개수대에 쌓아놓은 그릇들도 그대로다. 그는 얼굴을 떨구고 안방으로 들어가, 자고 있는 아내를 물끄러미 내려다보았다. 아내의 목에서 목걸이가 반짝거렸다. 그는 아내가 덮고 있는 침대 시트를 확 젖혔다. 아내가 눈을 비비며 일어나 앉았다.

 －언제 왔어요?

 지금 잠이 오느냐는 무언의 질타를 내포하고 있는 그의 거친 행동에 아내는 곧 한숨을 내쉬었다. 엄마를 잃어버린 뒤 날이 갈수록 그는 불쑥불쑥 아내에게 화를 내는 일이 잦아졌다.

출처: 신경숙(2008), 『엄마를 부탁해』, 창작과 비평사, 132~133쪽.

53. 이 글에 나타난 남자의 심정으로 가장 알맞은 것을 고르십시오.

　① 민망하다　　　② 황당하다　　　③ 난감하다　　　④ 착잡하다

54. 이 글의 내용과 같은 것을 고르십시오.

　① 남자는 아버지와 다투는 바람에 술을 마셨다.

　② 남자가 집에 돌아왔을 때 깨어있는 사람은 없었다.

　③ 남자는 여동생과 함께 술을 마신 후 서둘러 귀가했다.

　④ 남자의 아내는 설거지를 다 끝내고 잠을 자고 있었다.

※ [55~57] 다음을 읽고 물음에 답하십시오. (각 3점)

> 이러한 첨단 기능을 갖춘 휴대폰이 생활의 필수품이 되면서 모든 전자제품의 중심으로 떠올랐다. 그렇다면 최초의 휴대폰은 어땠을까. 40년 전 휴대폰을 최초로 개발한 마티 쿠퍼는 개인을 대표할 수 있는 전화, 어떤 지정된 장소가 아닌 개인 번호가 있는 전화를 생각했다고 한다. 이와 같은 발상의 전환이 1973년 4월 3일 세계 최초 개인용 휴대폰 탄생으로 이어졌다. 그러나 휴대폰이 상용화되기까지는 10년 이상 소요되었다. 개인 전화의 등장에 환호하며 새로운 시대가 열릴 것이라고 기대했으나 (   ) 것이다. 초창기의 휴대폰은 크기가 커서 벽돌폰이라는 별명을 들었으나 작은 크기로 진화할 것이라고 마티 쿠퍼는 전망했다. 그는 앞으로 휴대폰이 더욱 소형화되어 신체에 이식하는 것도 가능할 것이라고 했다.

55. 이 글의 앞에 올 내용으로 가장 알맞은 것을 고르십시오.

    ① 최첨단 전자제품의 특성   ② 개인 전화의 유래와 진화
    ③ 최신 휴대폰의 다양한 기능   ④ 휴대폰이 탄생하게 된 배경

56. 이 글의 내용과 같은 것을 고르십시오.

    ① 최초의 휴대폰은 벽돌과 비슷한 크기였다.
    ② 40년 전의 휴대폰은 사람들에게 환영 받지 못했다.
    ③ 개인용 휴대폰의 발명에서 탄생까지 10년이 걸렸다.
    ④ 지정된 장소에서만 개인 번호를 부여 받아 사용했다.

57. (   )에 들어갈 내용으로 알맞은 것을 고르십시오.

    ① 개인 전화의 탄생은 잘못되었던
    ② 휴대폰 시장이 당장 커지지는 못했던
    ③ 더 이상 휴대폰에 매력을 느끼지 못했던
    ④ 사람들은 저마다 휴대폰을 가지고 있었던

※ [58~60] 다음을 읽고 물음에 답하십시오.

정확한 정보 전달이라는 차원에서 지도는 과학적이라고 할 수 있지만, 시각적인 아름다움도 고려한다는 점에서는 예술적인 면도 포함하고 있다. 화려하든 빛이 바랬든 그 아름다움의 깊이를 느낄 수 있는 것도 지도가 가진 예술성 때문이다. 아름다운 지도는 시각적인 정보를 쉽게 얻을 수 있도록 도와준다. 따라서 지도는 인간의 상상력과 실제를 적절히 조합한 고도의 예술 작품이라고 하겠다.

현대의 과학 기술 발전에 따라 지도는 더욱 사실적으로 진화하고 있지만 그렇다고 해서 완벽한 것은 아니다. 입체적인 지구를 평면에 재현해 내는 것 자체가 모순이기 때문이다. 그러나 지도가 (   ) 부정적으로만 생각할 것이 아니라 오랜 시간 동안 변화해 온 시대적 가치를 반영한 결과라는 측면에서 보는 것만으로도 그 의미는 충분할 것이다.

58. 이 글의 제목으로 가장 알맞은 것을 고르십시오. (4점)

① 지도, 그 찬란한 예술성　　　　② 지도, 과학과 예술의 만남

③ 지도, 입체와 평면을 오가다　　④ 지도, 인류의 역사를 말하다

59. 이 글의 내용과 같은 것을 고르십시오. (3점)

① 지도는 인류가 가진 가치를 표현하고 있다.

② 지도는 과학 기술의 발전으로 더욱 완벽해졌다.

③ 평면을 입체적으로 나타내는 기술이 발명되었다.

④ 예술적인 시각으로 지도를 보기에는 무리가 있다.

60. (　　　)에 들어갈 내용으로 알맞은 것을 고르십시오. (3점)

① 완벽하지 않다고 해서　　　　　② 거짓으로 치우쳤다고 해서

③ 입체적으로 표현됐다고 해서　　④ 예술적 속성을 지녔다고 해서

실전 모의고사 2회

한국어능력시험
Test of Proficiency in Korean

일반한국어능력시험(S-TOPIK)

고급(Advanced)

1교시   **표현** (어휘 및 문법, 쓰기)

수험번호(Application No.)		
이름 (Name)	한국어(Korean)	
	영어(English)	

유 의 사 항
Information

1. 시험 시작 지시가 있을 때까지 문제를 풀지 마십시오.

   Do not open the booklet until you are allowed to start.

2. 수험번호와 이름은 수험표와 같도록 정확하게 적어 주십시오.

   Write your name and application number on the answer sheet same as on your test voucher.

3. 답안지를 구기거나 훼손하지 마십시오.

   Do not fold the answer sheet; keep it clean.

4. 답안지의 이름, 수험번호 및 정답의 기입은 컴퓨터용 펜을 사용하여 주십시오.

   Use the optical mark reader(OMR) pen only.

5. 정답은 답안지에 정확하게 표시하여 주십시오.

   Mark your answer accurately and clearly on the answer sheet.

   marking example ① ● ③ ④

6. 문제를 읽을 때에는 소리가 나지 않도록 하십시오.

   Keep quiet while answering the questions.

7. 질문이 있을 때에는 손을 들고 감독관이 올 때까지 기다려 주십시오.

   When you have any questions, please raise your hand.

어휘 및 문법 (1~30번)

※ **[1~5] 다음 (   )에 알맞은 것을 고르십시오. (각 3점)**

1. 작년에 (   )이 감소된 회사들은 올해 효율적인 경영에 집중한다는 계획을 세우고
    있다.
    ① 능률　　　　　② 수익　　　　　③ 균형　　　　　④ 고용

2. 말만 거창하게 앞세우지 말고 작은 것부터 행동에 옮겨야 (   ) 목표를 달성할 수
    있다.
    ① 더구나　　　　② 심지어　　　　③ 비로소　　　　④ 아울러

3. 마감 시간을 맞추려고 (   ) 행동하다가는 실수를 하기 쉽다.
    ① 조급하게　　　② 유리하게　　　③ 혹독하게　　　④ 초라하게

4. 새로 개발된 기술은 기존의 프로그램이 쉽게 복제된다는 단점을 (   ).
    ① 허용했다　　　② 억제했다　　　③ 우려했다　　　④ 보완했다

5. 우리 가족은 오랜만에 모여 김이 (   ) 나는 떡국을 맛있게 먹었다.
    ① 희끗희끗　　　② 올록볼록　　　③ 모락모락　　　④ 살랑살랑

※ **[6~9] 다음 (   )에 알맞은 것을 고르십시오.**

6. 이 음악을 (   ) 어린 시절에 보았던 영화의 한 장면이 생생하게 떠오른다. (3점)
    ① 듣거니와　　　② 듣노라면　　　③ 들을세라　　　④ 들을망정

7. 작가가 독자의 반응을 아무리 (   ) 독자의 의도대로 결론을 고쳐서야 되겠는가.
   (4점)

   ① 중시할지니   ② 중시하랴마는

   ③ 중시하기보다   ④ 중시하기로서니

8. 아무리 뛰어난 재능을 (   ) 노력하지 않으면 절대로 성공할 수 없다. (4점)

   ① 가졌다 한들   ② 가지다 못해

   ③ 가진 까닭에   ④ 가졌다 싶으면

9. 누구라도 실패를 자꾸 겪게 되면 자신감을 잃어 조금만 어려운 일을 만나도 (   ).
   (3점)

   ① 체념할 판이다   ② 체념할 리가 없다

   ③ 체념하기 십상이다   ④ 체념해도 그만이다

※ [10~11] 다음 밑줄 친 부분과 의미가 가장 비슷한 것을 고르십시오.

10. 환경 보호에 대한 인식이 <u>번지면서</u> 각 가정에서 재활용 분리 배출이 정착되어 가고
    있다. (4점)

    ① 확산되면서   ② 완화되면서   ③ 부과되면서   ④ 무산되면서

11. 최근 잇단 화재의 원인을 조사 중인 경찰은 <u>빈틈없는</u> 수사를 통해 범인을 잡겠다고
    밝혔다. (3점)

    ① 신중한   ② 철저한   ③ 단단한   ④ 과중한

※ [12~14] 다음 밑줄 친 부분과 바꾸었을 때 의미가 가장 비슷한 것을 고르십시오.
(각 3점)

12. 이번에 출시된 자동차는 디자인이 <u>획기적인 데다가</u> 에너지 효율도 좋아서 인기가 높다.
　　① 획기적일진대　　　　　　② 획기적이게끔
　　③ 획기적일뿐더러　　　　　④ 획기적이어서야

13. 사람은 일상생활의 기본적인 욕구가 <u>충족된다고 해도</u> 문화생활이 없다면 삭막한 삶을
　　살게 된다.
　　① 충족되고자　　　　　　　② 충족되거늘
　　③ 충족될까마는　　　　　　④ 충족될지언정

14. 월급이 <u>올랐다고는 하나</u> 물가가 오르는 것에 비하면 아무것도 아니다.
　　① 올랐댔자　　　　　　　　② 오른답시고
　　③ 오르거들랑　　　　　　　④ 올랐으련마는

※ [15~16] 다음 밑줄 친 부분이 틀린 것을 고르십시오. (각 4점)

15. ① 선생님은 <u>아무리</u> 어려운 문제도 아주 쉽게 잘 설명해 주셨다.
　　② 무슨 일이 있어도 이번에는 <u>차라리</u> 꼭 금메달을 따고 말 것이다.
　　③ 고향을 떠나 <u>굳이</u> 그 멀리까지 가서 일을 할 필요가 있을까 싶다.
　　④ 그들은 생활 형편이 <u>그다지</u> 좋지 않지만 정신적으로는 여유가 있다.

16. ① 우리 선수들이 선전하는 모습을 <u>손에 땀을 쥐고</u> 지켜보았다.
　　② 가만히 <u>귀를 기울이고</u> 있으면 봄이 오는 소리가 들리는 것 같다.
　　③ 그녀는 한번 <u>눈독을 들인</u> 물건은 아무리 비싸도 반드시 사 버린다.
　　④ 거짓말을 계속하다 보면 <u>꼬리를 물릴</u> 수 있으니 안 하는 것이 좋다.

※ [17~18] 다음 (   )에 공통으로 들어갈 단어를 고르십시오. (각 3점).

17.

> 그녀는 어머니가 주신 목걸이를 늘 몸에 (   ) 다닌다.
> 그는 첫사랑의 추억을 오랫동안 가슴속에 (   ) 채로 살았다.
> 사진과 비교해 보니 그는 어릴 때의 모습을 그대로 (   ) 있다.

　① 품다　　　② 닮다　　　③ 지니다　　　④ 걸치다

18.

> 낮에는 조용하던 거리가 밤이 되니 활기를 (   ) 있다.
> 오랜만에 미소를 (   ) 너의 모습을 보니 기분이 좋다.
> 오늘은 날씨가 맑아서 하늘이 더욱 푸른빛을 (   ) 있다.

　① 띠다　　　② 짓다　　　③ 찾다　　　④ 내다

※ [19~20] 다음을 읽고 물음에 답하십시오.

> 　고대 그리스 시대에는 금에 은이나 동을 섞어 순금처럼 만드는 합금 방법이 널리 퍼져 있었다. 시라쿠사의 왕 히에론은 세공사가 왕관에 금이 아닌 다른 것을 섞은 것이 아닐까 의심하여 아르키메데스에게 이를 밝혀 달라고 (㉠). 욕조에 들어가 왕이 준 과제를 골똘히 생각하던 그는 문득 자신의 몸이 가벼워지는 것을 느꼈다. 그리고 자신의 몸무게와 욕조에서 넘친 물의 무게가 똑같다는 것을 깨닫게 됐다. 드디어 해답을 찾은 아르키메데스는 너무나 (㉡) 옷을 입는 것도 잊어버린 채 뛰어나가 큰소리로 외쳤다. "유레카, 유레카."

19. ㉠에 알맞은 것을 고르십시오. (4점)

　① 선사했다　　　② 의뢰했다　　　③ 옹호했다　　　④ 고용했다

20. ㉡에 알맞은 것을 고르십시오. (3점)

　① 기쁜 나머지　　② 기쁠 테지만　　③ 기쁠 성싶어　　④ 기쁘던 차에

※ [21~22] 다음을 읽고 물음에 답하십시오.

> 　현재의 한국 증시는 불안정한 시기에 있으며 원인은 두 가지로 볼 수 있다. 첫째는 저금리·저성장 시대의 장기화이며 둘째는 세계 금융 위기의 영향이다. 따라서 투자자가 저금리를 이용해 주식에 (　㉠　) 불확실한 세계 경제 상황으로 인하여 고수익을 기대하기 어렵다. 최근 국내 증시 흐름은 주가가 더 오르길 (　㉡　)하는 투자자의 기대와 달리 크게 상승하지 않고 제자리걸음을 하고 있다. 전문가들은 내년 상반기 이후가 되어야 현재의 금융 위기가 진정 상태로 돌아설 것이라고 전망하고 있다. 따라서 무리하게 대출을 받아 추가로 투자를 늘리는 것을 자제하는 것이 바람직하다고 조언했다.

21. ㉠에 알맞은 것을 고르십시오. (4점)

　　① 투자할 리 만무한　　　　② 투자함으로 말미암아

　　③ 투자하는 것도 모자라　　④ 투자한다손 치더라도

22. ㉡에 알맞은 것을 고르십시오. (3점)

　　① 차일피일　　　　　　　② 흥청망청

　　③ 학수고대　　　　　　　④ 소탐대실

※ **[23~24] 다음을 읽고 물음에 답하십시오.**

> 　최근 젊은 여성들 가운데 살을 빼기 위해 무조건 굶거나 식사량의 절반 또는 하루에 한 끼만 먹는 경우가 늘고 있다. 그러나 이처럼 자신의 몸 상태를 고려하지 않고 ㉠지나치게 영양 섭취를 줄이면 체력이 떨어질 뿐만 아니라 급격한 피부 노화를 가져올 수가 있다. 또한 무리한 다이어트로 인해 (㉡) 오히려 더 늙어 보이는 역효과를 내게 되는 것이다. 전문가들은 피부 건강을 위해서라도 규칙적인 생활과 균형 있는 영양 섭취가 무엇보다 중요하다고 말했다.

23. ㉠과 바꾸어 쓸 때 알맞은 것을 고르십시오. (4점)

　　① 급박하게　　　　　　　② 과다하게

　　③ 능통하게　　　　　　　④ 난해하게

24. ㉡에 알맞은 것을 고르십시오. (3점)

　　① 아름다워지느니　　　　② 아름다워지려니와

　　③ 아름다워짐으로써　　　④ 아름다워지기는커녕

※ [25~27] 다음을 읽고 물음에 답하십시오.

태권도는 우리나라를 대표하는 스포츠로서 한국전쟁 후 지금과 같은 경제 발전을 이루기 전 한국을 알리는 민간 외교의 한 축을 담당했다. 또한 태권도는 한류의 (㉠) 과언이 아니다. 외국인들은 태권도를 통해 한국어와 한국 문화를 접하며 한국과 한국산 제품에도 호감을 갖게 된다. 태권도를 보급하기 위해 정부와 태권도 지도자들이 쏟아 온 노력이 결실을 맺어 현재는 200여 개 국가에서 약 8천만 명이 태권도를 배우고 있다. 그리고 경기 운영의 공정성과 흥미를 보완하여 올림픽에서도 핵심 종목으로 유지할 수 있게 되었다. 한편 태권도와 K-POP을 접목한 공연단은 가는 곳마다 인기몰이를 하며 태권도의 (㉡) 있다.

앞으로 태권도가 세계인이 즐기는 명실상부한 국제 스포츠로 ㉢<u>자리를 잡고</u> 자라나는 청소년들에게는 예의와 극기, 절제의 태권도 정신이 꿈을 이룰 수 있는 원동력이 되기를 기대한다.

25. ㉠에 알맞은 것을 고르십시오. (3점)

　　① 원조라 치고　　　　　　② 원조라 하니

　　③ 원조이다 보니　　　　　④ 원조라고 해도

26. ㉡에 알맞은 것을 고르십시오. (3점)

　　① 시치미를 떼고　　　　　② 바람을 일으키고

　　③ 눈살을 찌푸리고　　　　④ 물불을 가리지 않고

27. ㉢과 바꾸어 쓸 때 알맞은 것을 고르십시오. (4점)

　　① 육성하고　　　　　　　② 상징하고

　　③ 부합하고　　　　　　　④ 정착하고

※ **[28~30] 다음을 읽고 물음에 답하십시오.**

> 복지는 계층에 상관없이 적용되어야 하는 보편적인 가치이지만, 경우에 따라 달리 적용해야 할 필요가 있다. 또한 복지 체계를 정비하지 않은 상태에서 무작정 예산만 늘리는 것은 (㉠)이다. 그렇지 않으면 예산이 필요한 곳에 제대로 쓰이지 않아 낭비를 초래할 수 있다.
>
> 우리나라보다 앞서 보편적 복지를 선언했던 선진국 중 그 폐해를 인식하고 선별적 복지로 전환하는 나라들이 적지 않다. 노령연금 지급 대상을 확대할 것을 (㉡) 경제협력개발기구(OECD)도 작년부터 저소득층 노령연금을 선별적으로 확대하는 쪽으로 방향을 선회했다. 소득이 적으면서 연금 수령액도 적은 사람들에게만 국가가 최저 생계비에서 모자라는 금액을 (㉢) 것이 한 예이다.
>
> 보편적 복지를 위해 무리하게 증세를 감행하는 것 또한 가계 소비와 기업 투자를 위축시킬 우려가 있으므로, 정부는 선진국의 예를 본보기로 삼아 합리적인 복지 제도를 마련해야 할 것이다.

28. ㉠에 알맞은 것을 고르십시오. (4점)

    ① 병 주고 약 주기   ② 다 된 밥에 재 뿌리기

    ③ 친구 따라 강남 가기   ④ 밑 빠진 독에 물 붓기

29. ㉡에 알맞은 것을 고르십시오. (3점)

    ① 주장해 오던   ② 주장하던 차에

    ③ 주장하기에 앞서   ④ 주장하기라도 하면

30. ㉢에 알맞지 <u>않은</u> 것을 고르십시오. (3점)

    ① 부담하는   ② 지원하는

    ③ 인증하는   ④ 뒷받침하는

쓰기 (31~44번)

※ [31~34] 빈칸에 가장 알맞은 것을 고르십시오. (각 4점)

31. 가: 여행은 역시 혼자 떠나는 게 자유롭고 편해서 좋은 것 같아요.

    나: 그렇기는 하지만 ________________________

    ① 혼자 떠나 보는 것도 나쁘지 않겠네요.

    ② 혼자서만 다니는 건 좀 외롭지 않을까요?

    ③ 혼자 다니다 보면 여행비도 절약이 되겠지요?

    ④ 혼자 떠날 수 있는 그 용기가 정말 부럽더라고요.

32. 가: 어제 야구 경기 보셨어요? 우리나라 선수들이 고전하는 것을 보니까 너무

    안타까웠어요.

    나: 맞아요. ________________________.

    ① 선수들은 모두 잘하고 싶었을 테니까요

    ② 선수들이 그렇게 잘하는 줄 정말 몰랐어요

    ③ 선수들도 많이 노력했을 테니까 다행이에요

    ④ 선수들 대신에 제가 나가서 뛰고 싶더라니까요

33. 가: 서점에 가니 소식과 관련된 책이 많더라고요. 제가 읽어 봤더니 현대인들은

    영양 과다로 인해 많은 질병에 노출되어 있다는군요.

    나: 듣고 보니 그러네요. ________________________.

    ① 소식한다고 해서 모두 장수하는 것은 아니지요

    ② 소식이 장수의 비법이라는 말을 들은 적이 있어요

    ③ 많이 먹고 많이 운동하면 그만큼 더 건강해질 거예요

    ④ 많이 먹는 식습관을 버리려고 생각하니 엄두가 안 나요

34. 가: 봄철에는 황사가 심해서 호흡기 질환 이외에 피부병으로 병원을 찾는 사람들도
　　　　많다고 하네요.

　　나: ＿＿＿＿＿＿＿＿＿＿＿＿＿＿ 마스크를 쓰거나 피부 노출을 최소화하는 것이
　　　　좋겠어요.

　　① 황사로 인해 병원에 가는 김에

　　② 황사에도 불구하고 외출해야 한다면

　　③ 황사가 심할 때는 외출하느니 차라리

　　④ 황사가 오면 무조건 병원에 가지 말고

※ [35~36] 밑줄 친 부분을 같은 의미로 바꾸어 쓴 것을 고르십시오. (각 4점)

35. 컴퓨터는 현대인들에게 꼭 필요한 수단이지만 그에 못지않게 부정적인 요소도 가지고
　　있다. 그러나 <u>무조건 버리는 것이 능사가 아니라</u> 그것을 제대로 사용할 줄 아는 지혜가
　　필요하다.

　　① 다 없애야만 가능한 것도 있으니까

　　② 결과적으로 필요한 것을 모두 수용해서

　　③ 다 없앤다고 해서 해결되는 것은 아니고

　　④ 결과적으로 필요하다고 해서 없애지 못하므로

36. 신념은 고집과 달리 다수의 동의와 공감을 결과에 담아내야 하는 것이다. 그렇지 않으면
　　그것은 단지 <u>자신만의 생각에 사로잡혀</u> 상대의 입장을 고려하지 않는 고집에 불과할
　　것이다.

　　① 자신만의 방식을 무조건 배제하고

　　② 상대의 입장을 이해하려고 노력하고

　　③ 자신의 생각을 끊임없이 몰아세우고

　　④ 상대방과 나의 입장을 모두 포함하고

※ **[37~38] 다음을 읽고 물음에 답하십시오. (각 4점)**

37. 다음은 '신나는 무용단 아동 단원 모집'에 대한 공고문과 관련 기사문입니다. ①~④
　　중에서 공고문의 내용과 일치하는 것을 고르십시오.

'신나는 무용단' 아동 단원 모집

1. **기획 의도:** 아동의 폭넓은 예술 활동 기회 제공 (연말 공연 예정)
2. **모집 인원:** 현대 무용에 관심이 있는 초등학생 20명
　　　　　　　(무용을 배운 적이 있는 아동 우대)
3. **지원 방법:** 복지부 홈페이지에서 지원서를 내려 받은 후
　　　　　　　방문 및 우편 접수
4. **접수 기간:** 4월 30일까지 지원서 접수
5. **수업 장소:** 서울현대무용단 연습실
6. **수업 시간:** 매주 토요일 오후 2시~4시

복지부 · 서울현대무용단

　　복지부와 서울현대무용단은 '신나는 무용단'의 아동 단원을 4월 말까지 모집한다. ①신나는 무용단은 어린이들에게 전문적인 무용 단원이 될 수 있는 기회를 제공하기 위해 기획되었다. ②모집 인원은 총 20명이며 현대 무용에 관심이 있는 초등학생이면 지원 가능하지만 무용을 배운 경험이 있는 학생을 위주로 선발한다. ③지원서는 복지부 홈페이지에서 내려 받아 직접 제출하거나 우편으로 보내면 된다. ④수업은 복지부의 연습실에서 매주 토요일에 진행되며 연말에는 어린이들의 공연을 선보일 예정이다.

38. 다음은 '2012년 유학생 현황'에 관한 조사 결과를 정리한 자료입니다. ①~④ 중에서 자료의 내용과 일치하지 <u>않는</u> 것을 고르십시오.

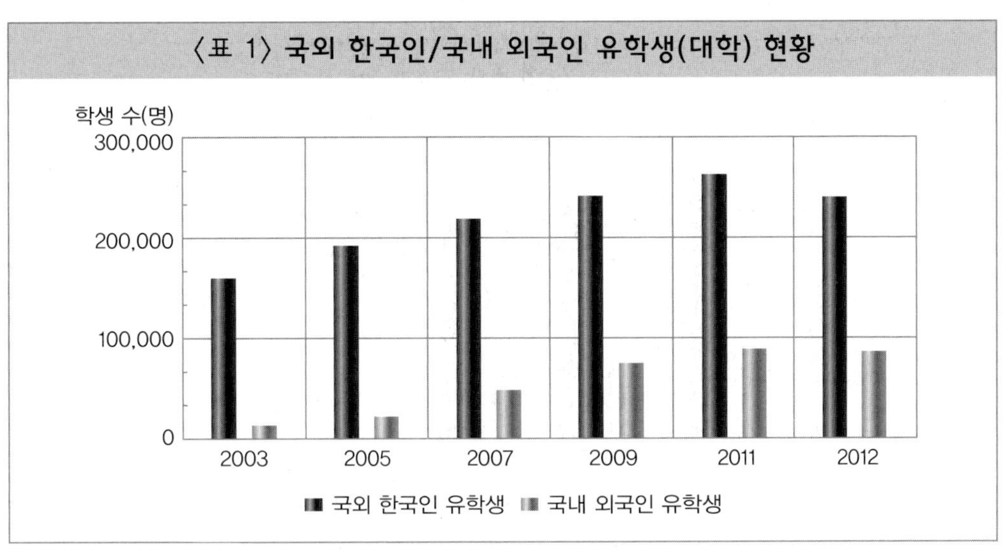

〈표 2〉 국외 한국인 유학생 주요 국가별 현황(2012년 기준)

국가	미국	중국	영국	호주	일본	캐나다	뉴질랜드	기타	계
유학생 수(명)	73,351	62,855	12,580	17,256	19,994	20,658	8,033	24,486	239,213
비율(%)	30.7	26.3	5.3	7.2	8.4	8.6	3.4	10.2	100.0

〈표 3〉 국내 외국인 유학생 주요 국가별 현황(2012년 기준)

국가	중국	일본	미국	베트남	대만	몽골	기타	계
유학생 수(명)	55,427	4,093	2,665	2,447	1,510	3,797	16,939	86,878
비율(%)	63.8	4.7	3.1	2.8	1.7	4.4	19.5	100.0

　　국외 유학생 관리 및 외국인 유학생 유치 정책 수립을 위한 유학생 현황을 조사한 결과 ① 국외 한국인 유학생 수가 증가하는 추세였으나 2012년 세계적인 경제 불황 및 이민법 강화 등으로 그 수가 감소하였다. ② 국내 외국인 유학생 수 역시 2011년까지 계속 증가하였으나 2012년 약간의 감소세를 보이고 있다. ③ 국외 한국인 유학생의 국가별 순위를 살펴보면 미국이 가장 많고 그 다음이 중국, 캐나다 순이며 일본이 4위를 기록하고 있다. ④ 국내 외국인 유학생의 국가별 순위는 1위인 중국이 2위인 일본보다 13배 이상 많고 그 다음이 미국이다.

39.

> 입 속 세균은 항상 잇몸을 공격하고 있지만 눈에 보이지 않기 때문에 (   ). 건강한 치아와 잇몸을 위해서는 올바른 칫솔질을 통해 충치와 잇몸 염증을 예방해야 한다. 대다수의 사람들이 칫솔 하나로 구강 관리를 하고 있는 만큼 개인의 구강 환경에 맞는 칫솔과 치약을 선택하는 것이 무엇보다 중요하다. 또한 양치질만으로는 효과적으로 닦기 어려운 치아와 치아 사이는 치실이나 치간 칫솔을 이용하는 것도 좋은 방법이다.

① 오히려 다른 세균이 더 위험할 수가 있다

② 딱히 조치를 취하지 않아도 충분히 안전하다

③ 그다지 위험하지 않아서 걱정할 필요가 없다

④ 별생각 없이 소홀하게 관리하는 사람이 많다

40.

> 단소는 연주하기 어려운 악기 중의 하나이다. 소리를 내려면 먼저 허리를 펴고, 팔은 허리에서 약간 띄어야 한다. 이때 허리에 팔을 붙이면 소리가 나지 않는다. 단소를 잘 불기 위해서는 처음부터 끝까지 바른 자세를 유지하는 것이 무엇보다 중요하다. 이것은 마치 사람을 대할 때와 흡사하다. 한결같은 마음으로 상대를 대하지 않으면 인간관계가 지속되기 어렵다. 단소를 아름답게 연주하려면 (   ) 인간관계에서도 마찬가지이다.

① 바른 자세를 끝까지 지켜야 하듯이

② 자세가 바른 것만으로도 의미가 있겠지만

③ 바른 자세를 가짐으로써 해결이 되겠지만

④ 자세가 바르면 바를수록 좋은 것은 아니듯이

※ [41] 제시된 표현을 <u>순서대로 모두</u> 사용해서 〈   〉의 주제에 대한 문장을 만드십시오. (한 문장, 40~60자) (10점)

〈컴퓨터게임의 바람직한 자세〉

중독성이 강하다 / 쉽게 빠져들다 / 시간을 정하다 / 게임을 하다

(   )

※ [42~43] 다음을 글을 읽고 (   ) 안에 알맞은 말을 쓰십시오. (각 10점)

42.
　'바가지를 긁는다'라는 말은 아내가 남편에게 잔소리를 한다는 뜻으로 여기에서 바가지는 물건이나 물을 담는 그릇을 가리키는 말이다. 옛날에 전염병이 돌면 귀신이 붙었다고 생각했는데 그것을 쫓으려는 목적으로 바가지를 들기 싫을 정도로 마구 긁은 데서 이 말이 유래되었다. 그래서 (   ) 것을 가리켜 '바가지를 긁는다'라는 표현을 사용하였고 흔히 아내가 남편에게 불평불만을 늘어놓는 것을 의미하게 되었다.

43.
　지중해에 자리 잡은 사르데냐 섬은 인구가 160만 명밖에 되지 않지만 100세 이상 장수 노인이 250명에 이른다. 특히 산간 지역에 고령자가 많이 사는데, 이들은 대부분 양이나 염소를 돌보는 남성들이다. 이 일은 다른 분야에 비해 노동의 강도가 약한 편이어서 나이가 들어서도 계속할 수 있다. 그리고 이것이 노인들에게는 충분한 운동량을 제공해 주기 때문에 장수의 비결이 되는 것이다. 반면 우리나라는 100세 이상의 노인 중 남성이 거의 없다. 여성들이 대부분 나이가 들어도 집안일을 계속하는 것과 대조적으로 남성들의 경우 퇴직을 한 후에는 가족이나 아내에게 의존하여 (   ) 장수 노인이 드문 이유 중 하나이다.

※ [44] 다음을 읽고 700~800자로 글을 쓰십시오. (30점)

44. 최근에 유명 연예인이나 사회 저명인사들의 기부가 화제가 되고 있습니다. 이들의 기부가 사회에 미치는 영향은 무엇이라고 생각합니까? 이에 대해서 자신의 견해를 서술하십시오. 단, 아래에 제시한 내용이 모두 포함되어야 합니다.

<유명인의 기부가 사회에 미치는 영향>

(1) 기부는 왜 필요한가?
(2) 유명인의 기부가 사회에 어떤 영향을 미치는가?
(3) 유명인의 기부의 예로는 어떤 것이 있는가?

＊원고지 쓰기의 예

| | 현 | 재 | 의 | | 한 | 국 | | 증 | 시 | 는 | | 불 | 안 | 정 | 한 | | 시 | 기 | 에 |
| 있 | 으 | 며 | | 원 | 인 | 은 | | 두 | | 가 | 지 | 로 | | 볼 | | 수 | | 있 | 다 | |

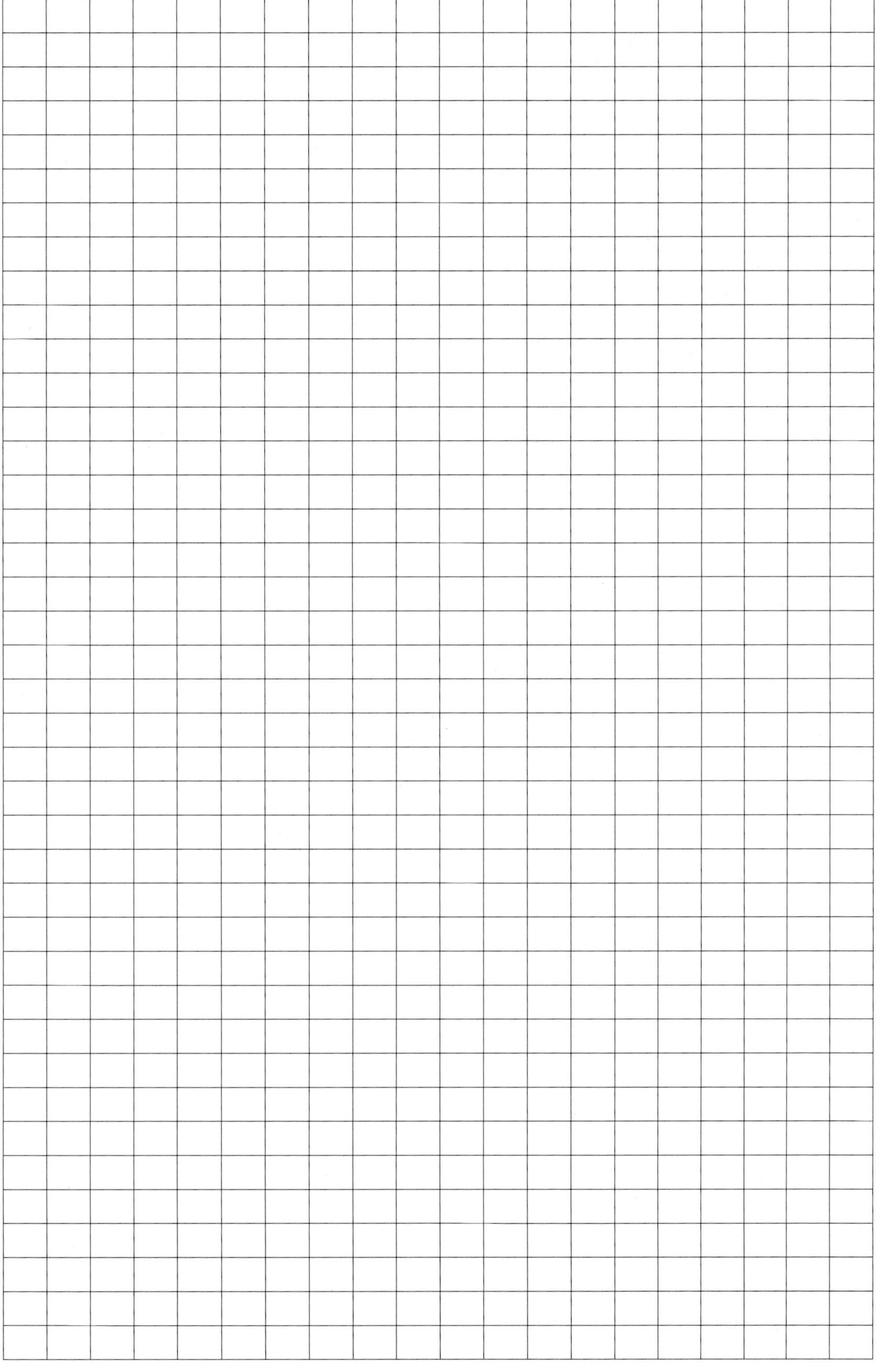

한국어능력시험

Test of Proficiency in Korean

일반한국어능력시험(S-TOPIK)

고급(Advanced)

2교시 　　　이해 (듣기, 읽기)

수험번호(Application No.)		
이름 (Name)	한국어(Korean)	
	영어(English)	

유 의 사 항
Information

1. 시험 시작 지시가 있을 때까지 문제를 풀지 마십시오.
   Do not open the booklet until you are allowed to start.

2. 수험번호와 이름은 수험표와 같도록 정확하게 적어 주십시오.
   Write your name and application number on the answer sheet same as on your test voucher.

3. 답안지를 구기거나 훼손하지 마십시오.
   Do not fold the answer sheet; keep it clean.

4. 답안지의 이름, 수험번호 및 정답의 기입은 컴퓨터용 펜을 사용하여 주십시오.
   Use the optical mark reader(OMR) pen only.

5. 정답은 답안지에 정확하게 표시하여 주십시오.
   Mark your answer accurately and clearly on the answer sheet.

   marking example　　①　●　③　④

6. 문제를 읽을 때에는 소리가 나지 않도록 하십시오.
   Keep quiet while answering the questions.

7. 질문이 있을 때에는 손을 들고 감독관이 올 때까지 기다려 주십시오.
   When you have any questions, please raise your hand.

※ [1~4] 두 사람이 대화하고 있습니다. 이어질 내용으로 가장 알맞은 것을 고르십시오.
(각 3점)

1.　① 그러면 재활용이 가능한 것만 넣어야겠네요.

　　② 그러니까 사료와 비료로 재활용할 수 있으면 좋죠.

　　③ 그래도 너무 딱딱한 음식은 먹기 불편한 것 같아요.

　　④ 그렇지만 음식이 많이 남아서 버리기가 아까운걸요.

2.　① 독감에 걸리지 않도록 조심할 걸 그랬어요.

　　② 감기가 독해서 그런지 예방주사도 소용없네요.

　　③ 감기가 심하면 오랫동안 고생할 수밖에 없겠어요.

　　④ 저는 독감 예방주사만 맞으면 괜찮은 줄 알았어요.

3.　① 먹는 것보다 보는 것을 좋아해서 그렇게 됐대.

　　② 뇌의 정보 처리 속도가 점점 느려지고 있다는 거지.

　　③ 게임을 즐기는 바람에 반응 속도가 빨라졌다는 거야.

　　④ 보는 것에만 집중하다 보니 다른 감각은 약해진다는 거야.

4.　① 그래도 국가적으로 보면 표준어를 사용해야겠지요.

　　② 결국 방언을 표준어로 바꾸려는 노력이 필요하겠군요.

　　③ 그렇기 때문에 방언을 보존할 필요가 있다는 말씀이군요.

　　④ 아무래도 지역방언을 사용한 문학작품이 더 가치가 있군요.

※ [5~7] 다음은 무엇에 대해 이야기하고 있습니까? 가장 알맞은 것을 고르십시오.

5. (4점)

　① 김치의 재료　　　　　② 김치의 기원

　③ 김치 만드는 법　　　④ 김치의 색 변화

6. (3점)

　① 호수의 소개　　　　　② 호수의 유래

　③ 호수의 유사점　　　　④ 호수의 차이점

7. (4점)

　① 좌뇌와 우뇌의 역할　　② 뇌와 지능의 관계

　③ 뇌의 발달과 사고력　　④ 좌뇌와 우뇌의 균형

※ [8~10] 다음을 듣고 들은 내용과 같은 것을 고르십시오.

8. (3점)

　① 국이나 찌개에 나트륨 성분이 가장 많다.

　② 모든 식당들이 국그릇의 크기를 줄이고 있다.

　③ 국그릇의 크기가 작아져도 용량은 변함이 없다.

　④ 국그릇 용량이 작아지면 나트륨 섭취를 줄이게 된다.

9. (4점)

　① 소음은 인간보다 동물에 미치는 영향이 심각하다.

　② 현대인은 소음에 장시간 노출되어 청력이 좋아졌다.

　③ 소음에 노출된 사람은 신경질적으로 변하기도 한다.

　④ 일상생활 속의 소음은 우리에게 별 영향을 주지 않는다.

10. (3점)

　① 벽화는 만 오천 년 전에 한 소녀에 의해 그려졌다.

　② 벽화에는 당시 동물들이 그림과 글로 기록되어 있다.

　③ 벽화는 발견 당시에 의심을 받았지만 진짜로 밝혀졌다.

　④ 벽화에는 구석기인들의 삶이 입체적으로 조각되어 있다.

※ [11~13] 다음을 듣고 남자가 어떤 생각을 하고 있는지 맞는 것을 고르십시오.

11. (3점)

　① 기업이 해외로 진출하면 고용 안정성이 높아진다.

　② 정년을 보장하려면 해고를 금지하는 것도 방법이다.

　③ 현대인은 고용이 불안하기 때문에 행복해질 수 없다.

　④ 고용 불안정은 사회복지를 늘림으로써 해결해야 한다.

12. (3점)

　① 부모님의 뜻에 순종하면 자신의 꿈을 이룰 수 있다.

　② 자신의 소질에 맞는 한 가지 일에 집중해야 성공한다.

　③ 욕심을 부리지 말고 자신의 능력껏 열심히 살아야 한다.

　④ 성공을 목표로 삼아 그것만을 쫓는 삶은 행복할 수 없다.

13. (4점)

　① 칭찬을 빨리 해 주지 않으면 오히려 역효과가 날 수 있다.

　② 아이들의 행동에 대해 확실하게 칭찬하는 것이 효과적이다.

　③ 아이들의 두뇌 회전을 위해서는 말과 행동을 조심해야 한다.

　④ 아이들에게는 상황과 행동에 상관없이 무조건 칭찬해야 한다.

※ [14~15] 다음 그림을 보고 가장 적절한 대화를 고르십시오. (각 4점)

14.

①   ②   ③   ④

15.

①   ②   ③   ④

16. (3점)

    ① 몸무게를 재러 간다.　　② 줄을 묶고 기다린다.

    ③ 점프대에서 뛰어 내린다.　　④ 엘리베이터를 타고 올라간다.

17. (4점)

    ① 선행 연구 자료를 분석한다.

    ② 실험을 하기 위한 일정을 정한다.

    ③ 실험을 할 수 있는 대상을 찾아본다.

    ④ 연락처를 받아 담당자들과 통화한다.

18. (3점)

    ① 회원 가입을 한다.

    ② 신청서를 작성한다.

    ③ 날짜와 시간을 확정한다.

    ④ 프로그램의 주제를 고른다.

※ [19~20] 다음 뉴스를 듣고 알맞은 제목을 고르십시오. (각 4점)

19. ① 토마토축제, 대천에서 개최

    ② 최다 방문객 대상 선정 끝나

    ③ 보령머드축제, 외국인 선호

    ④ 보령머드, 세계적 축제로 거듭나

20. ① 정신 질환, 흡연의 원인

    ② 흡연, 정신 건강의 적신호

    ③ 흡연, 그 중독에 사로잡혀

    ④ 보건 당국, 흡연자에 맞춤형 지원

※ **[21~22] 다음 연설을 듣고 물음에 답하십시오. (각 3점)**

21. 여자가 제시한 의견의 근거로 알맞은 것을 고르십시오.

  ① 언론 매체를 통한 보도

  ② 본인의 경험에 의한 결론

  ③ 설문 조사를 통한 통계 결과

  ④ 대중매체의 여론조사 결과

22. 들은 이야기의 중심 내용으로 알맞은 것을 고르십시오.

  ① 원만한 가정생활을 위해 자녀를 맡길 곳이 늘어나야 한다.

  ② 파산 가정에 대한 정부 지원이 부족하여 문제가 되고 있다.

  ③ 가족의 위기를 극복할 수 있는 구체적인 대책이 필요하다.

  ④ 가족 해체의 가속화는 도시 산업화의 산물이라 어쩔 수 없다.

※ **[23~24] 다음 강연을 듣고 물음에 답하십시오. (각 3점)**

23. 들은 내용과 같은 것을 고르십시오.

  ① 테두리 실은 잘 늘어나 집의 구조를 튼튼하게 잡아 준다.

  ② 가로 실은 거미집에 걸린 먹이를 묶고 잡는 역할을 한다.

  ③ 거미줄은 사람의 머리카락 열여섯 개 정도의 힘을 가진다.

  ④ 거미줄은 잘 늘어나는 세로 실과 강한 가로 실로 되어 있다.

24. 여자의 태도로 가장 알맞은 것을 고르십시오.

  ① 다른 이의 말을 인용하여 설명하고 있다.

  ② 예를 들어 자신의 의견을 피력하고 있다.

  ③ 실험을 통한 연구 결과를 보고하고 있다.

  ④ 사물을 분석하여 논리적으로 비판하고 있다.

※ [25~26] 다음 대담을 듣고 물음에 답하십시오. (각 3점)

25. 들은 내용과 같은 것을 고르십시오.

① 공부를 잘하는 학생들은 스포츠도 잘할 확률이 높다.
② 학교의 체육 교육이 부실해서 스포츠를 즐길 기회가 없다.
③ 스포츠를 좋아하는 학생들은 어려움을 더 잘 극복해 낸다.
④ 학창 시절에 스포츠를 하지 않으면 성인이 되어서 후회한다.

26. 남자의 생각으로 가장 알맞은 것을 고르십시오.

① 체육이 영어나 수학보다 더 중요한 교과목이다.
② 항상 긍정적인 태도가 행복한 삶의 바탕이 된다.
③ 체육 교육이 부실한 것이 현행 교육제도의 문제이다.
④ 학업 성적이 좋다고 행복한 인생을 사는 것은 아니다.

※ [27~28] 다음 토론을 듣고 물음에 답하십시오. (각 3점)

27. 들은 내용과 같은 것을 고르십시오.

① 남자들은 요리사로 성공하기가 쉽지 않다.
② 취미가 요리인 독신 남자들이 많아지고 있다.
③ 사회 변화가 남녀 간 역할 구분을 없애고 있다.
④ 여성의 사회 진출로 남자만의 영역이 사라졌다.

28. 남자의 생각으로 가장 알맞은 것을 고르십시오.

① 여자가 요리를 하는 것이 당연하다.
② 성별에 대한 고정관념을 버려야 한다.
③ 남성의 취미 생활이 다양해지고 있다.
④ 경제력이 있는 여성들은 집안일을 기피한다.

※ [29~30] 다음 강의를 듣고 물음에 답하십시오.

29. 여자의 말 앞에 나온 내용으로 알맞은 것을 고르십시오. (3점)

    ① 서당의 모습 묘사

    ② 현대의 체력 단련 방법

    ③ 현대 시대의 교육 방법

    ④ 서당의 교육 과정 설명

30. 여자의 생각과 같은 것을 고르십시오. (4점)

    ① 조선 시대에는 지식보다 체력을 중요시했다.

    ② 조선 시대의 교육은 현대의 교육과 유사하다.

    ③ 현대의 교육은 학생들의 체력까지 신경 쓰고 있다.

    ④ 현대의 교육은 조선 시대 교육에서 본받을 점이 있다.

읽기 (31~60번)

※ [31~32] 다음은 신문 기사의 제목입니다. 가장 잘 설명한 것을 고르십시오.
(각 3점)

31.

> 때 이른 한파, 지구촌 곳곳이 몸살

① 계절보다 빠른 더위로 지구의 대부분이 피해를 입고 있다.
② 계절보다 늦은 추위로 지구촌 사람들이 위험에 빠져 있다.
③ 계절보다 늦은 더위로 전 세계 모든 곳이 위기를 맞고 있다.
④ 계절보다 빠른 추위로 세계의 여러 곳에서 곤란을 겪고 있다.

32.

> 꿈에 그리던 대학 생활, 미용보다 건강관리

① 대학 생활을 꿈꾸다 보면 건강이 나빠질 수 있다.
② 대학 생활을 잘하려면 무엇보다 건강관리가 중요하다.
③ 외모만 신경을 쓰는 대학생들은 건강이 나빠지게 된다.
④ 건강도 좋지만 얼굴도 신경을 써야 대학에 다닐 수 있다.

※ **[33~34] 다음 글을 쓴 목적으로 가장 알맞은 것을 고르십시오. (각 3점)**

33.

> 신문은 여러 매체들 가운데에서도 언어 학습에 있어서 매우 유용한 도구이다. 읽기는 물론 쓰기와 말하기 실력까지 올릴 수 있기 때문이다. 뿐만 아니라 국내외의 각종 뉴스와 사회, 문화 전반에 걸친 상식을 섭렵할 수 있다. 여기에 일상생활에 필요한 다양한 정보와 광고 등을 접할 수 있어 시야를 넓히는 데에 아주 유능한 조력자가 된다.

① 언어 학습의 중요성을 보여 주기 위해

② 신문의 유용함과 필요성을 강조하기 위해

③ 시사 상식이나 정보의 유익함을 설명하기 위해

④ 말하기 실력을 올릴 수 있는 방법을 알리기 위해

34.

> 정월 대보름에 부럼과 귀밝이술을 먹는 풍습이 지금까지 전해 내려오고 있다. 부럼은 호두, 땅콩, 밤 등과 같이 껍질이 딱딱한 견과류를 말한다. 보름날 아침에는 눈을 뜨자마자 부럼을 깨물어 먹으면서 부스럼이라고 하는 피부병이 생기지 않기를 기원했다. 귀밝이술은 아침 식사 전에 마시는데 이렇게 하면 한 해 동안 귀가 밝아지고 좋은 소식을 듣게 된다고 믿었다.

① 부럼과 귀밝이술의 특성을 밝히기 위해

② 부럼과 귀밝이술을 먹도록 권유하기 위해

③ 부럼과 귀밝이술의 재료를 설명하기 위해

④ 부럼과 귀밝이술의 유래를 알려 주기 위해

※ [35~36] 다음 글의 주제문으로 가장 알맞은 것을 고르십시오.

35. (4점)

> ㉠오렌지 100%라고 쓰인 주스라고 해도 사실은 100% 오렌지가 아닐 때가 있다. ㉡식품 포장지의 성분표를 살펴보았을 때 오렌지 농축액으로 표시된 경우가 이에 해당한다. ㉢농축액은 이동 시 부피를 줄일 목적으로 과즙을 가열하여 만드는데 원래의 맛과 향에 가깝도록 식품첨가물을 다량으로 첨가한다. ㉣오렌지 주스를 만드는 방법에 따라서 전혀 다른 제품이 될 수 있으니 구입 시에 세심한 주의가 필요하다.

① ㉠　　　　② ㉡　　　　③ ㉢　　　　④ ㉣

36. (3점)

> ㉠현재 지구는 극심한 자연 파괴와 환경오염으로 신음하고 있다. ㉡환경 문제는 이제 몇몇 나라의 노력만으로 해결될 수 없는 심각성을 지닌다. ㉢따라서 환경보호를 위해 그린라운드와 같은 전 지구적인 협조 체제를 구축하는 일이 시급하다. ㉣이를 위해서는 선진국들이 개발도상국들과 환경 기술을 공유하려는 자세를 가지는 것이 중요하다.

① ㉠　　　　② ㉡　　　　③ ㉢　　　　④ ㉣

※ [37~38] 다음 글의 주제로 가장 알맞은 것을 고르십시오. (각 4점)

37.
　　흔히 커피를 마시면 잠이 오지 않아 늦은 밤에는 커피를 피하는 경우가 많다. 반면 밤에 일을 해야 하는 직업을 가진 사람들이나 시험공부 등 정신 집중이 필요한 사람들은 커피를 즐기기도 하는데 이는 커피에 함유된 카페인의 각성 효과 때문이다. 그러나 카페인을 과다 섭취하게 되면 불면증, 과잉 흥분 상태 등의 부작용이 나타날 수 있기 때문에 세계 각국에서 카페인 표시를 의무화하고 있다. 카페인에 대한 반응은 어릴수록 민감하게 나타나기 때문에 필요 이상으로 많은 카페인이 함유된 식품을 먹지 않도록 주의해야 한다.

① 카페인은 집중력을 높여주는 효능을 가지고 있다.

② 카페인의 부작용으로 인해 커피를 꺼리는 사람들이 많다.

③ 불면증을 치료하기 위해서는 카페인을 섭취를 줄여야 한다.

④ 카페인이 든 식품을 과도하게 먹으면 부작용이 생길 수 있다.

38.
　　아동 비만은 성인 비만과 차이가 있기 때문에 어릴 때부터 관리하지 않으면 안 된다. 성인 비만은 이미 형성된 지방 세포가 커지는 것이지만 아동 비만은 성인이 될 때까지 지속적으로 지방 세포의 크기뿐만 아니라 세포 수도 함께 증가하기 때문이다. 따라서 성인이 되어서 어렵게 체중을 감량하더라도 일시적으로 지방 세포의 크기만 줄어들 뿐, 이미 늘어난 지방 세포의 수는 여전히 유지되기 때문에 쉽게 비만 상태로 되돌아갈 수 있다.

① 아동의 비만은 평생 동안 지속될 수 있다.

② 성인 비만은 운동을 해도 효과를 보기 힘들다.

③ 성인 비만은 아동의 비만보다 훨씬 더 위험하다.

④ 아동 비만은 어릴 때부터 관리하는 것이 중요하다.

※ [39~41] 다음 글에서 〈보기〉의 문장이 들어가기에 가장 알맞은 곳을 고르십시오.
(각 3점)

39.

> 화장품에 들어가는 성분의 종류는 수천 가지에 이른다. (㉠) 화장품의 기능이 다양한 만큼 성분도 각기 다르기 마련이다. (㉡) 비타민 C가 들어간 화장품은 햇빛에 약하므로 바른 후에 자외선 차단제도 함께 발라 주는 것이 좋다. (㉢) 여드름용 화장품은 사용 후에 피부가 다소 건조해지는데 대부분의 보습제는 모공 입구를 막으므로 주의해야 한다. (㉣)

―――〈보 기〉―――
> 화장품의 성분 중에는 함께 쓰면 좋은 것도 있고, 안 좋은 것도 있다.

① ㉠   ② ㉡   ③ ㉢   ④ ㉣

40.

> 청소년들의 진로 선택은 자신의 의지와 삶의 목표에 가치를 두어야 한다. (㉠) 단, 여기에는 반드시 책임이 따른다는 것을 명심해야 할 것이다. (㉡) 물론 타인에게 방해가 되지 않는 범위 내에서 선택의 자유를 누릴 수 있어야 한다. (㉢) 그러므로 자신이 선택한 진로에 대해 일시적인 감상주의가 아닌 신중한 판단이 요구된다. (㉣)

―――〈보 기〉―――
> 책임은 자유를 누리는데 있어서 중요한 요소이므로, 자신의 삶에 대한 책임 의식을 가지고 진로를 선택할 필요가 있다.

① ㉠   ② ㉡   ③ ㉢   ④ ㉣

41.

> 인간의 두뇌는 생물학적인 면에 있어서는 다른 동물과 다를 것이 없다.
> (㉠) 그러나 동물이 단지 감각적인 인식만을 할 수 있는 것에 비해 인간은
> 복잡하고 다차원적인 인지 능력을 가지고 있다. (㉡) 이러한 질적인 차이
> 때문에 사람은 자연의 규칙에서 벗어나 자신만의 영역을 만들게 된다. (㉢)
> 그로 인해 인간은 발전할 수 있었고 자연계의 먹이사슬에서 가장 우위를
> 선점하게 된 것이다. (㉣)

─────────────〈 보 기 〉─────────────

인간의 두뇌는 복잡한 사고 능력을 가지고 있으므로 다른 것들과 큰 차이를
보이는 것이다.

① ㉠   ② ㉡   ③ ㉢   ④ ㉣

※[42~44] 다음을 읽고 내용이 같은 것을 고르십시오.

42. (4점)

> 조선 시대에 임금님부터 일반 백성들까지 별식으로 즐겨 먹었던 음식 가운데
> 약고추장이라는 것이 있었다. 약고추장은 쇠고기를 다져서 꿀과 고추장을 넣어
> 볶은 것인데 비빔밥을 먹을 때에 함께 먹었다. 궁중의 상추쌈 상차림에도 빠지지
> 않고 오른 것이 바로 약고추장이다. 고추장에 열을 가하여 살균을 했기 때문에
> 오래 저장할 수 있으며 꿀이 가미되어 매콤하면서도 단맛이 입맛을 사로잡는다.
> 고추장이 없을 때에는 된장에 고춧가루를 넣어 볶아도 비슷한 맛을 낼 수 있다.

① 비빔밥을 먹을 때에는 약고추장이 빠지지 않았다.

② 약고추장은 쇠고기를 먹을 때 함께 먹는 음식이다.

③ 약고추장은 특별한 날에만 먹을 수 있는 음식이었다.

④ 조선 시대에는 임금님 수라상에만 약고추장을 올렸다.

43. (3점)

> 측우기는 강우량을 측정하는 기구이며 세계 최초로 조선 세종 때 만들어졌다. 지름 약 15cm, 높이 약 43cm 정도의 원기둥 모양이며 철을 사용하였다. 그러나 금방 녹이 스는 철의 성질 때문에 나중에 구리나 도자기, 기와 등 다른 재료가 사용되기도 했다. 농업 발달에도 관심을 가졌던 세종대왕은 농사 계획을 위해 과학자 장영실에게 측우기를 만들도록 했다. 이것은 당시 유럽보다 약 200년이나 앞선 것으로 조선 시대의 수준 높은 과학 기술을 짐작할 수 있다.

① 측우기는 초기에 구리로 만들었다가 후에 도자기를 사용했다.
② 측우기는 보다 편리한 농기구 발명을 위해 세종이 고안하였다.
③ 측우기는 비나 눈의 양을 측정하는 기구로 지금도 널리 쓰인다.
④ 측우기는 조선이 당시 유럽보다 기술 수준이 앞섰음을 보여준다.

44. (4점)

> 혼합형 학습이란 여러 가지 학습법의 장점을 모은 학습 형태로 오프라인으로 진행되는 교실 수업과 온라인 학습을 결합한 것을 말한다. 이런 혼합형 학습이 각광 받는 이유는 오프라인 교육이 가진 시간적, 공간적 제한을 온라인 교육의 장점을 통해 보완할 수 있기 때문이다. 한편으로는 실제적 만남의 부족, 자율 학습에 대한 두려움과 동기유발 저하 등이 온라인 학습의 문제점으로 지적된다. 이런 단점들을 오프라인 교육으로 보완할 수 있다는 측면이 혼합형 학습의 장점이 된다.

① 자율 학습에 대한 두려움이 교실 학습의 단점이다.
② 온라인 학습의 문제점은 시간과 공간의 제약에 있다.
③ 혼합형 학습은 서로 다른 학습 방법의 단점을 보완했다.
④ 혼합형 학습은 직접 만나지 않고 진행하는 교육 형태이다.

※ [45~46] 다음을 읽고 (   )에 들어갈 내용으로 가장 알맞은 것을 고르십시오.

45. (3점)

> 한국인의 밥상에서 김치는 빼놓을 수 없는 음식이다. 김장할 때 신선한 재료를 써야 함은 물론이지만, 재료의 수분과 염도에 따라 (   ) 오랫동안 맛을 유지하는 비결이다. 백김치처럼 국물이 많고 염도가 비교적 낮은 김치는 약간 높은 온도에서, 젓갈이나 양념이 많이 들어간 김치일수록 낮은 온도에서 보관하는 것이 좋다.

① 보관 온도를 달리 하는 것이

② 보관 장소를 바꿔 주는 것이

③ 다른 용기를 선택하는 것이

④ 낮은 온도에서 점차 높이는 것이

46. (4점)

> 사물은 외부로부터 자신과 같은 진동수를 가진 진동을 만나게 되면 진폭이 증가하는 것을 볼 수 있는데 이것을 공명 현상이라고 한다. 다시 말하면, 비슷한 진동수끼리 만나면 진동의 폭이 더욱 커지는 것이다. 공명이 가진 한자의 의미는 '함께 울림'이다. 기타나 피아노 등 악기의 한 음을 치면 거기에서 발생하는 진동으로 인해 (   ) 것이 그 예이다. 이러한 공명은 단지 과학이나 음악에서만 일어나는 것은 아니다. 내가 미소를 지으면 나의 주변도 함께 행복해지는 것 또한 이와 같은 현상이라고 할 수 있다.

① 다른 악기들은 화음을 만들어내는

② 다른 악기들도 다양한 소리를 내는

③ 옆의 악기들도 비슷하게 진동을 하는

④ 그 음과 같은 소리가 저절로 만들어지는

※ [47~48] 다음을 읽고 물음에 답하십시오.

여행이라고 하면 흔히 계획을 세우고 커다란 가방을 챙겨 집으로부터 멀리 떠나는 것을 떠올린다. 그러나 멀리 가는 것만이 여행은 아니다. 집 근처에 있는 지하철을 타고 떠나는 당일치기 주말여행은 어떨까. 색다른 매력의 도심 속 향수를 지닌 생태 공원, 삼림욕장, 자연 학습장 등 지역 주민들을 위한 편안한 휴식 공간과 문화 공간이 마련되어 있는 곳이 많다. 유명한 여행지보다 오히려 우리가 가까이 두고도 미처 알지 못했던 의외의 장소에서 (   ) 쏠쏠한 재미를 만나게 될 것이다.

47. 이 글의 중심 내용으로 가장 알맞은 것을 고르십시오. (4점)

① 지하철을 타고 떠나는 여행이 진짜 여행이다.

② 주민들의 휴식 공간이 여행지로 거듭나고 있다.

③ 당일로 다녀와야 여행의 재미를 더 깊이 느낄 수 있다.

④ 멀리 가지 않아도 여행의 재미를 느낄 수 있는 곳이 많다.

48. (   )에 들어갈 내용으로 가장 알맞은 것을 고르십시오. (3점)

① 여행 계획을 세우게 되는

② 전통 문화를 만날 수 있는

③ 새로운 것을 발견할 수 있는

④ 진짜 여행을 상상할 수 있는

※ **[49~50] 다음을 읽고 물음에 답하십시오. (각 4점)**

일반적인 호흡기 감염은 감염자가 말하거나 기침할 때 튄 침에 포함된 세균이나 바이러스가 주변 사람의 호흡기로 들어가 일어난다. 하지만 실제로는 손이 주된 매개체이다. 먼저 감염자가 기침을 하면서 손바닥이나 주먹으로 입을 막을 때 침이 손에 묻게 된다. 그 상태에서 사람들과 악수를 하고, 버스나 지하철의 손잡이를 잡는다. 그러면 세균과 바이러스가 다른 사람의 손에 묻고, 그 손으로 무심코 코나 입을 만질 때 전염된다. 손에 묻은 세균과 바이러스의 생존 시간은 보통 세 시간이며 공기 중에서 하루 동안 생존이 가능한 것도 있다. 단 한 명으로 시작한 호흡기 질병이 순식간에 퍼질 수 있으므로 주의해야 한다.

49. 이 글의 중심 내용으로 가장 알맞은 것을 고르십시오.

　① 공공장소에서 호흡기 감염이 가장 많이 발생한다.
　② 호흡기 감염은 공기보다 손을 통해 빈번하게 일어난다.
　③ 독감 바이러스는 빠른 속도로 확산되므로 예방이 중요하다.
　④ 바이러스 감염을 막으려면 올바른 손 씻기 습관이 필요하다.

50. 이 글의 내용과 같은 것을 고르십시오.

　① 감염자와 악수를 하면 세균이 전염되기 쉽다.
　② 세균이나 바이러스는 보통 하루 정도 생존을 한다.
　③ 손으로 코나 입을 만지면 세균 감염의 위험이 높다.
　④ 사람의 침이 주로 바이러스를 전달하는 역할을 한다.

※ [51~52] 다음을 읽고 물음에 답하십시오. (각 3점)

> 　다수결은 민주주의 사회에서 의사를 결정하는 방식 중의 하나이다. 가장 이상적인 방법은 만장일치이지만 이것은 현실적으로 불가능하기 때문에 다수결의 원칙을 이용하는 것이다. 이때 소수보다 다수의 생각이 더 합리적일 것이라는 데에서 시작하지만 이것이 언제나 옳다고는 할 수 없다. 다수결은 (　　　　　　　　) 많은 사람들이 공통적인 의견을 보일 경우 그 판단을 존중해야 한다는 것이 핵심이다. 그러나 이 원칙이 효과적으로 적용되기 위해서는 몇 가지 조건이 전제되어야 한다. 과학적으로 증명해야 하는 사실에는 적용될 수 없고 집단 구성원들의 자율성이 반영되어야 한다.

51. 필자가 이 글을 쓴 목적을 고르십시오.

　　① 다수결 원칙의 필요성을 설명하기 위해

　　② 다수결이 적용되는 상황을 증명하기 위해

　　③ 다수결의 의미와 주의점을 강조하기 위해

　　④ 다수결과 전원 일치 방식을 비교하기 위해

52. (　　　)에 들어갈 내용으로 알맞은 것을 고르십시오.

　　① 개개인의 생각은 의미가 없지만

　　② 사람에 따라 가치 판단이 다르지만

　　③ 사회 구성원들과 조화가 필요하지만

　　④ 다수보다 소수의 의견은 힘이 약하지만

※ **[53~54] 다음을 읽고 물음에 답하십시오. (각 3점)**

> 마침내 우림이가 맞을 차례가 되었다. 나는 그때 아예 고개를 돌려 그 아이가 맞는 꼴을 보지 말았어야 했다. 그러나 불행하게도 우리는 눈길이 딱 마주쳐 버렸다. 더욱 불행하게도 그때 내 입가에는 웃음기가 머물러 있었다. 그건 우연한 시간 일치일 뿐이지, 맹세코 우림이를 비웃는 건 아니었다. 나는 도리어 우림이를 때리는 월급 기계를 향해 속으로 갖은 저주를 다 퍼붓고 있던 참이었다. 하필 그때 뒷자리에 앉은 녀석이 내게 간지럼을 먹였고, 바로 그 순간 우림이와 눈길이 딱 마주쳤던 것이다. 아아, 시간은 때때로 우리에게 얼마나 짓궂은 장난을 잘 치던가! 더구나 자존심의 끈을 팽팽하게 잡아당기고 있는 사람들한테는 이 장난이 얼마나 쉽사리 먹혀들던가! 우림이의 얼굴은 파랗게 질렸고, 독기 어린 눈으로 파르르 나를 쏘아보았다. 나는 가슴이 철렁 내려앉았다.
>
> 제자리로 돌아온 우림이는 책상에 엎드려 서럽게 엉엉 울음을 놓았으나, 내가 '그건 오해이다' 하소연할 입장은 전혀 못 되었다. 여러분도 잘 알다시피, 아이들 세계에서는 사내아이가 여자아이를 위로해 주는 일은 매우 수치스럽고 체면 깎이는 일이며, 아이들의 "얼레리꼴레리"를 버텨 낼 신통한 재간 없이는 도저히 할 수 없는 일인 것이다.

출처: 위기철(1991), 『아홉 살 인생』, 청년사, 158~159쪽.

53. 이 글에 나타난 주인공의 심정으로 알맞은 것을 고르십시오.

① 억울하다 ② 간절하다

③ 처량하다 ④ 태연하다

54. 이 글의 내용과 같은 것을 고르십시오.

① 우림이는 매를 많이 맞은 탓에 아파서 울음을 그치지 않았다.

② 남자아이가 여자아이를 위로해 주는 일은 흔하게 있는 일이다.

③ 뒷자리에 앉은 아이의 장난으로 인해 나는 오해를 받게 되었다.

④ 나는 우림이가 맞는 모습을 보며 재미있어서 미소를 짓고 있었다.

그렇지만 달이 지평선 근처에 있든 하늘 위에 떠 있든 그 위치와 상관없이 거리와 크기는 실제로 차이가 없다. 따라서 이러한 현상은 사람의 뇌가 정보를 받아들여 해석하는 과정에서 일어나는 일종의 착각으로 볼 수 있다. 과학자들은 달을 보았을 때 일어나는 착시 현상에 대해 여러 가지 이론을 제시했으며 이 가운데 거리 이론이 과학적 실험을 통해 입증되었다. 이것은 달이 지평선이나 수평선 가까이에 있으면 건물이나 나무와 같은 주변의 지형 정보가 (   ) 달이 실제보다 더 크게 보인다는 것이다. 달의 착시 현상은 인간이 어떤 사물의 크기를 짐작할 때 뇌가 눈으로 보이는 것뿐만 아니라 인지적 또는 감각적으로 판단한 내용을 반영하여 흥미로운 착각의 세계를 구축한다는 사실을 알려 준다. 우리의 뇌는 시각과 청각, 그리고 과거의 경험을 통해 세상을 인식하는데, 이처럼 종종 현실을 제대로 구현하지 못하고 착각에 빠지기도 하는 것이다.

55. 이 글의 앞에 올 내용으로 가장 알맞은 것을 고르십시오.

① 뇌가 인식하는 달과 지구와의 거리

② 지구에서 바라보는 달의 모양과 위치

③ 달이 위치에 따라 다르게 보이는 현상

④ 착시 현상을 설명하는 여러 가지 이론들

56. 이 글의 내용과 같은 것을 고르십시오.

① 달의 크기는 지구와의 거리에 비례한다.

② 달이 작아지는 현상을 달 착시라고 부른다.

③ 하늘 위에 뜬 달이 실제보다 더 크게 보인다.

④ 인간은 사물을 볼 때 뇌의 인지를 통해 본다.

57. (   )에 들어갈 내용으로 알맞은 것을 고르십시오.

① 뇌의 거리 인식에 영향을 미쳐　　　② 보편적으로 예측 불가능하므로

③ 사실과 다르게 인식되기 때문에　　　④ 뇌의 판단 능력을 잃게 만들어

※ [58~60] 다음을 읽고 물음에 답하십시오.

대기압의 힘과 진공의 힘이 동일하다는 사실은 17세기 중반에 이미 밝혀졌지만, 대기압의 존재와 크기를 일반 사람들에게 설명하는 것은 쉽지 않았다. 왜냐하면 기압은 (　　　　　　　　　) 때문이다. 마그데부르크의 반구는 대기압의 존재를 눈으로 확인시켜 줄 뿐만 아니라 그 힘이 매우 강력함을 증명한 실험 중 하나이다. 독일의 물리학자 게리케는 구리로 만든 반구 한 쌍을 맞붙인 후 펌프를 사용하여 반구 안의 공기를 제거하고 진공 상태로 만들었다. 외부의 대기압에 의해 단단히 붙은 반구를 떼어내기 위해서 말들이 동원되었는데, 처음에는 양쪽에 각 한 마리로 시작하여 말의 수를 점차 늘려 나갔다. 그 결과 모두 16마리의 말이 끌었을 때 엄청난 소리와 함께 반구가 떼어졌다.

58. 이 글의 제목으로 가장 알맞은 것을 고르십시오. (4점)

① 반구 이용 실험, 실패로 끝나

② 반구 이용 실험, 말의 힘을 빌려

③ 반구 이용 실험, 진공의 힘 실감

④ 반구 이용 실험, 대기압의 존재 확인

59. 이 글의 내용과 같은 것을 고르십시오. (3점)

① 일반인도 대기압을 쉽게 보고 느낄 수 있다.

② 실험을 시작할 때 반구 안에는 공기가 없었다.

③ 진공은 대기압보다 강력하다는 것이 입증되었다.

④ 반구를 떼어 내는 실험에 수많은 말들이 동원되었다.

60. (　　　　)에 들어갈 내용으로 알맞은 것을 고르십시오. (3점)

① 일반인들은 관심조차 없기

② 과학자들만 증명해낼 수 있기

③ 진공 상태에서만 감지가 가능하기

④ 눈에 보이지도 않고 느끼기도 힘들기

부록
Appendix

듣기 대본
정답표

연습용 OMR 카드

듣기 대본 (1~30번)

※ [1~4] 두 사람이 대화하고 있습니다. 이어질 내용으로 가장 알맞은 것을 고르십시오. (각 3점)

1.
남자: 원두커피를 직접 집에서 내려 마시니까 향이 정말 좋네요. 그런데 커피 찌꺼기를 왜 모아 놓으세요?

여자: 아직 모르세요? 아주 쓸 데가 많답니다. 햇빛에 말려서 방향제로 쓰거나 물에 불려서 세안할 때 쓰면 좋아요.

남자: ____

2.
여자: 요즘은 구내식당에서 점심을 먹는 사람들이 아주 많아진 것 같지?

남자: 내부 수리를 하고 나서 식당 분위기가 한결 밝아졌거든. 게다가 주방장도 바뀌었는데 그래서 그런지 음식도 훨씬 맛있는 것 같아.

여자: ____

3.
여자: 우리 동네의 30년 된 서점이 문을 닫는다고 하는데 정말 안타까워요.

남자: 그러게 말이에요. 요즘은 대형 서점들이 온라인 판매까지 함께 하다보니 동네의 소규모 서점들이 설 자리를 점점 잃어가는 것 같아요.

여자: ____

4.
남자: 은행마다 동전을 지폐로 교환해 주는 규정이 달라서 미리 알아보고 가지 않으면 헛수고를 하기 쉽대요.

여자: 네, 저도 그런 적이 있어요. 제가 갔던 곳에서는 월말이나 오후에는 교환이 안 되고 오전에만 가능하다고 하더라고요.

남자: ____

※ [5~7] 다음은 무엇에 대해 이야기하고 있습니까? 가장 알맞은 것을 고르십시오.

5. (3점)

> 여자: 봄은 햇양파가 많이 나오는 계절입니다. 양파는 일상생활에서 섭취하는 것만으로도 건강과 미용을 함께 지킬 수 있는 훌륭한 식품입니다. 혈관 속에 쌓인 노폐물과 독소를 밖으로 배출시킴으로써 몸을 가볍게 하고 젊게 만들어 주는 것이죠. 또한 지방 함량이 적고 단백질이 풍부하기 때문에 다이어트 식품으로 추천할 만합니다. 양파 껍질도 버리지 말고 최대한 살려서 조리해야 좋은 성분을 섭취할 수 있습니다. 올 봄에는 양파를 많이 드시는 것이 어떨까요?

6. (4점)

> 남자: 식당이나 공공장소 등에서 제멋대로 뛰어다니고 떠드는 아이들을 그대로 방치하는 젊은 부모들을 종종 볼 수 있는데요. 이것은 전적으로 부모의 책임입니다. 요즘은 저출산으로 인해 한 자녀 가정이 많기 때문에 부모들이 아이가 원하는 것은 무조건 들어주다 보니까 아이들이 버릇없이 행동하는 경우가 많습니다. 아이를 자유롭게 기르는 것도 중요하지만 다른 사람을 배려하고 예절 바른 사람으로 자라게 하는 것이 더욱 중요하다고 할 수 있지요.

7. (4점)

> 여자: 90년대 전후만 해도 인기가 뜨거웠던 방송사 음악 프로그램이 요즘에는 미미한 시청률을 보이고 있는데요. 인터넷 시대에 이러한 현상은 어쩌면 당연한 일일지도 모릅니다. 예전에는 정보가 많지 않아 결과를 기다리는 긴장감이 있었지만 지금은 다양한 경로를 통해 순위를 쉽게 알 수 있습니다. 그리고 팬들은 더 이상 텔레비전 앞에 앉아서 기다릴 필요 없이 컴퓨터나 휴대폰으로 자기가 좋아하는 노래만 골라 들을 수 있지요.

※ **[8~10] 다음을 듣고 들은 내용과 같은 것을 고르십시오.**

8. (3점)

> 여자: 가족과의 식사는 10대 청소년들의 정신 건강에 긍정적인 영향을 미친다고
> 합니다. 규칙적으로 가족과 함께 식사를 하는 아이들이 그렇지 않은
> 아이들보다 정신적으로 안정되어 있으며 사람을 더 신뢰한다고 하는데요,
> 이것은 가족과 밥을 같이 먹는 것이 심신에 모두 좋다는 것을 확인시켜
> 주는 말이기도 하지요. 매일 저녁을 같이 먹거나, 일주일에 한 번이라도
> 식사를 같이 하면 그만큼 아이들에게 정서적으로 안정을 준다는
> 것입니다.

9. (3점)

> 여자: 우리나라의 도시 주거 형태를 보면 아파트가 압도적으로 많은데요,
> 아파트가 여러 가지 편리한 점도 많은 반면에 단점도 많이 있지 않나요?
> 남자: 네. 도시 인구의 대부분이 아파트와 같은 공동주택에 산다고 해도
> 과언이 아닙니다. 이러한 공동주택 형태는 단독주택에 비해 관리나
> 효율성 면에서 편리한 점도 많지만 이웃과의 단절이나 층간 소음, 주차
> 시비 등으로 인한 문제점도 안고 있다고 하겠지요.

10. (4점)

> 여자: 품앗이는 농촌에서 자기의 힘만으로는 감당하기 어려운 작업을 할
> 때마다 임시로 조직된 협동 노동 체계입니다. 품앗이는 친척이나 동네의
> 구성원 간에 이루어졌는데요, 상대방의 노동력을 금전적으로 평가하지
> 않고 서로 돕는다는 인식을 바탕으로 하고 있습니다. 그리고 남녀노소의
> 노동력에 차별을 두지 않고 동등하게 평가하는 일이 많았습니다.

※ [11~13] 다음을 듣고 남자가 어떤 생각을 하고 있는지 맞는 것을 고르십시오.

11. (3점)

남자: 춥고 길었던 겨울이 가고 만물이 소생하는 봄이 왔습니다. 이런 계절에는 자연을 보다 가까이 접하기 위해 등산을 하는 사람이 많습니다. 그런데 산에 오르는 사람들 중에는 산을 즐기기보다는 오로지 산 정상을 정복하기 위해 전투적으로 도전하는 사람들이 있습니다. 물론 정상에서 내려다보는 경치도 아름답겠지만 오르는 길목마다 소박하게 피어 있는 작은 들꽃이나 나무들의 아름다움을 느껴 보는 것도 산이 주는 선물이 아닐까 싶습니다.

12. (4점)

남자: 최근 취업난이 가속화되면서 창업에 관심을 갖는 학생들이 점점 늘고 있습니다. 여기에 발맞춰 정부에서도 청년 창업에 대한 지원을 늘리고 있는 추세입니다. 그러나 별다른 경험도 없이 성공에 대한 열망만으로 무턱대고 창업을 한다는 것은 매우 위험한 일입니다. 물론 인터넷 쇼핑몰을 운영해 대박을 터트리는 성공 사례도 일부 있긴 하지만 이는 극소수에 불과합니다. 창업에 성공하고 싶다면 우선은 자신이 하고자 하는 분야에서 착실하게 경험을 쌓고 많은 정보를 수집하고 분석하는 등 철저한 준비가 필요할 것입니다.

13. (3점)

여자: 사회생활을 잘하기 위해서 어떻게 하면 좋을까요? 의사소통 능력이 무엇보다 중요하다고 하는데 선배님께서 후배들에게 조언을 하신다면 어떤 것이 있을까요?

남자: 자기 생각만 고집하면 의사소통에 어려움을 겪을 수 있습니다. 어떤 사람은 완곡하게 표현하는 것이 듣는 사람을 배려하는 것이라고 생각하는 반면, 어떤 사람은 직설적으로 표현하는 것이 말하고자 하는 바를 더 정확하게 전달할 수 있다고 생각하지요. 따라서 의사소통에 있어서 가장 중요한 것은 개개인의 표현 방식이 다르다는 점을 인정하는 것입니다.

※ [14~15] 다음 그림을 보고 가장 적절한 대화를 고르십시오. (각 4점)

14.

① 여자: 집에서도 열심히 연습했는데 저는 왜 이렇게 안 되는 거죠?

　 남자: 제가 하는 대로 따라 해 보세요. 크림을 이렇게 바르면 됩니다.

② 여자: 이제 다 됐어요. 저 혼자 케이크를 만든 건 처음인데 잘 만들어져서 정말 기뻐요.

　 남자: 아주 잘하셨네요. 훌륭해요. 지금 당장 제과점을 개업해도 손색이 없겠어요.

③ 여자: 저는 생크림보다는 초콜릿 케이크를 좋아해요. 오늘은 초콜릿 장식을 하는 게 좋겠어요.

　 남자: 아, 그것도 좋은 생각이군요. 그럼 제가 한 번 보여 드릴게요.

④ 여자: 이렇게 바르면 되나요? 집에서 할 때는 잘 안 되던데 어떻게 해야 크림이 부드러워지는 거죠?

　 남자: 거품기를 사용해 계란 흰자를 오랫동안 끈기 있게 잘 저어 줘야 합니다.

15.

① 남자: 양손은 가볍게 주먹을 쥐어 보세요. 두 팔을 앞뒤로 힘차게 흔들면서 걸으세요.

　 여자: 이렇게 하니까 그냥 걷는 것보다 더 속도가 붙는 것 같네요.

② 남자: 걸으면서 양팔을 앞뒤로 크게 벌리세요. 이때 앞 팔은 스틱을 잡고 뒤 팔은 스틱과 일직선이 되는 것이 좋습니다.

　 여자: 네. 팔을 뻗는 것이 생각보다 어려운데요.

③ 남자: 두 발을 모으세요. 양손에 스틱을 잡고 동시에 땅을 짚은 뒤에 그 힘으로 멀리 뛰어 보세요.

　 여자: 알겠어요. 스틱은 바닥과 수직을 이루면 되지요?

④ 남자: 두 발을 어깨 넓이로 벌린 상태에서 무릎을 굽히세요. 상체를 살짝 앞으로 기울이고 스틱은 상체와 나란히 하면 됩니다.

　 여자: 이렇게요? 다리에 힘이 많이 들어가게 되네요.

※ **[16~18] 대화가 끝난 후에 여자가 이어서 할 행동으로 알맞은 것을 고르십시오.**

16. (3점)

> 남자: 영현아, 너 수강 신청 다 했니?
>
> 여자: 아니, 아직 못 했어. 내 컴퓨터가 말썽이라 집에서 계속 해 보다가 그냥 왔어. 듣고 싶은 과목이 마감됐으면 어쩌나 걱정이야.
>
> 남자: 그럼 학과 사무실 컴퓨터를 사용해 봐. 지금 가면 할 수 있을 거야.
>
> 여자: 그래? 알았어. 고마워. 수강 신청 끝나면 같이 밥 먹으러 가자.

17. (3점)

> 여자: 어, 우리 차 앞에 다른 차가 주차 되어 있네. 어떻게 하지?
>
> 남자: 앞으로 조금만 밀면 나갈 수 있을 것 같은데, 한번 밀어 보자.
>
> 여자: 어휴, 차가 꿈쩍도 하지 않아.
>
> 남자: 그럼 차 앞 쪽에 연락처가 있는지 보고 전화 좀 걸어 봐. 안 되면 내가 아파트 관리실에 가서 안내 방송을 요청해 볼게.

18. (4점)

> 남자: 검사 결과가 그다지 나쁜 건 아니지만 앞으로는 식사를 규칙적으로 하시고 음식 조절에도 신경을 쓰셔야 합니다. 여러 가지로 조심하지 않으면 수술을 하게 될 수도 있으니까요.
>
> 여자: 그럼 음식 조절을 어떻게 해야 할까요?
>
> 남자: 튀김처럼 기름기가 많은 음식이나 지나치게 자극적인 음식은 피하시고 술도 가급적 드시지 않는 게 좋습니다. 채소나 과일을 많이 드시고 평소에 물을 자주 드세요. 여기 처방전을 드릴 테니까 약국에서 약을 받아서 바로 복용하도록 하세요.
>
> 여자: 네. 알겠습니다. 감사합니다.

※ [19~20] 다음 뉴스를 듣고 알맞은 제목을 고르십시오. (각 4점)

19.

여자: 앞으로 남편에게도 1개월의 출산휴가를 주는 '아빠의 달'이 도입됩니다. 아빠의 달은 출산일로부터 90일 안에 아빠들이 아기를 돌볼 수 있도록 출산휴가를 주는 겁니다. 이는 임신과 출산을 꺼리는 사회적 분위기를 쇄신하는 데에도 도움이 될 것입니다. 또한 한 달간 쉬는 공백을 누군가 대신해야 하기 때문에 일자리를 나누는 효과도 기대할 수 있을 것으로 보입니다. KBC 뉴스 이진영입니다.

20.

남자: 매출이 부진하여 어려움을 겪던 작은 식당에 지금은 손님들의 발길이 끊이지 않고 있습니다. 한 기업의 지원으로 가게 인테리어를 바꾸는 것은 물론 고객 응대 요령까지 교육 받은 덕분인데요, 이처럼 기업들이 일회성 행사에서 벗어나 지속적으로 사회에 책임을 다하는 활동으로 눈을 돌리고 있습니다. 이는 소비자들로 하여금 해당 기업의 제품에 더 호감을 갖게 함으로써 매출 상승으로도 이어지고 있습니다, 지금은 시작 단계이지만 앞으로 이러한 활동에 참여하는 기업들이 더 늘어날 것으로 전망됩니다. KBC 뉴스 박성오입니다.

※ [21~22] 다음 강연을 듣고 물음에 답하십시오. (각 3점)

여자: 비만은 부모에게서 물려받을 수도 있지만 유전적 요인보다는 나쁜 생활 습관과
더 밀접한 연관이 있습니다. 올해 초 발표된 내용에 따르면 초등학생 비만의
30% 정도는 유전적 요인이며, 특히 어머니가 비만일 경우 자녀 비만에 더 큰
영향을 미칩니다. 나머지 70%는 수면 부족이나 습관적인 군것질 등 환경적
요인이 차지하고 있습니다. 그리고 고학년으로 올라갈수록 유전적 요인의
영향력은 줄어들고 생활 습관이 비만의 정도를 좌우하게 됩니다. 따라서
부모들은 자녀가 비만이 되지 않도록 올바른 생활 습관 형성에 신경을 써야
하겠습니다.

21. 여자가 제시한 의견의 근거로 알맞은 것을 고르십시오.

22. 들은 이야기의 중심 내용으로 알맞은 것을 고르십시오.

※ [23~24] 다음 대담을 듣고 물음에 답하십시오. (각 3점)

남자: 최근 한 유명 연예인 부부의 이혼에 대해 대중들의 관심이 쏟아져 여러 가지 확인되지 않은 소문들이 나돌고 있습니다. 일반인이었다면 겪지 않아도 될 고통을 겪고 있는 셈인데요. 대중의 인기를 먹고 사는 연예인이니만큼 사생활에 대한 궁금증도 풀어 줘야 한다는 의견과 연예인도 사생활이 보호되어야 한다는 의견이 맞서고 있습니다. 교수님의 의견은 어떠십니까?

여자: 아무리 대중의 인기로 사는 연예인일지라도 지극히 개인적인 부분까지 공개되는 것은 엄밀한 사생활 침해라고 할 수 있습니다. '발 없는 말이 천리를 간다'는 말처럼 소문은 순식간에 퍼져 나가 사실보다 훨씬 커지기 마련입니다. 여기에 왜곡된 추측성 기사들이 더해지면 그야말로 걷잡을 수 없는 방향으로 흘러가 버리죠. 결국 당사자들은 해명할 기회조차 잃어버린 채 극단적인 선택을 하는 경우도 있으니까요.

23. 들은 내용과 같은 것을 고르십시오.

24. 여자의 태도로 가장 알맞은 것을 고르십시오.

※ [25~26] 다음 대화를 듣고 물음에 답하십시오. (각 3점)

여자: 신문을 보니까 외국에서 들여 온 동물 때문에 생태계의 파괴가 아주 심각하대.

남자: 처음엔 농가 소득을 올리기 위해 들여왔다고 하더니 대체 뭐가 문제인 거지?

여자: 황소개구리가 뱀을 잡아먹지 않나, 블루길이 토종 물고기를 잡아먹지 않나. 이러다가 먹이사슬의 균형이 깨지고 말 거야. 하루 빨리 대책을 세워야 하지 않을까?

남자: 대책이라고 해 봐야 뾰족한 수가 있겠어? 애초에 인간의 목적을 위해 외래종을 들여온 것 자체가 잘못이지. 자연 생태계에 인간의 힘이 개입되면 결국은 더 큰 문제가 되는 법이야.

25. 들은 내용과 같은 것을 고르십시오.

26. 남자의 생각으로 가장 알맞은 것을 고르십시오.

※ [27~28] 다음 대담을 듣고 물음에 답하십시오. (각 3점)

여자: 요즘 학생들은 글 쓰는 것을 어렵게 생각하는 경우가 많습니다. 어떻게 하면 글쓰기를 잘할 수 있을까요?

남자: 대부분의 학교에서 입시를 대비한 논술 교육만을 강조하기 때문에 학생들이 글쓰기를 재미없고 어려운 것이라고 여기게 되지요. 그러나 가장 중요한 것은 글 쓰는 것을 두려워하지 말고 즐기는 것입니다. 그러기 위해서는 교사가 일방적으로 주제나 제목을 정해 주지 말고 학생들이 쓰고 싶은 것을 마음껏 쓰도록 해야 합니다. 일상생활에서 흔히 접할 수 있는 경험이나 관심사를 일기처럼 편하게 써 보는 것도 좋겠지요.

27. 들은 내용과 같은 것을 고르십시오.

28. 남자의 태도로 가장 알맞은 것을 고르십시오.

※ [29~30] 다음 강의를 듣고 물음에 답하십시오.

여자: 한옥에 사는 것이 불편하지 않음에도 불구하고 이러한 부분들로 인해 한옥을 꺼리는 사람들이 많습니다. 하지만 최근에는 한옥과 현대 건축 기술의 조화를 통해 이러한 문제들을 합리적으로 해결하고 있습니다. 마루에 난방을 하거나 화장실과 부엌을 실내로 들이는 경우가 그 예입니다. 이러한 문제가 해결되면 한옥의 여러 장점에 눈뜨게 되는데요. 무엇보다 한옥은 아파트에 비해 공기 순환이 원활해서 언제든지 신선한 공기를 마실 수 있습니다. 마당이 태양빛을 받아들여 따뜻한 공기를 위로 보내면 뒤편의 차가운 공기가 방 안으로 들어오는 대류 현상을 일으키기 때문이지요. 실내의 밀폐된 공기를 덜 마시게 되니 자연히 감기에 걸리는 일도 줄어들고, 호흡기 질환도 예방하는 일석이조의 효과를 볼 수 있습니다.

29. 여자의 말 앞에 나온 내용으로 알맞은 것을 고르십시오. (3점)

30. 여자의 생각과 같은 것을 고르십시오. (4점)

듣기 대본 (1~30번)

※ [1~4] 두 사람이 대화하고 있습니다. 이어질 내용으로 가장 알맞은 것을 고르십시오.
(각 3점)

1.
남자: 남은 음식은 모두 음식물 쓰레기통에 버리면 돼요?
여자: 잠깐만요. 음식물 쓰레기는 동물의 사료나 식물의 비료로 사용되니까 뼈처럼 크고 딱딱한 것은 넣지 마세요.
남자: ____

2.
여자: 선생님, 저는 얼마 전에 독감 예방주사를 맞았는데 감기에 걸렸어요. 왜 그런 거예요?
남자: 대부분의 사람들이 독감을 '독한 감기'라고 생각하지만, 감기와 전혀 다른 바이러스예요. 그러니까 독감 예방주사를 맞았어도 감기에 걸릴 수 있지요.
여자: ____

3.
여자: 요즘 아이들은 스마트폰 때문에 시각적인 것에는 예민하게 반응하지만 냄새와 맛에는 둔감한 경우가 많대.
남자: 아무리 스마트폰을 많이 쓴다고 해도 그렇지, 말도 안 돼.
여자: ____

4.
남자: 표준어 중심의 언어 정책에 대해 공감하면서도 지역방언을 지키려는 분들이 있습니다. 조 작가님도 그런 분들 중의 한 분이신데 이러한 의견을 제시하는 이유가 무엇인가요?
여자: 지역방언에는 표준어로 바꾸기 어려운 표현이 많습니다. 지역방언이 사라지면 그런 표현들도 사라지겠죠. 그렇게 되면 지역방언이 멋있게 녹아 있는 작품도 더 이상 나올 수 없을 겁니다.
남자: ____

※ [5~7] 다음은 무엇에 대해 이야기하고 있습니까? 가장 알맞은 것을 고르십시오.

5. (4점)

> 여자: 김치는 우리나라의 대표적인 음식 중 하나입니다. 요즘 우리가 먹는 김치는 대개 고춧가루를 넣어 붉은빛이 나는데 본래는 그렇지 않았습니다. 17세기에 고추가 처음 들어왔고 붉은 고추가 본격적으로 김치에 사용된 것은 18세기부터라고 합니다. 그리고 이때부터 배추 이외에 무, 부추, 파 등도 김치의 주요한 재료가 되었던 거죠.

6. (3점)

> 남자: 세상에는 우리가 상상할 수 없는 놀라운 호수가 존재합니다. 먼저 러시아에는 단맛이 느껴지는 호수가 있는데요. 이 호수의 바닥에는 다량의 소다 성분이 포함되어 있어 달게 느껴진다고 합니다. 한편 이스라엘과 요르단 사이에는 사람이 물에 뜨는 호수도 있고, 아프리카에는 폭발하는 호수도 있지요. 이외에도 잉크 같은 호수, 옮겨 다니는 호수 등 세계에는 신기한 호수들이 많습니다.

7. (4점)

> 남자: 우리 몸의 생각과 행동은 뇌와 밀접한 연관이 있습니다. 뇌는 크게 좌뇌와 우뇌로 나눌 수 있는데 좌뇌는 언어 지능, 우뇌는 동작 지능과 관련이 있습니다. 따라서 어느 한쪽만 발달해서는 종합적으로 사고하고 판단하는 것이 불가능합니다. 뇌는 지능과 상관없이 인체 각 부위의 동작을 제어하는데요, 몸의 오른쪽을 담당하는 것은 좌뇌이고 왼쪽을 담당하는 것은 우뇌입니다.

※ [8~10] 다음을 듣고 들은 내용과 같은 것을 고르십시오.

8. (3점)

> 여자: 이곳은 작년부터 국그릇의 크기를 줄여서 사용하고 있다고 들었는데요. 어떤 효과가 있나요?
>
> 남자: 눈으로 보기에는 큰 차이가 없지만 전체 용량은 줄어들었기 때문에 담을 수 있는 분량이 확실히 적어졌어요. 한국 사람이 나트륨을 가장 많이 섭취하는 음식이 국이나 찌개이기 때문에 작은 그릇을 이용하는 것만으로도 나트륨 섭취량을 현저하게 감소시킬 수 있습니다.

9. (4점)

> 여자: 우리는 소음 속에 살고 있습니다. 자동차, 비행기, 컴퓨터 소음 등이 그렇습니다. 일상생활 속에서 너무나 많은 소음에 노출되다 보니 우리 몸에 어떤 영향을 미치는지 인식하지 못합니다. 그러나 소음이 인간과 동물에게 미치는 영향은 매우 심각합니다. 예를 들어, 소음이 심한 곳에서 일하는 사람들은 조용한 곳에서 일하는 사람들보다 청력이 약하고 신경질적이라고 합니다. 그럼 동물들은 어떨까요? 실험용 쥐에게 6주간 항공기가 도착하는 소리를 들려주었더니 그중 몇 마리는 위궤양에 걸렸다고 합니다.

10. (3점)

> 남자: 알타미라 동굴 벽화는 1879년 다섯 살 소녀에 의해 우연히 발견되었습니다. 당시에는 그것의 진위 논란이 있었지만 얼마 안 되어 동시대의 유사한 벽화가 발견되면서 이 벽화가 인류 역사상 가장 오래되었다는 것이 입증되었습니다. 알타미라 동굴 벽화는 만 오천 년 전의 구석기인들이 그린 그림으로 들소가 죽어 가는 모습이 실감 나게 표현되어 있습니다. 이 벽화는 당시의 삶의 모습들을 엿볼 수 있는 귀중한 자료입니다.

※ [11~13] 다음을 듣고 남자가 어떤 생각을 하고 있는지 맞는 것을 고르십시오.

11. (3점)

> 여자: 현대인들이 행복하지 않은 이유 중 하나가 고용의 불안정성이라고 하셨습니다. 정년을 보장 받을 수 없다는 것도 그중 하나일 텐데요, 법적으로 해고를 어렵게 함으로써 고용을 보장하는 것을 어떻게 생각하시는지요?
>
> 남자: 고용의 안정성을 보장하는 것도 중요하지만 법적으로 규제할 경우 그로 인해 부담을 느낀 기업들이 해외로 빠져나갈 수 있기 때문에 장기적으로는 바람직하지 않다고 봅니다. 오히려 실업자들이 재취업에 성공할 수 있도록 교육 기회를 제공하는 것과 같이 사회복지를 확대하는 편이 더 효과적일 겁니다.

12. (3점)

> 남자: 음악에 소질이 있는 한 소년이 선생님도 되고 싶고 성악가도 되고 싶다고 아버지께 말씀드렸습니다. 그러자 아버지는 두 개의 의자에 앉으려고 하면 결국 어디에도 앉지 못할 수 있으니 한 가지 일을 정해서 열심히 하는 게 좋다고 말했습니다. 아버지의 말씀을 듣고 아들은 성악가의 길을 선택했고, 훗날 세계적인 성악가가 되었습니다. 그가 바로 몇 해 전에 세상을 떠난 '루치아노 파바로티'입니다.

13. (4점)

> 남자: 칭찬은 고래도 춤추게 한다는 말이 있습니다. 이것은 칭찬이 가진 긍정적인 힘과 그것이 미치는 영향을 의미하지요. 특히 자라나는 아이들에게 칭찬과 함께 격려를 해 주면 자신감을 갖게 되고 두뇌의 회전도 빨라지는 효과가 있습니다. 그러나 칭찬을 할 때에도 기술이 필요합니다. 아이들은 대체로 상황을 이해하는 속도가 느리기 때문에 구체적이고 명확하게 칭찬을 해 줘야 합니다. 그리고 아이들은 칭찬 받을 일을 했더라도 그 상황을 쉽게 잊어버리곤 합니다. 따라서 칭찬의 효과가 줄어들지 않게 빠른 시간 안에 칭찬을 해 주는 것이 좋습니다.

※ [14~15] 다음 그림을 보고 가장 적절한 대화를 고르십시오. (각 4점)

14.

① 여자: 여권과 탑승권을 확인해 주시고요, 보내실 수하물이 있으시면 좌측에
　　　　올려 주시겠어요?

　　남자: 아, 이건 제가 들고 들어가도 되죠?

② 여자: 여권과 탑승권을 보여 주시고요, 좌측에 있는 판에 엄지손가락을 대
　　　　주세요.

　　남자: 네. 오른손이나 왼손 아무 쪽이나 상관없지요?

③ 여자: 여권은 없어도 되고요, 탑승권을 좌측 투입구에 넣어 주세요. 자, 이제
　　　　통과하시면 됩니다.

　　남자: 잠시만요. 트렁크가 있는데 이게 잘 안 움직이네요.

④ 여자: 짐을 모두 좌측에 올리신 후 앞으로 통과하시면 됩니다. 정면을 보시고
　　　　양팔을 살짝 들어 주십시오.

　　남자: 네. 여권이랑 탑승권은 제가 들고 지나가도 되나요?

15.

① 남자: 헬멧부터 써야지. 아빠가 먼저 탈 테니까 뒤에 앉아서 아빠 허리를 꼭
　　　　잡아.

　　여자: 알았어요. 자, 이제 출발해요.

② 남자: 손잡이를 잘 잡고 시동을 걸어 봐. 모터 소리가 들리는 것을 확인하고
　　　　페달을 밟으렴. 운전을 할 때 시선은 꼭 앞을 봐야 한단다.

　　여자: 어, 왜 소리가 안 나죠?

③ 남자: 자, 이제 페달을 힘차게 밟아 봐. 네가 달리면 아빠는 손을 놓을 거야.

　　여자: 안 돼요, 아빠. 무서워요.

④ 남자: 오늘 처음 타는 거니까 헬멧을 단단히 써야 해.

　　여자: 헬멧이 너무 커요. 안 쓰면 안 돼요?

※ [16~18] 대화가 끝난 후에 여자가 이어서 할 행동으로 알맞은 것을 고르십시오.

16. (3점)

여자: 번지점프는 아직 한 번도 안 해 봤는데 어떻게 해야 돼요?

남자: 처음이세요? 그러면 신분증을 보여 주시고 저쪽에서 체중을 재세요.

여자: 체중은 왜 재는 거죠?

남자: 몸무게에 맞춰 장비를 조절하거든요. 체중을 재고 나서 엘리베이터를 타고 꼭대기까지 올라가세요. 그곳에서 안전 요원이 발목과 허리에 줄을 묶어 줄 겁니다. 그 후에 점프대에서 지시에 따라 뛰어 내리시면 됩니다.

여자: 네, 알겠습니다. 신분증 여기 있어요.

17. (4점)

여자: 교수님, 이번에 쓰려고 하는 논문 주제와 목차입니다.

남자: 어디 봅시다. 음, 이 주제는 선행 연구만 분석할 게 아니라 대상을 선정해서 실험을 해야겠는데…….

여자: 저도 그 생각을 했지만 적합한 실험 집단을 찾는 게 쉽지 않아서요.

남자: 하지만 이렇게 되면 그냥 자료 분석에 지나지 않아요. 내가 몇 군데 연락처를 줄 테니 그곳 담당자들과 통화해 보고 최대한 빨리 날짜를 잡으세요.

여자: 알겠습니다. 정말 감사합니다.

18. (3점)

여자: 여보세요? 그곳의 교육 프로그램을 신청하려고 하는데요.

남자: 네, 원하시는 날짜와 시간을 말씀해 주시겠습니까?

여자: 다음 달 셋째 주 토요일 낮 2시요.

남자: 잠시만요. (잠시 후) 가능합니다. 그런데 죄송하지만 신청은 인터넷으로만 받고 있습니다. 먼저 회원 가입을 하셔야 되고요, 신청서 양식에 원하시는 주제를 순위별로 표시해 주시면 연락드리겠습니다.

여자: 네, 알겠습니다. 감사합니다.

※ [19~20] 다음 뉴스를 듣고 알맞은 제목을 고르십시오. (각 4점)

19.

남자: 15년 전 처음 시작된 보령머드축제는 지난해 '최다 외국인 방문객 부문'에서 대상을 수상했을 정도로 세계적인 축제로 발돋움하고 있습니다. 매년 7월에 대천 해수욕장에서 개최되는 이 축제는 해수욕과 다양한 머드 체험 행사를 동시에 즐길 수 있어 인기가 높습니다. 올해는 처음으로 스페인 토마토축제 체험의 날이 운영되고 8월에는 스페인에서도 보령머드축제 체험의 날이 운영될 예정입니다. KBC 뉴스 박희수입니다.

20.

여자: 흡연자의 30% 정도가 정신 질환을 앓고 있다는 연구 결과가 발표되어 충격을 주고 있습니다. 최근 담배를 피우는 사람의 수는 50여 년 전에 비해 절반 수준으로 줄어들었지만 정신 질환자의 흡연율은 여전히 높은 것으로 나타났습니다. 이에 연구진들은 정신 질환을 앓는 흡연자들도 담배를 끊기를 원하지만 금연을 위한 시설이나 프로그램의 부재를 지적했습니다. 하루 빨리 보건 당국에서 이들을 위한 맞춤형 지원을 해야 하겠습니다. KBC 뉴스 한연이입니다.

※ [21~22] 다음 연설을 듣고 물음에 답하십시오. (각 3점)

여자: 최근 경제난이 가중되면서 파산 가정이 급증하고 있습니다. 가장의 실직이 가정
파탄으로 이어지는 경우를 뉴스나 기사를 통해 종종 접하게 됩니다. 가장이
신용 불량자가 되어 가정불화로 이어지거나 가족의 해체가 일어나게 되는
것이죠. 가족 해체는 산업화, 도시화의 그림자라고 할 수 있습니다. 이러한
가족의 위기를 극복할 수 있는 가족 해체 방지 프로그램의 도입이 시급합니다.
가족 해체의 근본적인 원인은 가족 간의 이해 부족과 유대감의 결여이므로
구체적인 지침을 줄 수 있는 프로그램이 운영되어야 합니다. 원만한 가정생활을
영위할 수 있도록 가정 문제를 예방 · 치료하고 위기 가정의 아동을 위탁
보호하는 사업도 필요합니다.

21. 여자가 제시한 의견의 근거로 알맞은 것을 고르십시오.

22. 들은 이야기의 중심 내용으로 알맞은 것을 고르십시오.

※ [23~24] 다음 강연을 듣고 물음에 답하십시오. (각 3점)

여자: 여러분, 거미줄에 사람을 매달 수 있다면 믿으시겠습니까? 오늘은 그것을
가능하게 하는 거미줄의 비밀을 이야기해 볼까 합니다. 거미줄은 용도에 따라
강도와 늘어나는 정도가 다릅니다. 거미집을 살펴보면 가운데 부분을 중심으로
방사형으로 뻗은 세로 실과 집 전체를 둘러싼 테두리 실이 있습니다. 이 둘은
집의 뼈대 역할을 하고 있기 때문에 아주 강합니다. 또 세로 실을 연결하며
원형으로 뻗은 가로 실은 잘 늘어나는 성질이 있어서 거미집에 걸린 먹이를
묶거나 잡을 수 있죠. 이렇게 강하면서도 잘 늘어나는 거미줄은 사람의
머리카락 굵기의 십육 분의 일 정도밖에 안 되지만 사람의 무게를 견딜 수
있습니다. 아주 가는 거미줄조차 상상 이상의 힘을 가지고 있듯이 자연은
인간의 기준으로 판단할 수 없는 신비한 세계인 것이지요.

23. 들은 내용과 같은 것을 고르십시오.

24. 여자의 태도로 가장 알맞은 것을 고르십시오.

※ [25~26] 다음 대담을 듣고 물음에 답하십시오. (각 3점)

여자: 교수님께서는 학교에서 체육 교육을 강화할 필요가 있다고 하셨는데요, 그 이유는 무엇인가요?

남자: 네, 중고생 3,000여 명을 일정 기간 관찰한 결과 학업성취도가 높았던 학생보다 체육을 잘하거나 좋아한 학생이 성인이 되어서도 행복감을 느낄 때가 더 많은 것으로 나타났기 때문입니다.

여자: 성인이 된 후에 행복할 확률을 따진다면 공부만 잘했던 학생보다 스포츠를 즐겼던 학생이 더 높을 수 있다는 거군요.

남자: 그렇습니다. 실제로 스포츠를 좋아하는 학생들이 평소에 더 긍정적이고, 어려움이 닥쳤을 때 극복해 내는 강인함을 보입니다. 따라서 체육이 단지 여러 교과목 중 하나가 아니라 미래의 행복한 인생을 위한 기본이 된다는 시각을 가질 필요가 있습니다.

25. 들은 내용과 같은 것을 고르십시오.

26. 남자의 생각으로 가장 알맞은 것을 고르십시오.

※ [27~28] 다음 토론을 듣고 물음에 답하십시오. (각 3점)

여자: 최근 들어 요리에 관심을 갖고 직접 요리하는 남자들이 증가하고 있다고
하는데요. 전문 요리사를 지망하는 경우는 있어도 집안에서 요리를 즐겨 하는
남자를 보기는 쉽지 않습니다.

남자: 오랜 세월 동안 대부분의 사회에서 요리가 여자의 몫이었던 만큼, 이전 세대는
요리를 여자의 영역이라고 여겨온 것도 사실입니다. 하지만 사회 구조의
변화와 여성의 사회 참여 증가는 그런 고정관념을 깰 것을 요구하고 있습니다.
혼자 사는 가구가 늘어나면서 단순히 취미가 아니라 생활의 일부로 장을 보고
요리를 하는 남자들도 많습니다. 또한 맞벌이 부부의 경우 공동 육아는
기본이고, 음식 준비에도 적극적으로 참여하는 남자들이 적지 않습니다.

27. 들은 내용과 같은 것을 고르십시오.

28. 남자의 생각으로 가장 알맞은 것을 고르십시오.

※ [29~30] 다음 강의를 듣고 물음에 답하십시오.

여자: 그럼 조선 시대의 교육은 어땠을까요? 계절에 따라 교육과정도 다르게 운영했는데요. 이를테면 여름을 제외한 계절에는 이론을 공부하고, 여름에는 야외에서 글쓰기 수업을 했습니다. 무더운 날씨에는 지식의 습득보다는 글쓰기 같은 자기 표현 활동이 효과적이라고 생각했던 것이지요. 이와 함께 서당에서는 몸을 단련하는 법도 가르쳤습니다. 공부를 하기 전에 줄넘기를 하는 방법으로 학생들의 다리 힘을 키웠다고 합니다. 아까 말씀드린 것처럼 요즘 청소년들은 공부에만 매달려 체력이 떨어지는 것이 문제가 되고 있는데요, 현대에 와서 효과적인 교육 방법이 많이 개발된 것은 사실이지만 학생 배려의 측면에서는 서당 교육에 미치지 못한다고 생각합니다.

29. 여자의 말 앞에 나온 내용으로 알맞은 것을 고르십시오. (3점)

30. 여자의 생각과 같은 것을 고르십시오. (4점)

정답표 [1교시] (영역 : 어휘·문법, 쓰기)

문항 번호	정 답	배 점
1	①	3
2	④	3
3	②	3
4	④	3
5	①	3
6	④	3
7	②	3
8	③	4
9	④	4
10	①	3
11	④	4
12	③	3
13	②	3
14	③	3
15	①	4
16	②	4
17	③	3
18	②	3
19	①	4
20	③	3
21	④	4
22	③	3
23	②	4
24	②	3
25	④	3
26	②	4
27	④	3
28	③	3
29	①	3
30	④	4
31	④	4
32	②	4
33	①	4
34	③	4
35	④	4
36	②	4
37	②	4
38	④	4
39	①	4
40	③	4

문항 번호	모범 답안 및 채점 기준(주관식)	배 점
41	진정한 부자는 물질적으로 풍족한 사람이 아니라 가진 것이 없더라도 (없지만) 도움이 필요하다면(필요할 때) 기꺼이 내어 주는 사람이다.	10
42	상상력이 풍부한(뛰어난)	10
43	자기가 좋아하는 것에 돈을 쓰는 것이 / 자신이 중요시하는 것에 돈을 쓰는 것이	10
44	〈모범 답안〉 　우리는 광고의 홍수 속에서 살고 있다고 해도 과언이 아니다. 눈을 뜨면 보고, 듣고 만나는 것이 광고이다. 이렇듯 광고는 우리의 생활과 아주 밀접한 관계를 가지고 있다. 광고는 사람들에게 해당 제품을 최대한 많이 알리고 그것을 접하는 사람들의 마음을 움직여 구매로 이어지게 하는 데에 그 목적이 있다. 즉, 제품의 장점을 최대한 극대화시켜서 더 많이 팔게 하려는 것이다. 이러한 광고 모델로 대중들이 좋아하는 스포츠 스타나 유명 연예인을 등장시키는 이유도 그러한 맥락에서이다. 우리에게 친숙한 얼굴들이 매체에 등장하여 상품의 정보나 우수성을 이야기하면 더 믿음이 가고 마음이 쉽게 움직이기 때문이다. 　광고는 그 사회를 상징하는 척도가 되기도 한다. 또한 사회의 변화를 가장 먼저 반영하는 것도 바로 광고이다. 예를 들어 여성의 전유물이라고 여겨졌던 화장품이나 주방 용품 광고에 남자 연예인을 모델로 기용하는 것은 남녀 간의 고유 영역이 모호해져 가고 있는 현실을 반영하는 것이라고 하겠다. 현대의 광고는 신문, 잡지, 방송 등과 같은 다양한 대중 매체를 활용하는 경우가 많기 때문에 사회, 경제, 문화의 각 부분에서 커다란 영향을 미치고 있다. 다만 이러한 광고 중에서는 좋은 광고와 나쁜 광고가 있을 수 있다. 나쁜 광고란 실제 상품보다 과장하거나 허황되게 포장한 과대광고를 말한다. 이러한 것에 현혹되기보다는 정직한 광고를 선별해 내는 지혜가 무엇보다 중요할 것이다.	30

정답표 [2교시] (영역 : 듣기, 읽기)

문항 번호	정 답	배 점
1	④	3
2	④	3
3	①	3
4	④	3
5	③	3
6	②	4
7	①	4
8	①	3
9	②	3
10	③	4
11	③	3
12	④	4
13	③	3
14	④	4
15	②	4
16	①	3
17	②	3
18	④	4
19	③	4
20	④	4
21	④	3
22	③	3
23	③	3
24	②	3
25	①	3
26	②	3
27	③	3
28	②	3
29	①	3
30	②	4

문항 번호	정 답	배 점
31	①	3
32	④	3
33	③	3
34	①	3
35	②	3
36	③	4
37	④	4
38	③	4
39	②	3
40	②	3
41	③	3
42	①	3
43	③	4
44	③	4
45	①	3
46	②	4
47	④	4
48	③	3
49	④	4
50	②	4
51	①	3
52	③	3
53	④	3
54	②	3
55	③	3
56	①	3
57	②	3
58	②	4
59	①	3
60	①	3

정답표 [1교시] (영역 : 어휘·문법, 쓰기)

문항 번호	정 답	배 점
1	②	3
2	③	3
3	①	3
4	④	3
5	③	3
6	②	3
7	④	4
8	①	4
9	③	3
10	①	4
11	②	3
12	③	3
13	④	3
14	①	3
15	②	4
16	④	4
17	③	3
18	①	3
19	②	4
20	①	3
21	④	4
22	③	3
23	②	4
24	④	3
25	④	3
26	②	3
27	④	4
28	④	4
29	①	3
30	③	3
31	②	4
32	④	4
33	②	4
34	②	4
35	③	4
36	③	4
37	③	4
38	④	4
39	④	4
40	①	4

문항 번호	모범 답안 및 채점 기준(주관식)	배 점
41	컴퓨터 게임은 중독성이 강한 탓에(강해서, 강하므로) 쉽게 빠져들기 때문에(빠져들 수 있으니까) 시간을 정해 놓고(정해서) 게임을 하는 것이 바람직하다.	10
42	듣기가 싫을 정도로 자주 말하는 / 이야기하는 / 잔소리하는	10
43	일을 하지 않는 것이 / 노동을 (거의) 하지 않는 것이 / 운동량이 부족한 것이	10
44	〈모범 답안〉 　기부는 내가 소유한 것을 다른 사람과 사회를 위해 조건 없이 내어 놓는 것이다. 이는 장기적인 측면에서 경제적인 불평등을 완화하고, 더불어 사는 사회를 만들어 가기 위한 하나의 방법이 될 수 있는데, 선진국일수록 개인 기부의 비율이 높다고 한다. 그러나 넉넉하지 않은 형편에서 기부하는 것은 물론이고 여유가 있다 하더라도 자신이 어렵게 모은 재산을 선뜻 기부하는 것이 쉬운 일은 아닐 것이다. 　기부가 자연스러운 문화로 자리 잡기 위해서는 지속적인 교육과 더불어 그것을 이끌어 주는 힘이 필요하다. 그런 점에서 사회에 미치는 영향력이 큰 유명인들이 기부에 앞장서는 것은 다른 사람들에게 모범이 되며 파급 효과 또한 크다. 특히 청소년들에게는 존경하는 인사나 선망의 대상인 연예인의 기부가 교육적으로 영향을 미친다. 인생에 있어서 사회적으로 높은 지위에 오르거나 돈을 많이 버는 것만이 중요한 것이 아니라 자신이 속한 사회를 위해 조금이나마 기여하는 것이 중요함을 직접 보여 주기 때문이다. 　'투자의 귀재'라고 불리는 워렌 버핏은 미국의 최고 기부자 중에서도 1위를 차지할 만큼 엄청난 금액을 기부하고 있다. 그는 "살면서 즐거웠던 기억만 남기고 나머지는 모두 사회에 돌려주라. 내가 이 자리에 서게 된 것은 나를 존재하게 해 준 사회 덕분이다."라고 말했다고 한다. 성공한 기업가로서 많은 사람들의 부러움을 사고 있는 그의 기부는 부유층의 기부 문화를 이끌고 있을 뿐만 아니라 많은 사람들에게 감명을 주고 변화를 시킨다는 데에 큰 의미가 있다.	30

정답표 [2교시] (영역 : 듣기, 읽기)

문항 번호	정 답	배 점
1	①	3
2	④	3
3	④	3
4	③	3
5	④	4
6	①	3
7	①	4
8	④	3
9	③	4
10	③	3
11	④	3
12	②	3
13	②	4
14	①	4
15	③	4
16	①	3
17	④	4
18	①	3
19	④	4
20	②	4
21	①	3
22	③	3
23	②	3
24	②	3
25	③	3
26	④	3
27	③	3
28	②	3
29	③	3
30	④	4

문항 번호	정 답	배 점
31	④	3
32	②	3
33	②	3
34	④	3
35	④	4
36	③	3
37	④	4
38	④	4
39	②	3
40	②	3
41	②	3
42	①	4
43	④	3
44	③	4
45	①	3
46	③	4
47	④	4
48	③	3
49	②	4
50	①	4
51	③	3
52	②	3
53	①	3
54	③	3
55	③	3
56	④	3
57	①	3
58	④	4
59	②	3
60	④	3

한국어능력시험 답안지 (연습용)
고 급 (Advanced)
1 교시 (어휘·문법, 쓰기)

성 명 (Name)	한 국 어 (Korean)	
	영 어 (English)	

수 험 번 호 (Registration No.)

2

문번	답 란	문번	답 란	문번	답 란	문번	답 란
1	① ② ③ ④	11	① ② ③ ④	21	① ② ③ ④	31	① ② ③ ④
2	① ② ③ ④	12	① ② ③ ④	22	① ② ③ ④	32	① ② ③ ④
3	① ② ③ ④	13	① ② ③ ④	23	① ② ③ ④	33	① ② ③ ④
4	① ② ③ ④	14	① ② ③ ④	24	① ② ③ ④	34	① ② ③ ④
5	① ② ③ ④	15	① ② ③ ④	25	① ② ③ ④	35	① ② ③ ④
6	① ② ③ ④	16	① ② ③ ④	26	① ② ③ ④	36	① ② ③ ④
7	① ② ③ ④	17	① ② ③ ④	27	① ② ③ ④	37	① ② ③ ④
8	① ② ③ ④	18	① ② ③ ④	28	① ② ③ ④	38	① ② ③ ④
9	① ② ③ ④	19	① ② ③ ④	29	① ② ③ ④	39	① ② ③ ④
10	① ② ③ ④	20	① ② ③ ④	30	① ② ③ ④	40	① ② ③ ④

※결 시 확인란	결시자의 영어 성명 및 수험번호 기재 후 표기	○

※답안지 표기 방법(Marking examples)

바른 방법(Correct)	바르지 못한 방법(Incorrect)
●	⊗ ⊙ ◖ ⊗ ◗

※위 사항을 지키지 않아 발생하는 불이익은 응시자에게 있습니다.

※감 독 관 확 인	본인 및 수험번호 표기가 정확한지 확인	(인)

※쓰기 주관식 답안은 반드시 정해진 답란 안에 작성하시오. (정해진 답란을 벗어 나거나 답란을 바꿔서 쓸 경우 점수를 받을 수 없습니다.

※Please write your answers in the boxes below. Answers writeen outside the boxes or in wrong box will not be marked.

주관식 답란

41	
42	
43	

※ 45번은 뒷면에 작성하십시오.

<table>
<tr><td colspan="2" align="center">주 관 식 답 란   (Answer sheet for composition)</td></tr>
<tr><td align="center">44</td><td>아래 빈칸에 700자에서 800자 이내로 작문하십시오 (띄어쓰기 포함).</td></tr>
</table>

※ 주어진 답란의 방향을 바꿔서 답안을 쓰면 '0'점 처리 됩니다.
※ Please do not turn the page sideways. No point will be given.

한국어능력시험 답안지 (연습용)
고 급 (Advanced)
2 교시 (듣기, 읽기)

성 명 (Name)	한 국 어 (Korean)	
	영 어 (English)	

수 험 번 호 (Registration No.)

※결 시 확인란	결시자의 영어 성명 및 수험번호 기재 후 표기	○

※답안지 표기 방법(Marking examples)

바른 방법(Correct)	바르지 못한 방법(Incorrect)
●	✓ · ◑ ✗ ◼

※위 사항을 지키지 않아 발생하는 불이익은 응시자에게 있습니다.

※감 독 관 확 인	본인 및 수험번호 표기가 정확한지 확인	(인)

문번	답 란	문번	답 란	문번	답 란
1	① ② ③ ④	21	① ② ③ ④	41	① ② ③ ④
2	① ② ③ ④	22	① ② ③ ④	42	① ② ③ ④
3	① ② ③ ④	23	① ② ③ ④	43	① ② ③ ④
4	① ② ③ ④	24	① ② ③ ④	44	① ② ③ ④
5	① ② ③ ④	25	① ② ③ ④	45	① ② ③ ④
6	① ② ③ ④	26	① ② ③ ④	46	① ② ③ ④
7	① ② ③ ④	27	① ② ③ ④	47	① ② ③ ④
8	① ② ③ ④	28	① ② ③ ④	48	① ② ③ ④
9	① ② ③ ④	29	① ② ③ ④	49	① ② ③ ④
10	① ② ③ ④	30	① ② ③ ④	50	① ② ③ ④
11	① ② ③ ④	31	① ② ③ ④	51	① ② ③ ④
12	① ② ③ ④	32	① ② ③ ④	52	① ② ③ ④
13	① ② ③ ④	33	① ② ③ ④	53	① ② ③ ④
14	① ② ③ ④	34	① ② ③ ④	54	① ② ③ ④
15	① ② ③ ④	35	① ② ③ ④	55	① ② ③ ④
16	① ② ③ ④	36	① ② ③ ④	56	① ② ③ ④
17	① ② ③ ④	37	① ② ③ ④	57	① ② ③ ④
18	① ② ③ ④	38	① ② ③ ④	58	① ② ③ ④
19	① ② ③ ④	39	① ② ③ ④	59	① ② ③ ④
20	① ② ③ ④	40	① ② ③ ④	60	① ② ③ ④

한국어능력시험 답안지 (연습용)
고 급 (Advanced)
1 교시 (어휘·문법, 쓰기)

성 명 (Name)	한 국 어 (Korean)	
	영 어 (English)	

수 험 번 호 (Registration No.)

2

문번	답 란	문번	답 란	문번	답 란	문번	답 란
1	① ② ③ ④	11	① ② ③ ④	21	① ② ③ ④	31	① ② ③ ④
2	① ② ③ ④	12	① ② ③ ④	22	① ② ③ ④	32	① ② ③ ④
3	① ② ③ ④	13	① ② ③ ④	23	① ② ③ ④	33	① ② ③ ④
4	① ② ③ ④	14	① ② ③ ④	24	① ② ③ ④	34	① ② ③ ④
5	① ② ③ ④	15	① ② ③ ④	25	① ② ③ ④	35	① ② ③ ④
6	① ② ③ ④	16	① ② ③ ④	26	① ② ③ ④	36	① ② ③ ④
7	① ② ③ ④	17	① ② ③ ④	27	① ② ③ ④	37	① ② ③ ④
8	① ② ③ ④	18	① ② ③ ④	28	① ② ③ ④	38	① ② ③ ④
9	① ② ③ ④	19	① ② ③ ④	29	① ② ③ ④	39	① ② ③ ④
10	① ② ③ ④	20	① ② ③ ④	30	① ② ③ ④	40	① ② ③ ④

※쓰기 주관식 답안은 반드시 정해진 답란 안에 작성하시오.
(정해진 답란을 벗어 나거나 답란을 바꿔서 쓸 경우 점수를 받을 수 없습니다.

※Please write your answers in the boxes below. Answers writeen outside the boxes or in wrong box will not be marked.

※결 시 확 인 란	결시자의 영어 성명 및 수험번호 기재 후 표기	○

※답안지 표기 방법(Marking examples)

바른 방법(Correct)	바르지 못한 방법(Incorrect)
●	⊘ ⊙ ◖ ⊗ ◗

※위 사항을 지키지 않아 발생하는 불이익은 응시자에게 있습니다.

※감 독 관 확 인	본인 및 수험번호 표기가 정확한지 확인	(인)

주 관 식 답 란

41

42

43

※ 45번은 뒷면에 작성하십시오.

Test of Proficiency in Korean

<table>
<tr><td colspan="2" align="center">주 관 식 답 란 (Answer sheet for composition)</td></tr>
<tr><td align="center">44</td><td>아래 빈칸에 700자에서 800자 이내로 작문하십시오 (띄어쓰기 포함).</td></tr>
</table>

20
40
60
80
100
120
140
160
180
200
220
240
260
280
300
320
340
360
380
400
420
440
460
480
500
520
540
560
580
600
620
640
660
680
700
720
740
760
780
800

※ 주어진 답란의 방향을 바꿔서 답안을 쓰면 '0'점 처리 됩니다.
※ Please do not turn the page sideways. No point will be given.

한국어능력시험 답안지 (연습용)

고 급 (Advanced)

2 교시 (듣기, 읽기)

성 명 (Name)	한 국 어 (Korean)	
	영 어 (English)	

수 험 번 호 (Registration No.)

※ 결 시
확 인 란 | 결시자의 영어 성명 및
수험번호 기재 후 표기

※답안지 표기 방법(Marking examples)

바른 방법(Correct) | 바르지 못한 방법(Incorrect)

※ 위 사항을 지키지 않아 발생하는 불이익은 응시자에게 있습니다.

※ 감 독 관
확 인 | 본인 및 수험번호 표기가
정확한지 확인 | (인)

Test of Proficiency in Korean